I Chose THE GIRL WITH the LONG BLACK Hair & the LIPS That TASTE OF HONEY.

MONTREAL

PUBLISHED BY P.H. ARTEXTES

25 September 81

instabili

La Centrale (Galerie Powerhouse)
Artextes

1990

instabili

LA QUESTION DU SUJET
The Question of Subject

CÉLINE BARIL
CATHERINE BÉDARD
MARTHA FLEMING
MARY KELLY
LYNE LAPOINTE
LANI MAESTRO
LIZ MAGOR
JOANNA NASH
CHRISTINE ROSS
NANCY SPERO
THÉRÈSE ST-GELAIS
CÉLINE SURPRENANT
NELL TENHAAF

Sous la direction de Marie Fraser et Lesley Johnstone

REMERCIEMENTS

Nous tenons à remercier tout particulièrement Noreen Gobeille pour nous
avoir fait pleinement confiance dans ce projet si audacieux et pour nous avoir si
longuement et si patiemment encouragées. Notre reconnaissance va également
aux membres du comité 16ᵉ anniversaire qui ont fait le choix des auteures et
des artistes et qui, durant presque deux ans, ont travaillé à concrétiser cette
publication.

Nous remercions aussi les artistes et les auteures qui, dès le début de ce projet,
ont cru à l'importance et à la pertinence de cette publication. Leurs textes et
leurs projets ont tout donné à cet ouvrage.

Cette publication ne serait pas ce qu'elle est sans l'apport professionnel et
personnel des personnes suivantes : Nathalie Parent, pour sa patience et ses
recherches ; Michel Des Jardins, pour ses qualités d'administrateur ; Bernard
Lagacé et Angela Grauerholz qui ont donné forme à ce projet ; Nell Tenhaaf,
Susanne de Lotbinière-Harwood, Joanna Nash, Pat Walsh et Corrine Corry, pour
leurs conseils si précieux ; toutes les coordonnatrices et les membres de la galerie
qui, depuis 1973, ont conservé la documentation et les informations nécessaires
pour mettre sur pied la liste chronologique des activités de la Galerie Powerhouse ;
enfin, Lisa Krupka, Suzanne Paquet et Carole Brouillette, et toutes celles (et
ceux) qui ont participé de près ou de loin à la réalisation de ce projet.

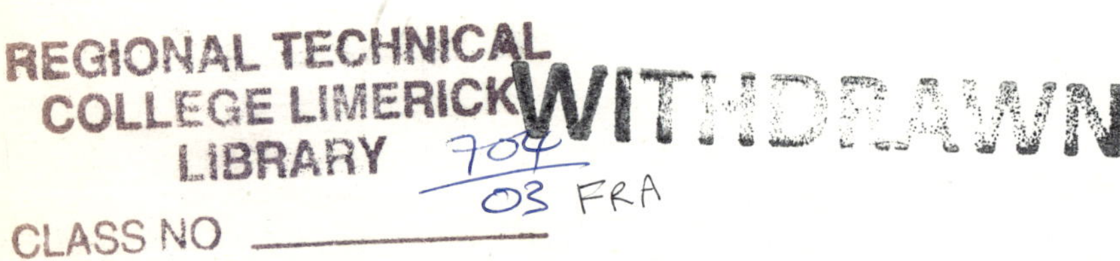

ACKNOWLEDGMENTS

We would like to extend our sincere recognition to Noreen Gobeille for giving
us her complete confidence in this ambitious project and for her consistent and
invaluable encouragement.

Our thanks also go to the members of the organization committee of the 16th
anniversary who chose the artists and authors of this publication, and, for almost
two years, assisted in bringing it to completion.

We also extend our recognition to the artists and authors who, from the beginning,
believed in the importance and pertinence of this publication.

This book would not have been possible without the professional and personal
support of the following individuals: Nathalie Parent for her patience and
research; Michel Des Jardins for his administrative qualities; Bernard Lagacé
and Angela Grauerholz who gave this project its visual form; Nell Tenhaaf,
Susanne de Lotbinière-Harwood, Joanna Nash, Pat Walsh and Corrine Corry
for their precious advice; all the coordinators and members of the gallery who,
since 1973, collected the documentation and information necessary for the com-
pilation of the chronology of the activities of the gallery since 1973; and finally
Lisa Krupka, Suzanne Paquet and Carole Brouillette, as well as all those who
participated in the realization of this project.

TABLE DES MATIÈRES | TABLE OF CONTENTS

Marie Fraser

Instabili: la question du sujet

Il va sans dire… les influences du féminisme sont multiples et c'est, bien pertinemment, dans cette multidimensionalité que se retrouvent son impact et son pouvoir de résistance. Tenter d'en faire l'économie ou d'en cerner les *limites* exhaustives et systématiques s'avère un projet impossible : les fondements mêmes du féminisme visent en fait à déconstruire l'idée d'un concept-maître et sa domination restrictive sur les discours. C'est pourquoi ce travail a été plutôt motivé par **L'INSTABILITÉ** de *la question du sujet*.

L'impact du féminisme ne se définit pas seulement en tant qu'action politique et sociale. Il a franchi les limites de la revendication pour s'attarder aux stratégies des discours dominants; à ce qui fonde et forme le politique. Mettre fin à l'absence *insensée* de la femme dans l'Histoire n'est plus considérée comme la fin en soi des revendications féministes. Au contraire, cette réalité est maintenant perçue comme un symptôme. Se retrouvant prisonnière d'une position d'assujetissement, réduite à n'être qu'un d'objet du désir, une image-fantôme sans existence puisque sans aucun droit de parole, les femmes ont élaboré des stratégies pour re-penser le langage, le politique et les codes de représentation; elles ont aussi réfléchi sur la notion de sujet. Elles ont basé leurs réflexions sur une pensée du **REJET** et situé les lieux respectifs du pouvoir et de la marginalité. C'est **DANS** et **SUR** les marges du système qu'elles ont déve-loppé leurs actions, leurs discours et leurs pratiques. Mais comment peut-on justement fonder un langage et un discours sur l'absence et l'exclusion, si ce n'est en allant à rebours, en empruntant des voies critiques, en pointant ce qui **N'EST PAS LÀ** en regard de ce qui **EST LÀ**, en se définissant par la différence ? Ce qui est rejeté, exclus ou de l'ordre du non-dit, exerce ainsi un rapport signifiant au pouvoir. De là originent aussi les problèmes des minorités.

Cette spéculation axée sur la différence, les féministes l'ont abordée non pas en termes d'une différence sexuelle au sens biologique, mais comme une distinction à jamais irrésoluble, demeurant une sorte d'énigme, un **AILLEURS** signifiant mais difficilement localisable ou identifiable. Aujourd'hui, comme aux cours des années 80, les féministes ont problématisé et remis en question les rapports de pouvoir entre les sexes; elles ont fait ressortir les préjudices d'une hiérarchie des genres. Leurs interventions ont consisté à rompre avec l'autorité d'un système normatif pour faire intervenir la différence sexuelle dans le champ théorique. Elles ont, par le fait même, développé une nouvelle approche pour penser le sujet, en accentuant précisément l'importance de faire accéder cette distinction des genres au niveau des discours.

Cette façon de différer, de (dé)faire, a provoqué une dé-stabilisation capitale à l'intérieur de la pensée du Même en quête d'univocité, d'universalité, d'un concept de Vérité. C'est ce bouleversement que les textes féministes se sont donné pour objet; ils se sont engagés à mettre en procès toute forme de savoir qui rejette les *impensé-e-s* et qui prône *a priori* l'idée d'un Savoir absolu. Les théories féministes visent plutôt à la polysémie des concepts. Elles contestent l'existence d'une neutralité du discours. Elles misent sur l'effet paradoxal d'une **INSTABILITÉ** permanente qui provienne de la prise en considération du sujet dans toute théorie et pratique, de la mouvance **ENTRE** et **DANS** les divers champs de connaissance. Cette question du sujet ne trouvera donc ni solution, ni réponse simple, sinon celle d'énoncer et d'analyser les enjeux de sa complexité et la pertinence d'un positionnement critique.

■ ■ ■

INSTABILI : LA QUESTION DU SUJET se présente comme un recueil de projets d'artistes et d'essais théoriques sur le féminisme et ses multiples rapports aux arts visuels. Le féminisme y est envisagé dans ses positions et ses fonctions de pensée théorique, pratique et critique. Il est examiné dans toute la complexité que suppose l'analyse d'un renversement de l'objet du discours et de la notion traditionnelle de sujet. Les textes ici rassemblés expriment, chacun à leur manière et en empruntant des voies différentes, l'impossibilité de dire, de définir, de cerner surtout, les plis et les replis de *la question du sujet*. Cette question, elle est énoncée au terme d'une remise en cause de la définition classique du sujet occultant toute idée de **PERTE** ou de **MANQUE** au profit d'une objectivation, totalisation, ou neutralité; d'une volonté de taire le sujet parlant. Il n'y aurait pas d'instabilité sans refus de se conformer aux méthodes conventionnelles, sans faire rupture avec le logos

dont la définition classique préconise une maîtrise du sens, un idéal du vrai. L'idée d'engager une réflexion féministe sous le couvert de la mouvance réside précisément dans ce refus et dans la volonté contraire d'articuler théoriquement et formellement l'expérience. Les féministes (et peut-être faudrait-il ajouter ici les femmes en général) vont ainsi tenir compte de la dimension subjective de toute théorie et toute pratique.

Ce livre, publié dans le cadre du 16e anniversaire de la Galerie Powerhouse, raconte aussi l'*histoire* d'une action collective et particulière. En 1973 à Montréal, a pris forme la première galerie féministe au Canada, la seconde en Amérique du Nord, la seule au Québec. La Galerie Powerhouse est en quelque sorte un *témoin* important des bouleversements que les théories féministes ont entraînés dans les domaines des arts visuels et de la pensée contemporaine. Elle est aussi un signe des différents débats et des transformations qui ont eu lieu à l'intérieur des discours et des milieux féministes au cours des années 70 et 80. Son histoire est aussi et en quelque sorte un pré-texte, une texture, où le rôle de la femme se dessine et s'affiche autrement. Jeter un regard sur ses diverses positions féministes, c'est aussi, sans doute, lire ces discours par lesquels s'est (enfin!!!) trouvé posée la question d'un véritable rapport de la femme (et du sujet) à l'ordre théorique en général.

Si ce livre rassemble à la fois des textes et des projets d'artistes et qu'il mélange parfois les deux sans distinctions précises, c'est que le travail pratique lui-même impliquait une reconstruction d'ordre théorique, un renversement des codes et des modes de représentation. C'est du moins de cette façon que plusieurs artistes ont envisagé leur travail et que les discours féministes se sont institués: selon le registre infini d'une double articulation théorique et pratique.

Face à ces jeux d'écritures et d'images, dont les différences sont parfois marquantes, on pourra dire que cette publication ne présente pas une lecture unidirectionnelle, pas plus qu'aucune analyse du féminisme ne devrait le faire. Elle énonce plusieurs points de vue sur des questions *délicates* et pose ouvertement de nouveaux enjeux dans le contexte actuel d'une ré-évaluation du pouvoir de l'histoire, du politique et du théorique; contexte actuel qu'on nous a d'ailleurs *appris* à définir sous le nom de postmodernisme. Même si c'est en marge du système que les femmes ont bâti leurs histoires, cela ne veut pas dire pour autant qu'il faille les passer sous silence. Au contraire, il est capital de laisser signifier (d'écrire, de dire, de mettre en image) l'ouverture théorique que les théories féministes ont provoqué dans le champ des discours, des arts visuels et de la pensée contemporaine...

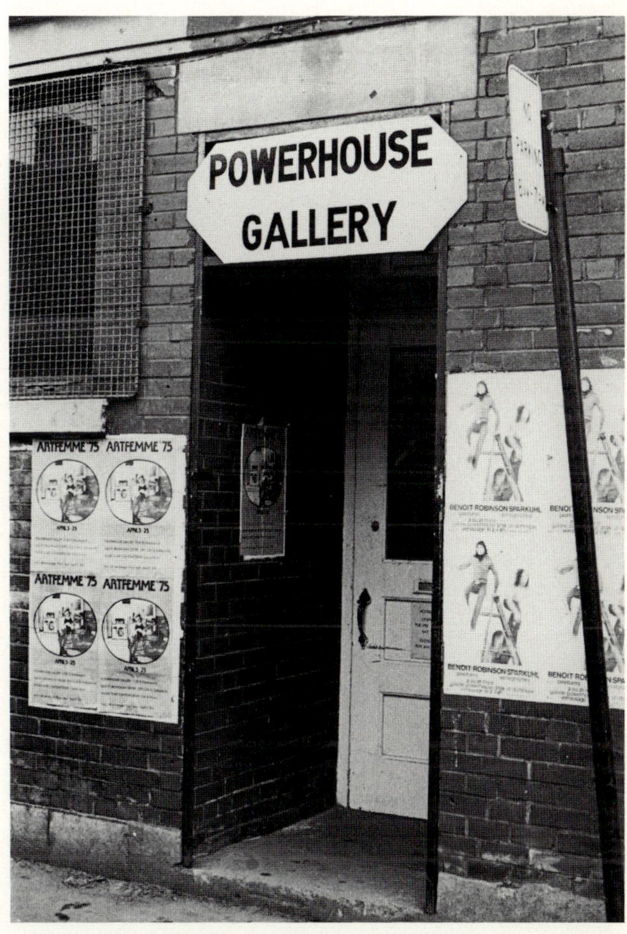

Marie Fraser

Instabili: The Question of Subject

It goes without saying that the influences of feminism are multiple and that it is specifically within this multi-dimensionality that its impact and power of resistance reside. Any attempt to define the exhaustive and systematic *limits* would be a futile endeavour; the very foundations of feminism seek to deconstruct the notion of a master concept and its restrictive domination of discourse. This is why this work was motivated by the **INSTABILITY** of the *question of subject*.

The impact of feminism is not solely defined in terms of political or social action. Feminism has gone beyond the scope of demands, turning instead to the strategies of the dominant discourses; to what instigates and forms politics. Putting an end to the *senseless* absence of women in History is no longer considered the end in itself of feminist demands. On the contrary, this reality is now perceived as a symptom. Finding themselves imprisoned in a subjugated position, reduced to an object of pleasure and a phantom-image with no existence because they have no voice, women have developed strategies for re-thinking language, politics and the codes of representation; they have also reflected on the notion of the subject. They have based their reflections on the idea of **REJECTION** and have positioned the respective sites of power and marginality. It is **IN** and **ON** the margins of the system that they have developed their actions, discourses and practices. But how can one develop a language and a discourse based on absence and exclusion except by going against the flow, by borrowing critical paths, by pointing out what **IS NOT THERE** in terms of what **IS THERE** and by defining oneself through difference? What is rejected, excluded or unsaid exercises a significant relationship to power. The problems experienced by minorities have similar origins.

Feminists have approached this speculation based on difference not in terms of there being a difference in the biological sense, but rather as a constantly unresolvable distinction, an enigma of sorts; a significant but not easily located or identifiable **ELSEWHERE**. Today, and throughout the 1980s, feminists problematized and requestioned relations of power between the sexes; they exposed the prejudices of a hierarchy of gender. Their interventions constituted a break with the authority of a normative system in order that sexual difference intervene in the theoretical arena. They have, by their very actions, developed a new approach to considering the subject, precisely accentuating the importance of acceding gender distinction to the level of discourse.

This way of differentiating and of (un)doing has provoked a major destabilization of critical thought concerning the Same in search of univocity, universality and the concept of Truth. It is this upheaval which feminist texts explore; they have committed themselves to an interrogation of any form of knowledge which rejects the *unthought* and which condones, *a priori*, the notion of absolute Knowledge. Feminist theories seek a polysemy of concepts. They contest the existence of a neutral discourse. They wager on the paradoxical effect of a permanent **INSTABILITY** resulting from the consideration of the subject in theory and practice, of the mobility **BETWEEN** and **IN** various forms of knowledge. This question of the subject will neither be resolved nor find simple answers, other than enunciating and analysing the stakes of its complexity and the pertinence of a critical position.

INSTABILI : THE QUESTION OF SUBJECT is a collection of artist projects and theoretical essays on feminism and its multiple links to the visual arts. Feminism is addressed in its positioning and its functions as theoretical, practical and critical thought. It is examined in all the complexity that analysis presupposes of the upheaval of the object of discourse and the traditional notion of the subject. The texts express, each in its own way and by following different paths, the impossibility of saying, defining and, above all, discerning the various implications of *the question of subject*. This question is enunciated in terms of a re-examination of the classical definition of the subject, which obscures the notions of **LOSS** and **LACK** to the benefit of objectivation, totalization and neutrality which expresses a desire to silence the speaking subject. There would be no instability without a refusal to conform to traditional methods, without breaking with the logos which the classical definition advocates as mastery of meaning, an ideal Truth. The idea of engaging a feminist reflection under the cover of mobility is situated precisely in this refusal and in the contrary desire to theoretically and formally express experience. Feminists (perhaps we should add women in general) can thereby take into account the subjective dimension of all theory and practice.

This book, published for the 16th anniversary of Galerie Powerhouse, also recounts the *history* of a unique collective action. In Montréal, in 1973, the first feminist gallery in Canada took shape; it was the second gallery of its kind in North America, the only one in Québec. Powerhouse is, in a sense, a material *witness* to the upheavals brought about by feminist theories in the realms of visual arts and contemporary thought. It is also a sign of the various debates and transformations which occurred within the feminist discourses and milieu in the 1970s and 1980s. Its history is also a pre-text, a texture where the role of the woman is seen and practised in another way. To consider these varying feminist positions is also to read the discourses through which (finally!!!) the question of a veritable relation of women (and the subject) to the theoretical order was addressed.

If this book is a collection of texts and artist projects and, if, at times, the two melt together without precise distinctions, it is because the work itself implicated a reconstruction of the theoretical order, an upsetting of the codes and means of representation. It is in this way that several artists located their work and the way that feminist discourses are instituted: according to the infinite register of a dual theoretical and practical expression.

Faced with this interplay of writing and images, whose differences are at times striking, one could say of this volume that it doesn't offer a uni-directional reading, no more than an analysis of feminism should. The book expresses many different points of view on *delicate* subjects and openly posits new positions within the current context of a re-evaluation of the powers of history, politics and theory; a context which we were *taught* bore the name of postmodernism. The fact that it was on the margins of the system that women constructed their histories does not mean that they must be silent. On the contrary, it is of vital importance to signify (in writing, speaking, imaging) the theoretical aperture which feminist reflection has provoked within the realms of discourse, the visual arts and contemporary thought...

Translated from the French
by Robert McGee

Christine Ross

Mary Kelly

Thérèse St-Gelais

Liz Magor

Christine Ross

Le féminisme et l'instabilité de son sujet

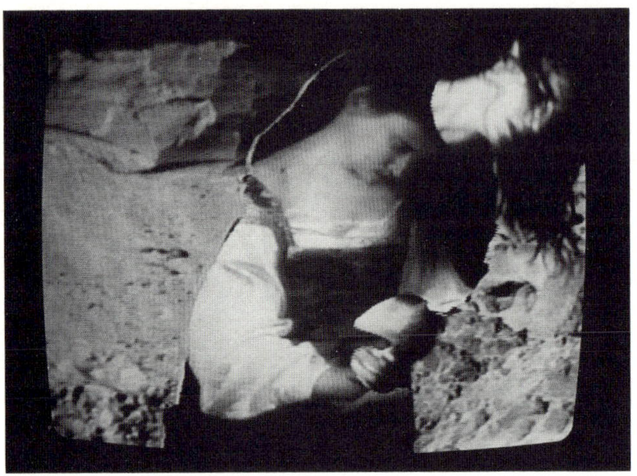

Chantal DuPont; *Corps d'œuvres*, 1988; vidéo couleur, 16'40";
photo : Chantal DuPont

Le corps comme œuvre et la mise en œuvre vidéographique du corps dans et par le paysage : telle est la tension arrêt-mouvement du *Corps d'œuvres* (1988) de Chantal DuPont, vidéogramme d'une performance de Lynda Gaudreau. Dès les premières séquences, des images industrielles se dissolvent au sein d'images d'un paysage désertique; la nature est donc immédiatement désignée comme mémoire, comme un site qui, inexorablement, conserve les traces de la cité. Les dissolutions s'élaborent pour un *à venir* du corps : l'image industrielle se fixe photographiquement (l'association photo-industrie n'est certes pas fortuite en ce que ces notions sont toutes deux porteuses de morbidité) et se superpose graduellement au paysage, et c'est alors que le corps apparaît... semi-transparent (laissant le paysage passer à travers lui), sautillant, légèrement incli-

Un système artificiel ou vivant est défini comme **AUTO-ORGANISATEUR** lorsque ses comportements apparaissent imprévisibles et qu'un ingrédient aléatoire (**LE HASARD**) semble y intervenir. L'observateur-trice reconnaît son impuissance à décrire le dit système, à expliquer le déroulement de ses événements successifs, à mesurer l'imprévisibilité de son comportement. C'est **COMME SI** (du point de vue de l'observateur) le système s'était complexifié d'une façon totalement aléatoire.[1] Le hasard, le *bruit* et l'aléatoire sont donc descriptifs de notre état de connaissance : ce sont des notions théoriques qui permettent d'expliquer les comportements et les transformations d'un système qui nous semblent (à nous, et non pas au système qui a pu les intégrer à sa structure) incohérents, imprévisibles et sans relation avec l'état actuel du dit système.[2]

né, enregistré au ralenti. Suite à la deuxième dissolution, ce corps s'illuminera de blanc, comme radiographié, comme une extension de l'effet morbide du photographique. Le saut du corps renforcera cet effet: bien qu'il se présente d'abord comme une danse innocente quasi-enfantine, il se lit graduellement, de par son mouvement répété du haut vers le bas, comme un pic, instrument destructeur qui travaille et colonise le sol (une lecture consolidée par le son métallique et par le geste des mains qui mime le port de l'outil).

À l'instar du paysage qui se meut à travers lui, le corps est également mémoire: à cinq reprises, des corps picturaux de Piero della Francesca et du Caravage émergent à l'intérieur de lui, telle une image mentale qui fait surface, alors que la silhouette de la danseuse adopte l'orientation du corps pictural. Le corps nous est donc présenté dans sa détermination discursive, comme un effet de la représentation. Fait significatif en regard des images industrielles et de l'image du corps radiographié montrées plus tôt: le premier Piero della Francesca reçoit un *trop plein* de lumière pour graduellement se pétrifier. Ainsi, la représentation n'échappe pas à l'effet *méduse* de la technologie industrielle.

Plus loin, les paysages oniriques et luxuriants d'Henri Rousseau remplacent entièrement le paysage désertique. Opposition vie-mort donc, mais aussi prétexte à un conte. Certains des éléments peints (fleurs, feuillage, loup, tigre) seront introduits dans la nature desséchée alors qu'une lutte s'amorce entre le loup et le tigre: étreinte pour la survie où le premier l'emportera sur le deuxième, comme la cité sur la nature, comme l'écosystème sur le corps. Lorsque ce corps émergera de nouveau, il sera en voie de totale désorganisation: se modifiant structurellement alors que ses limites se dissolvent dans et par le

La contradiction, l'inversion, l'incertitude, l'incomplétude, le désordre, l'instabilité et la déstabilisation sont des termes qui font corps avec la **PENSÉE COMPLEXE**.

Comme le souligne le bio-physicien Henri Atlan, l'imprévisibilité des comportements est encore plus élevée chez les systèmes naturels qui sont en interaction constante avec l'environnement écosystémique et qui, contrairement aux systèmes artificiels programmés de l'extérieur, produisent des événements suivant leur propre code intérieur.[3] La complexité d'un système (Georges Klir: «il n'existe pas de complexité des objets, seulement des complexités des systèmes dégagés dans les objets»[4]) est proportionnelle d'abord à la quantité d'informations nécessaire pour décrire le système: notre **CAPACITÉ DE DESCRIPTION** tend à diminuer lorsqu'il y a une augmentation du nombre d'éléments en jeu et de la variété de leurs interactions. De plus, cette complexité est proportionnelle à la quantité d'informations requise pour résoudre l'incertitude et l'imprévisibilité du système: les comportements ne sont pas **ANALYSABLES** d'une façon suffisamment **ÉLÉMENTAIRE** pour prévoir leur résultat.[5] L'impossibilité d'appréhender la multitude d'éléments qui composent le système suppose que celui-ci, formé aux hasards des réactions et des rencontres, est prêt à des interactions supplémentaires, non linéaires, qui pourront soit le **DÉTRUIRE**, soit le **COMPLEXIFIER** davantage. Le hasard peut donc produire soit une **DÉSORGANISATION**, soit une **RÉORGANISATION** du système et lorsque la machine vivante réagit créativement au bruit (au hasard, cet agent inconnu), elle se désorganise pour se réorganiser, augmentant ainsi sa complexité (ce qui diminue sa redondance). Henri Atlan définit le bruit comme une distortion qui s'effectue au niveau de la transmission des messages: pour paysage qui le traverse et qu'il traverse; manifestation de la perméabilité de sa surface où s'échangent l'extérieur et l'intérieur. Le corps, dans un processus de *désêtre*, fusionne avec le paysage en ruine, fait corps par lui, y trouve son image et adhère à ce reflet; corps à corps avec la mort, qui sous-tend la perte de l'idéal rousseauiste, et qui sous-tend que la mémoire subjective n'a pas d'altérité à opposer à l'environnement. La désorganisation s'exécute par un voilage puis par un emmaillotement continu du corps. En une série d'incrustations et de superpositions, le corps nous est présenté roulant sur lui-même, d'abord debout, puis tapi au sol. Le voilage presqu'entier du corps, effectué à la fois par du tissu et des superpositions d'images, cache et écarte l'*(im)propre* du corps féminin, comme on cache le pestiféré et le sidéen pour instaurer la honte d'une chair incarnant la misère du monde. Le corps se roule dans ce paysage de sable qui ne finit plus de l'enlacer, de le marquer, de le stigmatiser, tel un viol qui achèverait le processus de colonisation du corps.

Seul témoin de cette scène, un oiseau rouge peint… sorte de résidu anachronique.

l'observateur-trice du système, le bruit consiste en une **ERREUR**, mais lorsque ce bruit est intégré par le système,[6] il perd alors ce caractère d'erreur. La propriété primordiale des systèmes auto-organisateurs se situe dans leur capacité d'utiliser le bruit afin de le transformer en un facteur organisationnel. Le système auto-organisateur peut ainsi, à l'instar de l'écosystème, **PRODUIRE DE L'ALÉATOIRE** et modifier ses propriétés. Suivant l'hypothèse d'Edgar Morin, cette production se réalise à un niveau synchronique ou diachronique.[7] Dans le premier cas, la partie **PHÉNOMÉNALE** du système se modifie s'il produit des événements génétiquement programmés, des événements effecteurs (comportements programmés mais virtuels, actualisés par des stimulations extérieures) ou des événements appris. Ainsi en va-t-il du cerveau qui s'enrichit par son activité de *computation*, c'est-à-dire de traitement de données extérieures et intérieures. Au niveau diachronique, c'est le dispositif **GÉNÉRATIF** qui est atteint : on assiste ici à une **MUTATION** du système, par la création de propriétés nouvelles, qui modifie la structure fondamentale du système.

■ ■ ■

La complexité du sujet et de ses interactions avec l'environnement ne peut être ni mesurée, ni déduite, ni anticipée. Un corps est à l'œuvre, mais l'écosystème aussi; entre les deux, c'est un échange fragile qui s'inscrit, dont l'aboutissement est imprévisible. Il mènera soit à la destruction, soit à la complexification du sujet. La question qui se dessine est donc celle-ci: comment en tenir compte?

L'idée d'*un* point de vue féministe, qui soit plus vrai que les points de vue (masculins) antérieurs, semble reposer sur des suppositions problématiques, non encore examinées. Ainsi en va-t-il de cette croyance optimiste selon laquelle les êtres agissent rationnellement dans leurs propres intérêts et que la réalité est dotée d'une structure que la raison parfaite (une fois perfectionnée) peut découvrir. […] De plus, une telle idée suppose que les opprimés ne sont pas fondamentalement affectés par leur expérience sociale. Au contraire, cette position suppose que les opprimés ont une relation privilégiée (et pas juste différente) et une habileté à comprendre une réalité qui est *là-bas* en attente de sa représentation. Elle postule également l'existence de relations sociales sexuées par lesquelles une catégorie d'êtres sont perçus, en vertu de leur sexe, comme fondamentalement similaires, appuyant par là l'altérité que les hommes assignent aux femmes. Un tel point de vue suppose aussi que les femmes, contrairement aux hommes, peuvent ne pas être déterminées par leur propre participation aux relations de domination telles celles enracinées dans les relations sociales de race, de classe ou d'homophobie.

Je crois, au contraire, qu'il n'y a pas de force ou de réalité à *l'extérieur* de nos relations sociales et de nos activités (l'histoire, la raison , le progrès, la science, une quelconque essence transcendentale) qui puissent nous sauver de la partialité et des différences. Nos vies et nos alliances appartiennent à celles qui cherchent à décentrer davantage le monde [...]. Les théories féministes, à l'instar des autres formes de postmodernisme, devraient nous inciter à tolérer et interpréter l'ambivalence, l'ambiguité et la multiplicité, et également à exposer les racines de nos besoins d'imposer un ordre et une structure alors que ces besoins peuvent être arbitraires et opprimants. Si on fait bien notre travail, la *réalité* apparaîtra encore plus instable, plus complexe et plus désordonnée qu'elle ne l'est présentement.[8]

Jane Flax cerne ici ce qui constitue selon moi la difficulté de la théorie féministe, qui est le postulat selon lequel toute théorie, parce qu'il y a nécessairement du désir qui s'y joue, tend vers la connaissance du Réel. Et cette tendance a ceci de problématique qu'elle risque à tout coup de réduire la complexité de son sujet et de voiler, par la conviction de la possession DU point de vue privilégié, qu'il y a toujours un autre qui échappe à sa nomenclature. Ainsi en va-t-il du cadre féministe de la différence sexuelle; comme le soutient Teresa de Lauretis: que cette différence soit désignée en termes biologiques ou en termes discursifs (comme construite par l'ensemble des pratiques signifiantes d'une société donnée), elle consolide le *déjà-là* du cadre patriarcal d'opposition conceptuelle qui empêche de penser autrement le sexe:

Le problème [...] est que la plupart des théories disponibles [...] sont jointes par le contrat hétérosexuel; des récits qui tendent obstinément à se re-produire dans les théories féministes. [...] C'est pourquoi les critiques de tous les discours sur la notion du sexe (gender), incluant celles produites et promues comme féministes, demeurent aussi importantes pour le féminisme que l'est l'effort constant de créer de nouveaux espaces de discours, de réécrire les récits culturels, et de définir les termes selon une autre perspective: une vue à partir d'*ailleurs*.[9]

L'*ailleurs* du point de vue: ce que de Lauretis propose ici, c'est l'inscription de la théorie féministe dans une dynamique de stabilisation et de dé-stabilisation du désir qui puisse approcher le sujet au cœur de sa complexité et tenir compte du hasard, de l'incertitude, de l'incomplétude, du désordre, de la désorganisation/ réorganisation multidimensionnelle de ses comportements par rapport à l'environnement. Cet ailleurs, produit par les femmes et par les féministes, de Lauretis le décrit comme un pli, un point aveugle, un interstice, un espace non-représenté articulé au sein des discours dominants.[10] À ne pas confondre : il n'est pas le site du Réel enfin retrouvé, son espace n'est aucunement celui du non-symbolique, de l'hors-discours; son site est plutôt celui que la représentation laisse à l'extérieur. En cela, l'ailleurs est le sujet que le féminisme *engendre*, un espace social et discursif qui prend prise au niveau de la subjectivité et de la représentation de soi et qui fissure l'espace des discours officiels qui constituent le sujet dans sa différence sexuelle, socio-économique, raciale, ethnique et autre.[11]

■ ■ ■

L'interpénétration du reflet et du flou, ce processus que l'on retrouve dans certaines œuvres récentes de femmes artistes, n'est pas sans déployer la possibilité, pour paraphraser Kristeva, de l'*(im)propre*: un processus selon lequel la limite qui

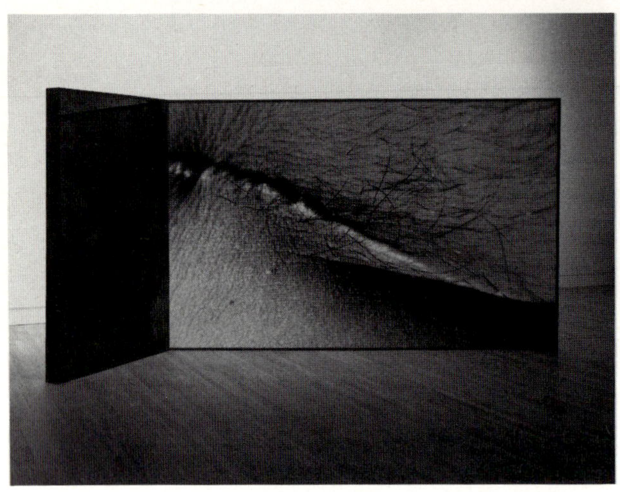

Geneviève Cadieux; *Trou de mémoire, la beauté inattendue,*
1988, photographie en couleur et miroir sur bois, photo:
208 × 335 × 14 cm, miroir: 208 × 137 × 14 cm; gracieuseté:
le Musée des beaux-arts du Canada

assure et inscrit la différence gagne en fluidité, incite à l'écart, amorce l'interstice. Instaurer le reflet, tout en s'en écartant légèrement... Il ne s'agirait pas tant ici de nier ou de condamner le reflet, mais plutôt (et au contraire) de le faire fonctionner pleinement, d'accepter l'inévitabilité du reflet dans la constitution du sujet, tout en l'inscrivant au sein d'une mouvance subjective et d'une temporalité que je désignerais comme mnémonique.

Je pense plus particulièrement à l'installation de Geneviève Cadieux, *Trou de mémoire, la beauté inattendue* (1988), composée d'une photographie couleur d'une cicatrice reproduite à forte échelle, flanquée à son extrémité d'un miroir placé en biais et s'avançant dans l'espace. La pilosité et la peau indiquent qu'il s'agit bien là d'un corps mais sa qualité de surface, dérivant d'une présentation en aplat et d'un cadrage en gros plan, empêche son identification exacte, sa dénomination spécifique; le corps est là mais son identité demeure irrésoluble. L'illisibilité visuelle est un facteur qui revient souvent dans la production de Cadieux. Ainsi dans *Hear Me with Your Eyes* (1989), il s'agit d'orienter les yeux vers l'écoute plutôt que vers le regard. Dans *À fleur de peau* (1987), le regard est désigné dans son insuffisance alors que d'autres formes d'interaction (le toucher et l'imaginaire) se voient privilégiées. Dans cette installation dyptique, un miroir assombri se juxtapose à une feuille de plomb marquée de l'inscription en braille d'une phrase extraite du *Petit Prince* de Saint-Exupéry: «Voilà le meilleur portrait que, plus tard, j'ai réussi à faire de lui». Dans une culture où prédomine le visuel, le braille reste opaque au regard alors que le miroir, comme l'explique Cadieux:

[...] qu'on peut à la limite lire comme une peinture, un portrait, n'est pas davantage lisible; il agit simplement comme une plaque photographique, comme plaque sensible donc, qui enregistre des figures évanescentes.[12]

Le portrait/miroir comme plaque sensible: dans *Trou de mémoire*, le miroir annexé au panneau central enregistre effectivement une évanescence qui serait ici d'ordre interprétatif, soit le corps photographié dans son irrésolution, dans sa résolution toujours sujette à réouverture. De plus, si l'annexion du miroir semble promettre au premier regard une meilleure vision du corps (sa dissémination pornographique et son objectivation voyeuriste), son reflet n'est pas pur: comme son tain a été ennuagé, l'image perd encore en définition. En cela, le miroir rend manifeste et, surtout, intensifie l'évanescence interprétative de ce qu'il reflète. Mais n'est-ce pas là l'*(im)propre* de la mémoire, dont la propriété est justement d'enregistrer des expériences passées, que de les retenir à l'état de traces? Le miroir **EST** la mémoire du corps qui s'éloigne de (et éloigne) la représentation photographique. Bien que la cicatrice a pour effet de ramener à la surface l'histoire personnelle d'une blessure, la fugacité corporelle réalisée par la surface mnémonique empêche la réactualisation de cette histoire dans sa pureté initiale. La distance qui sépare le miroir de la photographie, la trace de la représentation du corps, est avant tout une distance de temps: le signifiant, la marque, demeure, alors que la mémoire oublie, alors que le passé s'est déjà entremêlé au présent et au futur.

Fait significatif: ce miroir s'avance dans notre espace. L'image photographique et, avec elle, la double évanescence qu'elle déploie sont projetées dans un site physique (par le miroir, elles *manquent* à leur place): le nôtre, celui du musée dans lequel nous nous déplaçons, celui du spectateur ou de la spectatrice qui regarde, s'identifie à la blessure et scrute sa propre mémoire. C'est donc par l'intermédiaire de la projection de cet *écran* mnémonique dans un site spécifique que la surface se marque véritablement, se creuse, s'historicise, s'approfondit et se singularise, par l'inscription virtuelle de notre propre mémoire. Elle marque notre lieu d'une difficulté interprétative qu'elle mire et qu'elle intensifie, indiquant par là l'*en procès* du sujet, c'est-à-dire la temporalité mouvante de nos propres images mentales, de notre perception et de notre position. Ce *Trou de mémoire* est le pli d'un ailleurs par lequel s'élabore une tension entre notre réception mnémonique et la toute puissance du réalisme visuel et objectif des discours photographique et muséologique. La possibilité de ce pli subjectif provient essentiellement de l'écran spéculaire, qui a cette particularité de pouvoir à la fois refléter et projeter une mémoire/corps en disparition et de réaliser ainsi une ouverture pour l'investissement du regardant dans une position mnémonique qui contredit la visualité socio-culturelle construite par les discours dominants.

Ce qu'une telle œuvre sous-tend et amorce, c'est l'investissement du sujet comme agent, c'est-à-dire la multiplicité et la multidimensionalité de ses positions par rapport aux discours, l'investissement de son pouvoir politique de résistance, de critique et de contradiction. De Lauretis: être dans un va-et-vient continu entre l'extérieur (homo)sexuel et l'intérieur subjectif, entre la femme comme représentation, comme «objet et condition de la représentation», et la femme historique: «la construction du sexe est le produit et le processus simultanément de la représentation et de la représentation de soi».[13]

C'est sans doute la théorie de la structuration qui décrit avec le plus de précision cette notion de sujet comme agent historique. Rita Felski, s'appuyant sur les travaux d'Anthony Giddens, explique en ces termes la dépendance mutuelle de la structure et de l'agent:

Les activités des agents sociaux sont nécessairement historiquement situées et limitées, bien que les déterminants de l'activité soient multiples et souvent contradictoires et ne puissent être subsumés sous leur fonction par le maintien de la logique d'un système monolithique unique. Mais en même temps, il est nécessaire de reconnaître la *dualité de la structure*, c'est-à-dire le fait que les structures sociales sont à la fois constituées *par* l'agence humaine et sont cependant aussi le *médium* propre de leur constitution.[14]

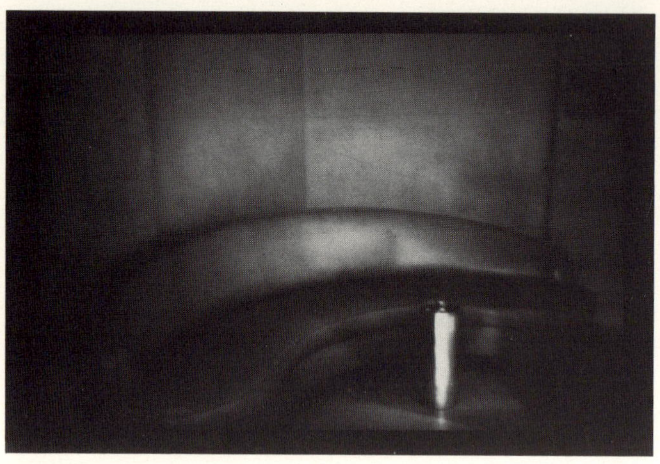

Angela Grauerholz; *Sofa*, 1988, cibachrome, 122 × 162,5 cm; photo : Angela Grauerholz

Les structures existantes sont reproduites par les agents humains qui les modifient à différents degrés alors qu'ils sont façonnés par elles. Les structures ne sont donc pas seulement une «barrière pour l'action», mais aussi une possibilité pour l'action, une «précondition pour la possibilité de choix significatifs».[15] Comme agent-e-s, nous ne sommes donc pas libres de choisir notre position (nous sommes déterminé-e-s par les discours), mais néanmoins nous l'investissons; et si la différence sexuelle existe, celle-ci se modifie historiquement, tout comme elle détermine les possibilités et les contraintes de l'activité critique.

L'écran de réflexion et sa reconnaissance implicite de l'ailleurs : ainsi en va-t-il également des photographies d'Angela Grauerholz. *Sofa* (1988) incite et oblige l'investissement de notre subjectivité. Nous sommes d'abord confronté-e-s à une image de *lieux communs*, à une scène familière qui culturellement résonne en nous : en cela, la représentation photographique du sofa favorise notre identification, interpelle le processus du reflet. Mais notre réception est également activée (comme chez Cadieux) par une dérive du processus photographique, soit ici le flou obtenu par surexposition et surimpression. Nous sommes donc confronté-e-s à une image qui, par son flou, rend à l'œil son imprécision naturelle et sa lenteur perceptive et qui rend manifeste le processus perceptif en tant qu'excitation rétinienne correspondant aux concepts et images mentales emmagasinés dans notre mémoire tout au long de notre vie. En cela, l'image nous singularise, activant la mouvance de nos sensations, de nos états, de notre savoir. Mouvance de l'être et mouvance de sens, mais aussi passage du temps, celui-là, entre autres, qui a travaillé le flou de l'image et qui travaille les traces de la mémoire. Pour Grauerholz, il s'agit de problématiser l'activité interprétative; en cela les images articuleraient une résistance féministe par rapport à l'autorité et à la vérité photographiques :

Je pense que ça concerne la voix d'autorité que nous [les femmes] n'avons pas, et que l'on cherche à avoir. Afin de l'avoir, nous avons trouvé des façons de mettre en échec et de construire des réalités [...] Ce n'est jamais une façon directe , et si vous voulez ramener ça aux images (parce qu'elles ne sont pas des images directes, elles n'affirment rien de particulier) elles répondent parfaitement à cette idée. Simultanément, elles invitent et refusent l'accès. C'est une forme de résistance, qui peut être prise comme une position féministe : celle de confondre l'interprétation.[16]

Rendre compte des positions dans lesquelles les femmes investissent, c'est rendre compte de l'ailleurs de leurs discours, de leurs subjectivités, c'est instaurer le reflet pour le temporaliser, c'est entrevoir la possibilité d'une hétérogénéité qui puisse mettre en échec la théorie comme cadrage, comme nomenclature, comme différence. Le sujet, dans sa relation au monde, se désorganise continuellement en fonction de ses investissements positionnels, s'adaptant, critiquant, résistant... Cette désorganisation peut le détruire (c'est là tout le drame du *Corps d'œuvres*). Elle peut également augmenter sa complexité. Dans ce dernier cas, le sujet échappera à nouveau à l'état de nos connaissances et nous devrons à nouveau conclure qu'il se joue là, dans l'ailleurs, de l'imprévisible, du hasard, du désordre et de l'incertitude.

■ ■ ■

Pourquoi nos sexes sont-ils immuables? Pourquoi nos sexes ne sont-ils pas transformables? Pourquoi faut-il qu'ils se rattachent toujours à la plus vieille histoire du monde? Pourquoi ce sont les villes que l'on transforme et pas les sexes? [...] Pourquoi le sexe n'est-il pas un véritable objet indépendant, se suffisant à lui-même, sans la *Barbie* ou le *G.I. Joe* qui va avec? Quelque chose qu'on pourrait tenir dans nos mains d'enfant, quelque chose qu'on pourrait salir, qu'on pourrait utiliser pour jouer dans le sable comme des pelles ou des charrues?[17]

La nécessité est là: tracer les passages de la sociabilité à la subjectivité, du reflet à la mémoire, de l'objet au mental, de l'œuvre au corps; complexifier le sexe, le désir et la différence.

1.   Albert Jacquard, *L'héritage de la liberté: de l'animalité à l'humanitude*, Éditions du Seuil, coll. Science ouverte, Paris, 1986.

2.   Henri Atlan, *Entre le cristal et la fumée: essai sur l'organisation du vivant*, Éditions du Seuil, coll. Points science, Paris, 1979.

3.   Henri Atlan, «La complexité naturelle et l'auto-création du sens», in *Science et pratique de la complexité: actes du colloque de Montpellier*, mai 1984, S. Aida, P.M. Allan, H. Atlan et al., La documentation française, Paris, 1986, p. 218.

4.   Georges Klir, «Les multiples visages de la complexité», in *Science et pratique de la complexité, op.cit.*, p. 103.

5.   *Ibid.*, pp. 106-108.

6.   Henri Atlan, *Entre le cristal et la fumée: essai sur l'organisation du vivant, op.cit.*

7.   Edgar Morin, *Science avec conscience*, Fayard, Paris, 1982.

8.   Jane Flax, "Postmodernism and Gender Relations in Feminist Theory", in *Signs*, 12(4), 1987, pp. 642-43. (Notre traduction).

9.   Teresa de Lauretis, *Technologies of Gender: Essays on Theory, Film, and Fiction*, Indiana University Press, Indianapolis, 1987, p. 17. (Notre traduction).

10.   *Ibid.*, p. 25.

11.   *Ibid.*, pp. 25-26.

12.   Geneviève Cadieux, «Écrans de réflexion: une interview de Jean Papineau», *Parachute* 56, octobre/novembre/décembre 1989, p. 22.

13.   Teresa de Lauretis, *op.cit.*, p. 9 et 10. (Notre traduction).

14.   Rita Felski, "Feminist Theory and Social Change", *Theory, Culture & Society*, 6(2), mai 1989, p. 224. (Notre traduction). Voir également Anthony Giddens, *New Rules of Sociological Method: A Positive Critique of Interpretative Sociology*, Hutchison, London, 1976.

15.   *Ibid.*, p. 224. Notre traduction.

16.   Angela Grauerholz, "Mundane Re-Membrances: an interview by Beth Seaton", *Parachute* 56, octobre/novembre/décembre 1989, p. 25. (Notre traduction).

17.   Lise Vaillancourt, *Journal d'une obsédée*, Les Herbes Rouges, Montréal, 1989, p. 9.

Mary Kelly

Reprinted from *Wedge* no. 6 (Winter 1984).

Desiring Images / Imaging Desire

"In this matter of the visible," writes Lacan, "everything is a trap."[1] The field of vision is ordered by the function of images, at one level, quite simply by linking a surface to a geometric point by means of a path of light, but, at another level, this function seems more like a labyrinth. Since the fascination in looking is founded on separation from what is seen, the field of vision is also, and most appropriately, the field of desire. Here the viewer enters the realm of lost objects, of vanishing points determined, not by geometry, but by what is real for the subject, points linked, not to a surface, but to a place – the unconscious – and not by means of light, but by the laws of primary process.

In the matter of images of women then, it would seem that everything is doubly labyrinthine. Desire is embodied in the image which is equated with the woman who is reduced to the body which in turn is seen as the site of sexuality and the locus of desire... a familiar elision, almost irresistible it would seem, judging from the outcome of so many conference panels and special issues devoted to this theme. Nevertheless, it is a dangerous and circuitous logic that obscures a certain *progress*, a progression of strategies, of definitions made possible within feminist theory by the pressure of political imperatives to formulate the *problem* of images of women as a question: how to change them? The legacy is not a through-route, but a disentangling of paths that shows more clearly their points of intersection and draws attention to the fact that it is not obligatory to start over again at the beginning.

Discourses on the body and on sexuality, for instance, do not necessarily coincide. Within the modernist paradigm, it is not the sexual body, but the phenomenological (Husserlian) body that takes precedence, what belongs to me, my body, the body of the self-possessing subject whose guarantee of artistic truth is grounded in *actual experience*, often deploying the *painful state* as a signature for that ephemeral object. Thus, the contribution of feminists in the field of performance has been, exactly, to pose the question of sexuality across the body in a way which focuses on the construction of the sexed subject and at the same time problematizes the notion of the artist/*auteur*. The body is decentered, radically split, positioned – not simply my body, but his body, her body. Here, no third term emerges to salvage a transcendental sameness for aesthetic reflection. Yet these artists continue to counterpose a visible form and a hidden content; excavating a different order of truth – the *truth* of the woman, her original feminine identity. Although the body is not perceived as the repository of this truth, it is seen as a hermeneutic image; the enigma of femininity is formulated as a problem of imagistic misrepresentation which is subsequently resolved by discovering a true identity behind the patriarchal facade.

The enigma, however, only seems to encapsulate the difficulty of sexuality itself and what emerges is more in the order of an underlying contradiction than an essential content. The woman artist sees her experience as a woman particularly in terms of the *feminine position*, that is, as the object of the look. But she must also account for the *feeling* she experiences as the artist, occupying what could be called the *masculine position*, as the subject of the look. The former she defines as the socially prescribed position of the woman, one to be questioned, exorcized, or overthrown, while the implication of the latter – that there can be only one position with regard to active looking, a masculine one – cannot be acknowledged. It is construed instead as a kind of psychic truth, a natural, instinctual, pre-existent, and possibly unrepresentable, femininity.[2] Often the ambivalence of the feminist text seems to repudiate its claims to essentialism; it testifies instead to what extent masculine and feminine identities are never finally fixed, but are continually negotiated through representations. This crisis of positionality, this instability of meaning revolves around the phallus as the term which marks the sexual division of the subject in language. Significantly, Lacan describes the woman's relation to the phallic term as a disguise, a masquerade.[3] In being the phallus for the other, she actively takes up a passive aim, becomes a picture of herself, erects a facade. Behind the facade, finally, there is no *true* woman to be discovered. Yet there is a dilemma: the impossibility of being at once both subject and object of desire.

Clearly, one (so-called post-feminist) response to this impasse has been to adopt a strategy of disavowal. It appears in the guise of a familiar visual metaphor: the androgynous. She IS a picture, an expressionistic composite of looks and gestures which flaunts the uncertainty of sexual positioning. She refuses the lack, but remains the object of the look. In a sense, the fetishistic implications of not-knowing merely enhance the lure of the picture, effectively taming the gaze, rather than provoking a deconstruction. Another (and perhaps more politically motivated) tactic has been to assume self-consciously the *patriarchal facade*, to make it an almost abrasive and cynical act of affirmation. By producing a representation of femininity in excess of conventional codes, it shatters the narcissistic structure which would return the woman's image to her as a moment of completion. This can induce the alienating effect of a mis-recognition, but the question persists: how can she represent herself as a subject of desire?

The (neo-) feminist alternative has been to refuse the literal figuration of the woman's body, creating significance out of its absence. But this does not signal a new form of iconoclasm. The artist does not protest against the *lure* of the picture. In another way, however, her practice could be said to be blasphemous in so far as she seeks to appropriate the gaze behind it (the place of gods, of *auteurs*, and evil eyes). In her field of vision femininity is not seen as a pre-given entity, but as the mapping-out of sexual difference within a definite terrain, a moment of discourse, a fragment of history. With regard to the spectator, it is a tactic of reversal which attempts to produce the woman, through a different form of identification with the image, as the subject of the look.

A further consequence of this reversal is that it queries the tendency of psychoanalytic theory to complement the division of the visual field into sexually

prescribed positions by rhyming repression/perversion, hysteria/obsession, body/
word... with the heterosexual couplet seer/seen. Yet, this division does not seem
to be sustained in Freud's work itself. According to Freud, sexual identity is said
to be an outcome of the precarious passage called the Oedipus complex, a passage
which is in a certain sense completed by the acceptance of symbolic castration. But
castration is also inscribed at the level of the imaginary, that is, in fantasy, and this
is where the fetishistic scenario originates and is continually replayed. The child's
recognition of difference between the mother and the father is above all an
admission that the mother does not have the phallus. In this case seeing is not
necessarily believing, for what is at stake for the child is really the question of his
or her own relation to having or being. Hence the fetishist, conventionally assumed
to be male, postpones that moment of recognition, although certainly he has made
the passage – he knows the difference, but denies it. In terms of representation,
this denial is associated with a definite iconography of pornographic images where
the man is reassured by the woman's possession of some form of phallic substitute
or, alternatively, by the shape, the complete arrangement, of her body.

The question of masculine perversions is an important one. But it would be
a mistake to confine women to the realm of repression, excluding the possibility,
for example, of female fetishism. For the woman, insofar as the outcome of the
Oedipal moment has involved at some point a heterosexual object choice (that is,
she has identified with her mother and has taken her father as a love object), it will
also postpone the recognition of lack in view of the promise of having the child. In
having the child, in a sense she has the phallus. So the loss of the child is the loss
of that symbolic plenitude – more exactly the ability to represent lack.[4]

When Freud describes castration fears for the woman, this imaginary scenario
takes the form of losing her loved objects, especially her children; the child is going
to grow up, leave her, reject her, perhaps die. In order to delay, disavow, the
separation that she has already in a way acknowledged, the woman tends to
fetishize the child by dressing him up, by continuing to feed him no matter how
old he gets, or simply by having another little one. So perhaps in place of the more
familiar notion of pornography, it is possible to talk about the mother's memorabilia
– the way she saves things: the first shoes, photographs, locks of hair, or school
reports. A trace, a gift, a fragment of narrative, all of these can be seen as transitional
objects, not in Winnicott's sense, as surrogates, but in Lacan's terms, as emblems
of desire. The feminist text proceeds from this site, not in order to valorize the
potential fetishism of the woman, but to create a critical distance from it –
something which has not been possible until now, because it has not been generally
acknowledged.[5] Here the problem of images of women can be re-formulated as a
different question: how is a radical, critical, **AND** pleasurable positioning of the
woman as spectator to be done?

Desire is caused not by objects, but in the unconscious, according to the
peculiar structure of fantasy. Desire is repetitive; it resists normalization, ignores
biology, disperses the body. Certainly, desire is not synonymous with images of
desirable women, yet what does it mean, exactly, to say that feminists have refused
the **IMAGE** of the woman? First, this implies a refusal to reduce the concept of the
image to one of resemblance, to figuration, or even to the general category of the
iconic sign. It suggests that the image, as it is organized in the space called the
picture, can refer to a heterogeneous system of signs – indexical. And thus, that it

is possible to invoke the non-specular, the sensory, the somatic, in the visual field; to invoke, especially, the register of the invocatory drives (which, according to Lacan, are on the same level as the scopic drives, but closer to the experience of the unconscious), through **WRITING**. Secondly, it should be said that this is not a hybrid version of the *hieroglyph* masquerading as a *heterogeneity of signs*. The object is not to return the *feminine* to a domain of pre-linguistic utterance but rather to mobilize a system of **IMAGED DISCOURSE** capable of refuting a certain form of *cultural overdetermined* scopophilia. But why? Would this release the *female spectator* from her hysterical identification with the male voyeur?

Again, the implications of suggesting that women have a privileged relation to narcissism or that fetishism is an exclusively male perversion should be reconsidered. Surely, the link between narcissism and fetishism is castration. For both the man and the woman, this is the condition for access to the symbolic, to language, to culture; there can be no privileged relation to madness. Yet there **IS** difference. There is still that irritating asymmetry of the Oedipal moment. There is Freud's continual emphasis on the importance of the girl's attachment to her mother. And there is Dora.[6] What did she find so fascinating in the picture of the Sistine Madonna? Perhaps, above all, it was the possibility of seeing the woman as subject of desire without transgressing the socially acceptable definition of her as the mother: to have the child as phallus; to be the phallic mother; to have the pleasure of the child's body; to have the pleasure of the maternal body experienced through it. Perhaps, in the figure of the Madonna, there was a duplication of identification and desire that only the body of another woman could sustain.

For both the man and the woman, the maternal body lines the seductive surface of the image, but the body **HE** sees is not the same one **SHE** is looking at. The woman's relation to the mother's body is a constant source of anxiety. Montrelay claims that this relation is often only censored rather than repressed. Consequently, the woman clings to a *precocious femininity*, an archaic oral-anal-vaginal or *concentric* organization of the drives which bar her access to sublimated pleasure (phallic *jouissance*)[7]. Similarly, with regard to the artistic text, and if pleasure is understood in Barthes' sense of the term as a loss of preconceived identity, rather than an instance of repletion, then it **IS** possible to produce a different form of pleasure for the woman by representing a specific loss – the loss of her imagined closeness to the mother's body. A critical, perhaps disturbing sense of separation is effected through the visualization of exactly that which was assumed to be outside of seeing: precocious, unspeakable, unrepresentable. In the scopic register, she is no longer at the level of concentricity, of repetitious demand, but of desire. As Lacan points out, even the eye itself belongs to this archaic structure, since it functions in the field of vision as a lost object.[8] Thus, the same movement which determines the subject's appearance in language, that is, symbolic castration, also introduces the gaze. And the domain of imaged discourse.

Until now the woman as spectator has been pinned to the surface of the picture, trapped in the path of light that leads her back to the features of the veiled face. It is important to acknowledge the masquerade that has always been internalized, linked to a particular organization of the drives, represented through a diversity of aims and objects, but, at the same time, to avoid being lured into looking for a psychic truth beneath the veil. To see this picture critically, the viewer should be neither too close nor too far away.

1. Jacques Lacan, "The Line and Light," in *The Four Fundamental Concepts*, ed. M. Masud, trans. R. Khan (London: Hogarth Press, 1977), p. 93.

2. Mary Kelly, "Re-Viewing Modernist Criticism," *Screen* 22, no. 3 (1981), pp. 53-56.

3. See Jacques Lacan, "The Signification of The Phallus" (1958), in *Feminine Sexuality*, ed. Juliet Mitchell and Jacqueline Rose (London: The Macmillan Press, LTD, 1982).

4. See Sigmund Freud, "The Dissolution of the Oedipus Complex" (1924), *Standard Edition*, vol. 19, trans. James Strachey (London: Hogarth Press, 1968).

5. See Mary Kelly, *Post-Partum Document* (London: Routledge & Kegan Paul, 1983).

6. See Sigmund Freud, "Fragment of an Analysis of a Case of Hysteria" (1901), *Standard Edition*, vol. 7, trans. James Strachey (London: Hogarth Press, 1968).

7. Michèle Montrelay, "Inquiry into Femininity," *m/f* no. 1 (1978), pp. 86-99.

8. Jacques Lacan, "What is a Picture," in *The Four Fundamental Concepts*, p. 118.

Thérèse St-Gelais

Une question de point de vue

Dans la plupart des ouvrages concernant les femmes artistes, ou du moins ceux où il s'agit de constituer une histoire des femmes artistes, l'autoportrait est relevé comme récurrence dans la production de celles-ci. On aura plusieurs fois commenté cette récurrence, faisant ressortir les aspects techniques et sociologiques qui incitaient les femmes à privilégier ce genre plutôt qu'un autre. Le répéter maintenant nous permet de nommer un certain rapport que la femme entretient avec le sujet qu'elle représente – qu'il soit réel ou peint – de même qu'il nous permet d'introduire ce récent travail que la femme artiste a développé autour de l'auto-représentation.

De la fin du XIXe siècle jusqu'à la fin du modernisme, il y a eu volonté d'écarter le sujet, voire de le liquider, de telle sorte qu'il n'apparaisse plus sur la surface du tableau, pas plus d'ailleurs qu'il ne se fasse sentir dans les travers de la toile. L'art ne devait parler que de lui-même. Or le sujet, comme figure et propos, a refait surface durant les années soixante-dix, et cela, entre autres, à cause du mouvement des femmes et de leurs revendications. Les femmes demandaient à ce qu'on les reconnaisse comme sujet : elles se montraient dans leurs différences, dans leurs privés, et, de ce fait, l'art qu'elles produisaient se trouvait marqué de leurs désirs et de leurs requêtes. Elles ont réagi fortement et en grand nombre à tout ce qui concernait le monde de l'objet. Voulant se dégager de ce monde à l'intérieur duquel on les confinait, elles ont entraîné avec elles un mouvement dont la priorité était de laisser parler le sujet, de l'exposer sous le plus d'angles possible. De là le grand intérêt pour les performances, permettant l'expression directe du corps à celles qui voulaient dire autrement le sujet féminin. Ainsi, un grand nombre de femmes artistes, en réaction à l'art formaliste (et aussi au monde masculin), ont travaillé la notion de sujet et ont pu ainsi nous instruire sur elles-mêmes et l'art qu'elles produisaient.

Ce travail sur le sujet est advenu au début de ce qu'il est convenu d'appeler le post-modernisme. Il s'est transformé depuis. Au départ, il y avait volonté de cerner le sujet sans toutefois le barricader ; on le voulait souple et polyvalent. La psychanalyse, la sociologie, l'histoire, toutes contribuaient à chercher une définition qui, absorbant ici et là et rejetant pareillement, trouva, somme toute, ses contours effrités. On a parlé et on parle encore d'un sujet éclaté, dont le centre se trouve déplacé et mouvant ; en somme d'un sujet en continuelle définition. Un sujet en mouvement, un sujet flou qui aurait autant d'attaches avec le passé (de là l'idée de construire son histoire) qu'avec la mise au point de sa constitution.

Un aspect du travail de Raymonde April concorde avec ce flou qui laisse apparaître la figure juste assez, en fait, pour la reconnaître. Il y aurait une part de *souvenir* dans la photographie de Raymonde April, mais il y aurait aussi une

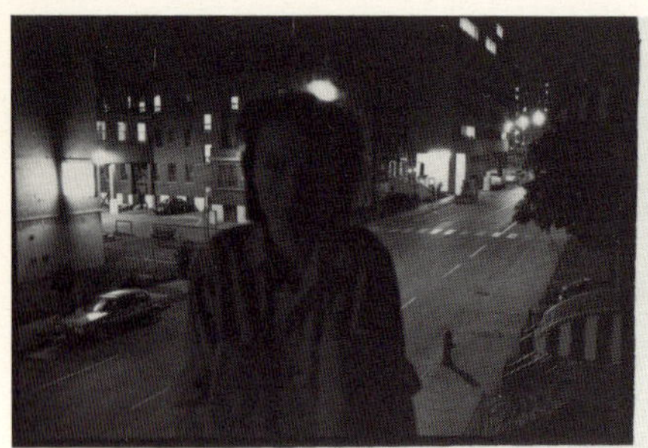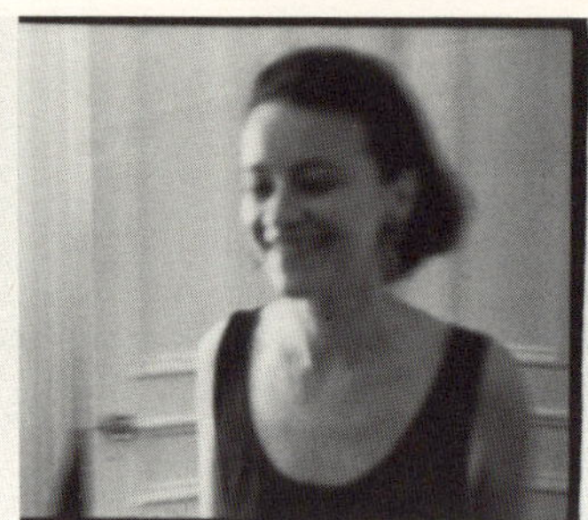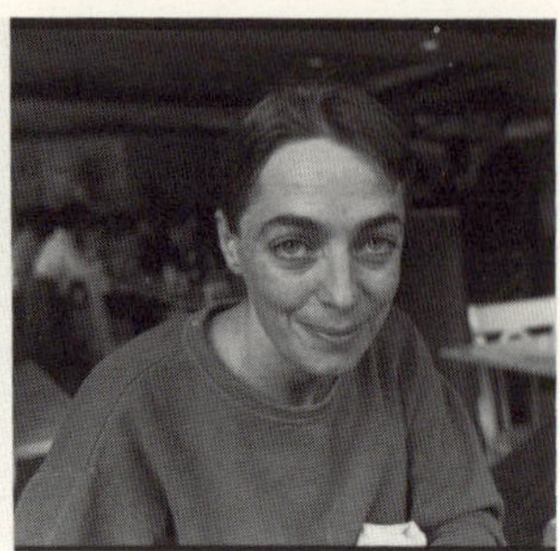

Raymonde April; *De l'autre côté des baisers* (détail), 1985-1986;
photographies noir et blanc; photo: Raymonde April

dimension de rêve et de poésie, qui repousserait encore davantage les limites de l'emprise du sujet. Ainsi, dans *De l'autre côté des baisers* (1985-1986), l'artiste apparaît à plusieurs endroits et, dans presque tous les cas, de façon à ce que son image soit vague, imprécise. Parmi une suite de personnages qu'on imagine des amis ou des parents (ceux-là plus identifiables), son image fait figure d'apparition, de celle qui se souvient ou plutôt qui est en train de se souvenir: une image fixée dans le moment ou le mouvement du souvenir.

Nous retrouverons une imprécision semblable dans le travail de Sorel Cohen, plus précisément dans *An Extended and Continuous Metaphor* (1986). Avec cette différence que ce n'est pas le lieu entier de la photographie qui est touché mais une partie seulement; laquelle, à nos yeux, est significative. Sorel Cohen est, à cet endroit précis, à la fois artiste et modèle. Et le tableau qu'elle peint apparaît dans l'œuvre. S'il était fidèle, celui-ci devrait faire voir la représentation du modèle telle que l'artiste la conçoit, c'est-à-dire la représentation de l'artiste et du modèle confondue. Ce que l'on voit: un tableau flou où ne s'esquissent que des traînées de couleurs. Que son image apparaisse ainsi peut s'expliquer. L'artiste et le modèle sont, en un certain sens, de l'ordre de la réalité; aussi tous deux se dégagent clairement dans l'œuvre. Le tableau, au contraire, parce qu'il se veut une représentation du modèle vu par l'artiste, c'est-à-dire l'image d'une certaine association, ne se montre que comme matière colorée, comme geste tracé. Comme si les éléments composant la peinture prenaient le pas sur le sujet représenté, laissant entendre la difficile conciliation des deux réalités.

Artiste et modèle, Cohen et Cohen, voilà un autoportrait où s'expose un *fondu* des représentées. Car il s'agit bien ici d'un autoportrait, que non seulement nous reconnaissons par la double figure de Sorel Cohen, mais aussi par la symbolique de l'irreprésentable évoqué par le flou du tableau. Une représentation de soi qui a peine à prendre forme et qui, tout compte fait, se comprend précisément dans cette délicate focalisation sur l'identité même de la personne. Une sorte de mise au point, de mise au foyer qui se ferait sans cesse, mimant la définition toujours mouvante, toujours à se faire de l'homme, de la femme. Une **DÉFINITION** continuelle

qui concerne à la fois l'histoire de la peinture et celle de l'artiste, en l'occurrence
Sorel Cohen.

En ce sens, il n'est pas insignifiant que ce soit l'image même de l'artiste qui
apparaisse comme figure du souvenir chez Raymonde April, puisque c'est elle qui,
malgré le fait de son caractère mouvant et flou, dirige le sens de la suite des images.
C'est sa réalité investie qu'elle propose. Dire ceci c'est aussi dire que l'œuvre en
question est un autoportrait. Et nous n'aurions pas tort. De même que nous
pouvons considérer l'œuvre de Cohen à partir d'un point de vue similaire. Nous
croyons intéressant et pertinent, néanmoins, de nuancer ce type d'autoportrait, de
le qualifier et de l'associer à d'autres autoportraits féminins qui auraient cette même
tendance à travailler l'autoreprésentation. Qu'en est-il d'une œuvre où la figure
principale est celle de l'artiste dissimulée dans le médium même ?

Là, il s'agissait d'autoportraits où le sujet se trouvait en quelque sorte en
mouvement constant : à la limite de la définition. Or, un semblable mouvement se
retrouve dans certaines œuvres d'Eleanor Antin et de Cindy Sherman, avec cette
nuance que le mouvement en question s'inscrit à l'intérieur d'une transformation.

Eleanor Antin n'a pas fait, à notre connaissance, d'autoportraits. Ou peut-être
serait-il plus juste de dire qu'elle n'a désigné aucune de ses œuvres comme tel. Dans
chacune de ses productions, Antin se transforme. Elle s'investit dans des représentations de personnages qui quelquefois lui ressemblent, mais qui toujours la situent
dans des contextes appelés à la questionner et à la transformer comme femme,
comme artiste. Elle travaille sur la transformation comme geste autobiographique.

What she presents to us as autobiography is an imaginative reconstitution of the self in a new
temporal context, a transformation of identity through and into art; to achieve this she has fabricated a
system of fictional lives which, by paralleling her own life, has become incorporated into it.[1]

Eleanor Antin joue sur les LIMITES : celles de la réalité et de la fiction, celles
du vrai et du faux, celles des personnages qu'elle met en scène et de son moi. Elle
se fond en ses personnages tout comme ceux-ci se perdent en elle. Eleanor Antin
raconte des histoires : la sienne et celles de ses personnages, des vraies et des
fausses. Antin joue à rendre authentique.

En 1973, Eleanor Antin est devenue Eleanora Antinova, ballerine. Sa première apparition comme danseuse se fera à l'intérieur d'une exposition divisée en
trois parties, incluant des dessins qui figurent son expérience (imaginaire) comme
membre de la compagnie de danse de Diaghilev, des photographies de l'artiste dans
des poses traditionnelles de ballerine et une vidéo intitulée *Caught in the Act* où on
la voit dans le processus d'acquisition des techniques de ballet. En 1979, Antin
devenue Antinova a *performé* à la Ronald Feldman Gallery dans une chorégraphie
intitulée *Before the Revolution*, une des cinq chorégraphies dont elle parlera ultérieu-
rement dans ses souvenirs. Une année plus tard, en octobre 1980, Eleanor Antinova
part trois semaines à New York où elle ira raconter ses mémoires : *Recollections of My
Life with Diaghilev*. Pour cette performance, l'artiste convie un petit groupe de
personnes, dans une galerie, à partager avec elle ses bons moments avec les Ballets
Russes de Diaghilev. Sur les murs de la galerie sont exposés des photographies, des
illustrations et des textes tirés des mémoires qu'Antinova a écrits; se trouvaient là
aussi des photographies de chorégraphies qu'elle a créées et interprétées.

Eleanora Antinova, c'est plus que l'interprétation d'un soir. Dans sa dernière
apparition, elle ira jusqu'à raconter les mémoires qu'elle aura inventés, mais elle
ira aussi jusqu'à vivre les trois semaines de son séjour à New York en Antinova. New

York la verra sous cette identité qu'elle veut conserver jusqu'à la dernière minute de son séjour. Elle veut qu'on croit en Antinova; il est donc hors de question qu'elle apparaisse autrement, auquel cas la transformation perdrait de sa crédibilité, de son sens. La vie d'Antinova c'est, entre autres, beaucoup de faits imaginés, mais c'est aussi sa propre expérience vécue au moment où elle se prépare à performer. Rencontrer ses amis, manger, boire en Antinova sont autant de faits qui deviendront particuliers à Antin. En apparence, c'était le corps qui changeait, mais après ces trois semaines vécues en Antinova, la transformation s'était inscrite plus profondément. Après cette expérience, elle se sentait Antinova. Eleanor Antin, à partir de là, n'était plus la même.

Cette transformation s'est déroulée dans le temps et dans l'écrit. Jour après jour, elle notait ses impressions de ce que la conversion lui permettait de vivre. Cette expérience d'Antinova, parce qu'elle l'aura entraînée dans la **FACTURE** d'un personnage, lui aura fait prendre éminemment conscience de ce qu'elle était, lui aura donné la possibilité de se voir, comme seule l'autoreprésentation le permet. Antin, c'est non seulement Antinova mais le **FAIRE** Antinova. En devenant Antinova, elle devenait Antin et, conséquemment, nous laissait voir non seulement Antinova en représentation mais Antin qui s'autoreprésentait. La réalité d'Antin se confronte et se confond avec la fiction d'Antinova.

Antin ne croit pas au moi pur et entier, tel un objet facile à définir. Elle le croit plutôt tangible et transformable par l'individu ou les autres, et par l'histoire aussi. Selon Antin, le moi qui se raconte, raconte des événements fictifs du seul fait que ceux-ci ne sont plus dans **LA** réalité. Le moment présent est perçu comme seule réalité qui, paradoxalement, s'évanouit dès qu'on le réfléchit, parce qu'il devient alors du passé. Parce qu'elle sélectionne, parce qu'elle est subjective, l'autobiographie est fictive. Et si l'autobiographie est fictive, l'identité est conséquemment remise en question. En somme, chez elle l'autobiographie est, entre autres, un geste se déployant sans arrêt. Mouvante, Antin dit ne pas avoir d'histoire, si ce n'est celle qu'elle ne cesse de faire et de refaire. Pour Antin, nous sommes tous et toutes un récit, donc tous et toutes dans le geste toujours répété et nécessaire de l'autoreprésentation.

Il y aurait à la fois ce même écart et ce même rapprochement de la réalité et de la fiction dans le travail de Cindy Sherman, avec cette différence considérable que cette dernière manipule un tout autre registre d'images, compromettant d'une autre façon l'artiste et le **SUJET** qu'elle représente. Ses premières photographies, en noir et blanc, sont semblables à des extraits de films. Sherman, maquillée, apparaît en effet dans des poses et des décors qui suggèrent un moment précis et reconnaissable du cinéma des années soixante – série B: celui qui met préférablement l'accent sur le symbole sexuel féminin. Suivra la représentation de modèles féminins stéréotypés, ceux-là des années cinquante, où l'identité comme telle prévaut sur l'image. En fait, dans ces dernières photographies, et pour ainsi dire dans tout son travail, c'est davantage l'atmosphère qui compte que l'authenticité; il ne s'agit pas de croire à la représentation, mais de la percevoir.

À partir de 1980, Sherman intègre la couleur dans ses photographies et, du même élan, modifie la perspective qui les construit; on y retrouve dès lors une torsion qui agit sur les rapports entre l'arrière et l'avant-plan. Auparavant, elle jouait en quelque sorte un rôle, elle figurait, et cela dans un décor adéquat, dans la mesure où celui-ci participait à appuyer le personnage représenté. Dans les photographies

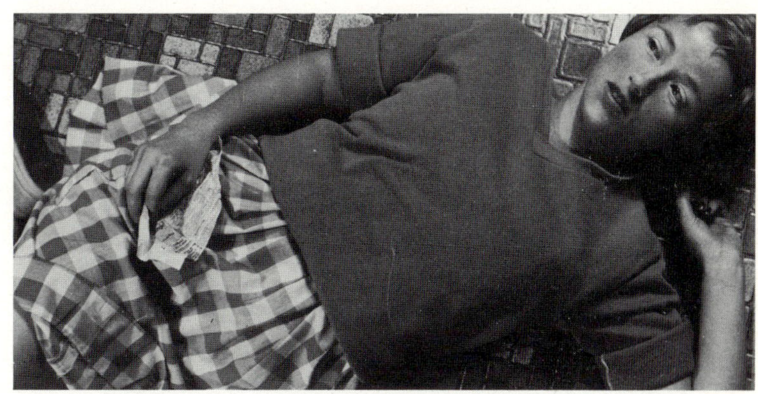

Cindy Sherman; *Untitled, No. 96*, 1981; photographie couleur,
51 × 61 cm; gracieuseté Metro Pictures

couleur des années quatre-vingt, elle place significativement le décor derrière elle
et lui donne un caractère flou. Apparaissant à l'avant-plan, son image est nette,
clairement découpée, à un point tel qu'elle fait figure de collage. Il y aurait là un
dégagement par rapport au décor, une certaine distanciation, et une volonté aussi
de pointer l'artifice de la mise en scène : une Cindy Sherman transformée, aux
contours nets, prenant place devant une image imprécise suggérant le lieu du
déroulement de la scène. Comme un film où la mise au foyer privilégierait l'avant-
champ, comme une fiction qui laisserait voir les mécanismes utilisés.

Ce rapport au décor s'est modifié dans les photographies de 1981, non pas
qu'elle l'ait éliminé, mais elle l'aura en quelque sorte absorbé. Il fait intrinsèque-
ment partie de son personnage qui, curieusement, est davantage contemporain de
Sherman et, du même coup (et d'une certaine façon), plus près de ce qu'elle
pourrait être. Ces photographies se présentent à l'horizontale (reprenant le format
de la page centrale de certaines revues) et l'artiste, en gros plan, les occupe presque
entièrement. Dans certains cas, elle est allongée, s'accommodant (ou profitant) de
la largeur du format (ou peut-être est-ce le format qui s'accommode de Sherman),
dans d'autres, elle est accroupie, à genoux ou assise. Dans ces dernières photographies, le corps ne peut prendre autant de place que dans les précédentes, il se
montre alors en très gros plan, au point où il ne peut entrer entièrement dans
l'espace de la photographie. Cette présence lui permet d'envahir magistralement
le lieu de la photographie : ce qu'il ne peut avoir en espace, il le compense en
donnant l'impression de forcer le cadre de la photographie à le contenir.[2]

En somme, ce qui prévaut dans ce type de représentation et aussi ce qui
expliquerait la quasi-disparition du décor, c'est l'image même de la femme
représentée qui, dans cette série, est celle d'une femme absorbée dans ses pensées,
et quelquefois anxieuse. À travers ce qui reste de décor et la présence dominante
du corps, ressort un **PORTRAIT** psychologiquement **CHARGÉE** d'une certaine femme, ici
davantage à l'âge adolescent qu'à celui d'adulte. Un portrait où la vulnérabilité du
personnage provoque et atteint le regard extérieur parce qu'il le rend voyeur d'une
situation et qu'il compromet son indifférence.

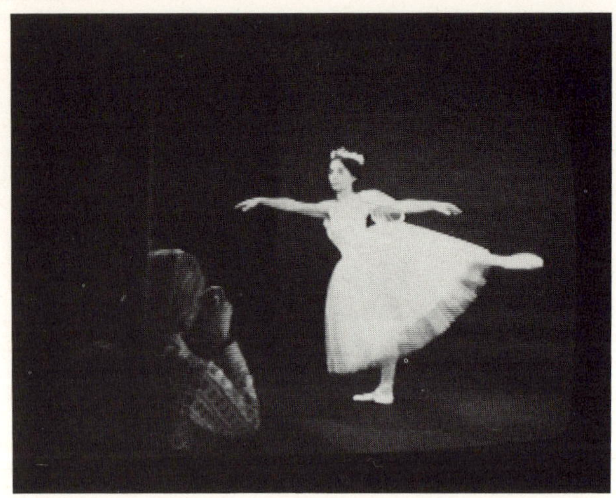

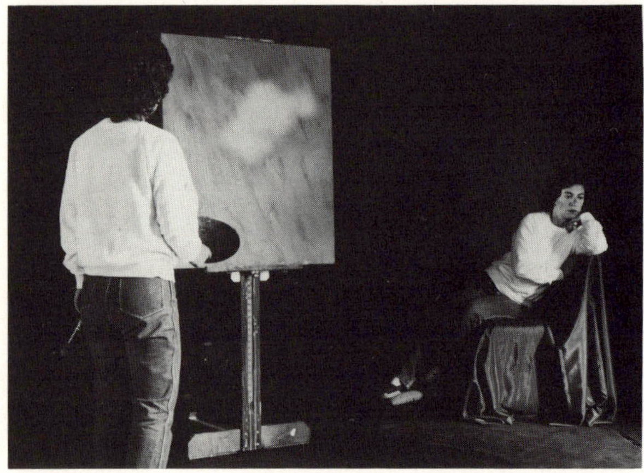

Eleanor Antin; *Caught in the Act*, 1973; vidéo noir et blanc, 39'

Sorel Cohen; *An Extended and Continuous Metaphor, No.16* (détail),
1983-1984; photographie couleur, 79 x 108 cm;
gracieuseté Galerie Wynick/Tuck

Cindy Sherman ne confronte jamais la caméra ou seulement très rarement. Son regard semble toujours absorbé ou alors accroché à un objet ou un sujet extérieur. C'est d'ailleurs ce qui fait, entre autres, que nous assistons de façon si *voyeuse* à la scène présentée : il nous semble que *ça ne nous regarde pas*. Le détachement de Sherman participe, par ailleurs, à donner à cette scène le caractère théâtral qu'elle a interrogé (et interroge encore) dans sa production photographique. Cindy Sherman travaille sur les apparences et ne craint pas d'occuper toute la surface de la mise en scène pour faire valoir et ressortir le caractère de son personnage. À la limite de l'excès. L'être est là, mais le faire aussi, parce qu'elle en exhibe la composition. Dans *Untitled No. 96* (1981), la pose (calculée) que prend le personnage, ses vêtements (singuliers), son regard (volontairement) retenu en même temps qu' (aussi volontairement) abandonné, de même que le papier froissé que le personnage tient (et pointe) dans ses mains, tout cela, combiné avec l'omniprésence de l'orangé, contribue à démontrer la théâtralité de la scène. Il y a là un travail qui se fait et qui se sent, qui n'est pas étranger au malaise qu'il suscite chez le-la spectateur-trice, lequel malaise est encore plus évident dans les œuvres plus récentes où l'horrible, le dégoûtant, en même temps que le pathétique, prennent une place déterminante.

Or, ce travail ou cet effet théâtral se retrouve aussi, et à propos, dans les productions des artistes regroupées ici. Chez Eleanor Antin, on le percevra un peu de la même façon que chez Sherman, c'est-à dire qu'il se trouve aussi dans un certain excès iconique. La pose d'Eleanora Antinova est stéréotypée : le sourire de la danseuse laisse entendre la grâce du mouvement et la facilité de l'exécution. C'est en somme à travers le cliché, qui pointe une part d'inauthentique dans la mise en scène d'Antin, que nous reconnaissons le jeu de la fiction. Chez Sorel Cohen, la théâtralité se jouera dans ce lieu où les actrices (interchangeables) marqueront l'espace de la mise en scène : modèle, décor, rideaux sont autant d'éléments qui insistent sur l'arrangement et la composition de l'œuvre. Chez Raymonde April, il s'agira aussi de poses et d'expressions que l'artiste aura fait ressortir dans les regards – le sien comme celui des autres – de ses personnages. Absente ou dévisageant la caméra, la personne photographiée semble toujours consciente qu'elle est regardée et, à partir de là, pose. Le fait de composer une suite à partir de ces photographies (*De l'autre côté des baisers*) et de créer un lien narratif entre elles leur confère une forme de théâtralité; c'est parce qu'il y a histoire et mise en scène de cette histoire qu'une distance est pointée, voire travaillée. La comparaison de ces suites photographiques avec des romans-photos est, en ce sens, évocatrice. Cette distance que nous associons à un jeu théâtral est évidente dans *Jour de Verre* (1983) où le personnage apparaît en retrait du décor qui, ici, se trouve devant ou derrière lui; l'ombre chinoise que le personnage trace sur la pellicule est floue et nous laisse dans le doute quant à sa position. Dans tous les cas, cependant, le sujet photographié ne se confond pas à l'arrière-scène; son lieu, lié à la surface de la pellicule, occupe un espace important de la photographie, lequel signifierait l'espace du point de vue photographique. Un point de vue (nécessairement celui de l'artiste puisque c'est de **SA** photographie dont il s'agit) dont le retrait serait montré. Il y a des concordances ici qui, à notre avis, ne sont pas innocentes, d'autant plus qu'elles apparaissent dans le travail de Sorel Cohen, celui d'Eleanor Antin et celui encore de Cindy Sherman.

Dans chacune de ces productions, il y a un sujet principal figurant et c'est l'artiste : Raymonde April, Sorel Cohen, Eleanor Antin ou Cindy Sherman. Dans chacune de ces productions, il y a aussi les indices d'un travail élaboré en relation avec la présence du sujet dans l'œuvre (l'autoreprésentation de l'artiste); un sujet questionné dans sa relation avec la réalité, dans son rapport avec l'intégrité. Ce sont des fictions que Raymonde April élabore à partir de personnages réels (dont le sien). C'est un sujet (modèle, artiste et femme à la fois) qui, parce qu'il n'est que flou, est à la limite du représentable chez Sorel Cohen. Ce sont de perpétuelles **DÉFINITIONS** du sujet que cherchent Eleanor Antin et Cindy Sherman. La mouvance qui s'est inscrite à l'intérieur du personnage Antin (par Antinova) rend la prise difficile sur le sujet. Antin brouille les limites du sujet qu'elle est et du sujet qu'elle représente et, de ce fait, pointe la ténuité de ses limites. De la même façon, par le fait qu'elle apparaisse derrière (ou à travers) les personnages qu'elle construit – lesquels sont fondés sur l'apparence avant toute chose – et par le fait surtout que ces personnages se montrent d'une grande vulnérabilité, Sherman expose les limites fragiles de l'individu-e.

Dans chacune de ces productions, il y a donc une autoreprésentation de l'artiste dans un cadre où les limites sont précaires. Il y a de même, soit un travail de distanciation, soit une volonté de faire voir **L'AUTRE** dans sa propre image. Raymonde April prend une distance face à la photographie qui se présente comme lieu du réel. Sorel Cohen, en pointant l'interchangeabilité des rôles, évoque une circulation où l'un peut prendre place **DANS** l'autre (ou vice-versa). Chez Antin et chez Sherman, c'est de l'autre en soi dont il s'agit; moins celui qui se camouflerait derrière le moi de l'artiste que celui que l'artiste multiplie dans le but de faire ressortir une certaine perméabilité de l'individu (Antin). On y retrouve ainsi une conscience des liens étroits qui existent entre le même et le différent. Sherman, enfin, c'est cette artiste qui joue de multiples autres et qui déploie un lieu où l'autre se projette.

On parle de distanciation ou de dégagement face à son identité, il s'agit dans tous les cas d'un désir de faire voir des différences. Ce désir s'est fait connaître au cours des années soixante-dix au moment où plusieurs femmes artistes ont senti la nécessité de remettre en cause la notion traditionnelle du sujet féminin à l'intérieur de laquelle elles avaient été confinées. Raymonde April, Sorel Cohen, Eleanor Antin, Cindy Sherman travaillent cette notion du sujet pour ce qu'elle a d'instable et pour ses rapports avec l'autre : un travail qui cherche davantage à en étendre qu'à en restreindre les limites et qui veut questionner la relation entre **L'UN** et **L'AUTRE** plutôt que de simplement cerner leurs différences.

1.   Jonathan Crary, "Eleanor Antin", *Arts Magazine*, 50, mars 1976, p. 8.

2.   Voir "Cindy Sherman's Cindy Sherman", *Cindy Sherman*, New York, Whitney Museum of American Art, 1987.

Liz Magor

Auto Portrait

Shortly after Samuel Beckett's death, I again heard the story of how Suzanne Deschevaux-Dumesnil leapt from her bicycle to rescue the writer as he lay dying in a Paris street with a stab wound in his chest. And how, after helping him recover from his grave injury, she devoted her life to his work by organizing everything for him, from homeopathic diets to publishing contracts. It could be argued that Beckett's life was saved first by his overcoat, and then by Suzanne. The coat, by virtue of its thick cloth, prevented the knife from penetrating his heart and, pinned to his chest, offered a felty swaddling, keeping the knife out and the body in, as the spider-legs gave way, and Beckett fell to the ground.

The scene: a lamp-lit alley. The attacker runs into the shadows; demi-monde type, greasy hair, tight skivvy, elevated shoes. The bike enters; balloon tires, a tubular, curved frame and high, wide handlebars. It falls to the ground. A woman runs to Beckett's side. Do her shoes make a noise on the wet stones? Does her skirt spread out around her as she bends down? Is her hair loose? (Blond? Black?) Does it fall forward as she leans to look at him? Is she a nurse, a Nightingale? Is she Estragon already, an Irish *butty* in a big coat?

She **WAS** something, I think. Training to **BE** something. On her way home from somewhere. She's wearing a dress, mid-calf, with a neat pair of flats on her perfect dancer's feet. Or is she a painter in black pants? Was this before the war or after? Her hair must be short. She could be a writer: tight, grey suit, white shirt. This would have her walking the bike as she approaches, leaving a hand free to hold a cigarette. But this is Beckett again. Now all social costumes dissolve, giving way to a stranger image: a cowl, a tunic, a habit, a shirt of hair. She leaps from her bike in robes. But this is Squeaky Fromme.

To clear things up, I turn to biographies, expecting to find photographs of this selfless assistant. I even anticipate a picture of the rescue itself, a tableau of all the players: the bike, the knife, the pimp, the coat, the writer and the rescuer. But there is no photograph of that night, as there is no photograph of Suzanne – though Beckett is everywhere. A beautiful, wounded bird. An edgy line of pain in every picture. I search the group shots for his female equivalent, knowing that together they will make a dark track over the field of healthy people. She's not there. I find only one photograph that includes her, a snapshot, really, of three small, fuzzy people in a garden. It was taken at Ussé in 1952. Beckett's brother Frank is in the middle. His right arm encircles Sam from behind and clasps him under the arm and high on the chest. He is pulling Sam in, literally holding him in the picture.

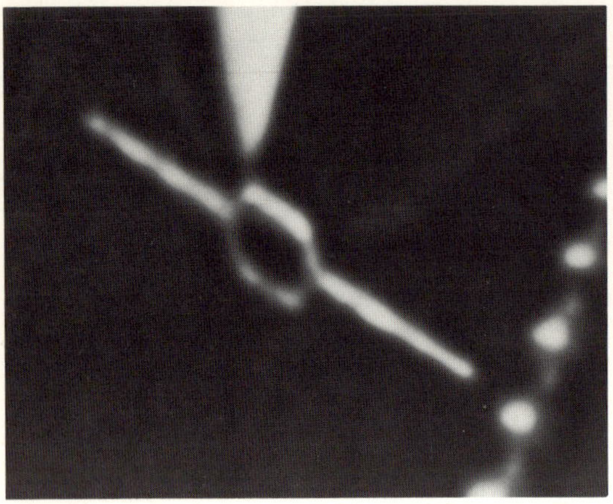

Nora Joyce Jersey blouse gathered at the shoulder, belted at the hip. Small, contrasting collar. Polka-dot crepe de chine shirt, flounced. Silver pin with onyx centre. Long strand of onyx beads. Hair waved with scalloped edge framing the face.

Teha'amana Ankle length, cotton missionary dress. Bodice yoked and shirred. Batiste scarf knotted at the left shoulder. Flowers over right ear. Hair worn long and loose. One lock curled on the forehead.

Coretta King Black wool dress with squared neckline. Three-quarter length sleeves, set-in. Large corsage with tulle and ribbon bow. Gold watch. White drop earrings. Hair loose, high at the crown, off the forehead.

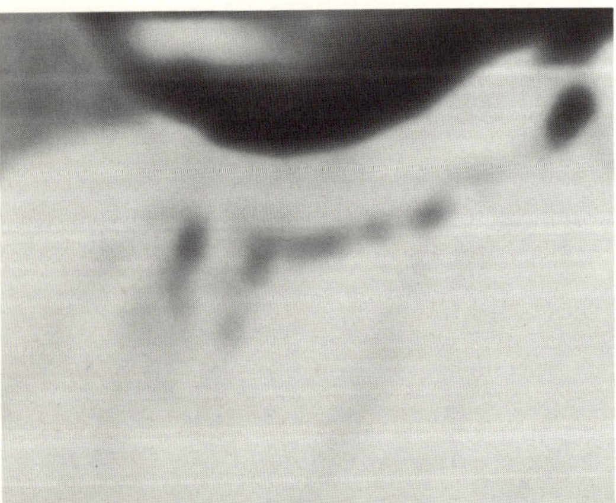

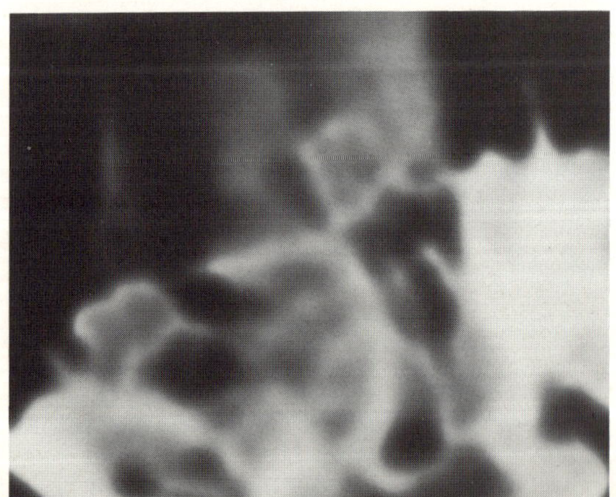

Suzanne assists in this endeavour by standing on Frank's other side. With her body close to his, they are united as a counterbalance to Sam's entropic lean to the left. She's wearing a suit with a pleated skirt and tailored jacket. She has a brooch on her jacket and a leather bag hooked over her left sholder. Her hair is blond and waved. She's wearing lipstick. She's smiling. She is not a wraith. She appears to be normal.

I am surprised by her substance. I was expecting a ghost. Or perhaps this photograph of three people in a garden has brought another to mind: Virginia Woolf, T.S. Eliot and his first wife Vivienne are in a garden in the summer of 1932. Virginia is in the middle. She seems completely at ease, both with her company and in her clothes, wearing a cardigan and blouse, skirt, sunhat, beads, and flat, laced shoes. She leans toward Tom and away from Vivienne. Her right arm overlaps Tom's while her left, akimbo, thrusts its elbow at Vivienne, driving her toward the edge of the frame. In Virginia's mind, at least, this is a portrait of two writers. Vivienne, thus banished, draws her feet together, pulls her arms back and disappears, offering her body as a lifeless rack for her outfit. Hers is a coordinated ensemble: garden dress, stockings and shoes – all in white and held down by an embellished, wide-brimmed hat. The intention, clearly, is to cut a sweet figure, evoking childhood and innocence with maybe a touch of Alice. Standing beside the giantess, Vivienne appears small enough to pull it off, but her Wonderland must be a horror if it could freeze her in such a posture of anxiety. Her own body betrays her disguise and the carefully selected costume becomes a shroud for a dissolving self.

Tom, of course, way over on the other side seems oblivious to all this, just as he seems oblivious to the weather. In contrast to his wife's short-sleeved summer dress, he is wearing a thick, tweedy suit with a vest. Perhaps this failure to notice things accounts for his being photographed *sans* spouse for the next 25 years. In any case a second wife doesn't appear until 1957, and, when she does, you can tell by her clothes that she's more appropriate.

Just as Suzanne leapt from her bike to scoop up Samuel Beckett, so Valerie Fletcher leapt from hers to scoop up loose papers. At the age of fourteen, she declared her intention to serve as secretary to a celebrated writer, and realized her ambition in 1950 when she reached T.S. Eliot's desk. In his service she evolved from secretary, to spouse, to literary executrix, extending her care to the posthumous. Valerie was frequently photographed: at Eliot's side during his lifetime, and as his representative after his death. Like a politician's wife she dresses with an understanding of her public responsibility. She is costumed but doesn't appear to be, so closely does she conform to the fashions of the time. As with others who appeal to the confidence of the public, she uses fashion to present the paradox of being willing to change while remaining conservative. Always her pleasure and flourish in dressing are restrained; the evening dress that hovers on the far edge of the shoulders, not daring to slide into straplessness; the silver fox collar and hat that would never conspire to being a full fur coat.

But Valerie's clothes diverge from those of the public figure, if not in appearance, at least in function. She can be seen as offering assurance more than seeking it, as her constituency was but one person – Tom Eliot, from whom she had a mandate for life. Both her public and private selves were charged with maintaining his work, so her wardrobe also took on a double role. While her correct hemlines declared to the world that all was well with the genius, her command of the codes of fashion just as effectively assured her melancholy poet that all was right with the world.

A harder task fell to Nora Joyce insofar as assurances of normalcy were concerned, and it appears that she took to fashion for recreation rather than for duty. She exercised her interest extravagantly when means allowed, outfitting the whole family *à la mode* down to the last shoe buckle. Yet for some reason the stylishness attributed to James, Lucia and Giorgio does not attach itself to Nora. In his portraits, Joyce's wonderful elegance seems inherent and his characteristic vanity is seldom extended to his wife. Perhaps this is consistent with the perceived differences between them – he was literate, she was not; he was intellectual, she was not; he was frail, she was not; he was natty, she was not. This idea is reinforced by the conflation of Nora's identity with Molly Bloom's – drawn as a large, female thing with a mouth, who would no more punctuate her appearance with fashion than her speech with pauses. Besides, who needs clothes when one is constantly abed?

The aspects of his wife's identity that obsessed James Joyce certainly didn't encompass all that she embodied, yet the accounts of who she was have consistently sided with the literary portrait over historical accounts. Photographs, anecdotes and letters concerning the Joyces are a finite resource and are subject to various arrangements. For example, in Richard Ellman's 1959 biography of Joyce, there is only one photograph of Nora alone. She's in costume for a play – Synge's *Riders to the Sea* – and consequently is barefoot, wearing a peasant skirt and flowered blouse. Her blouse is wrinkled and her cuffs unfastened. The effect is rural: free, natural, careless. In the rest of the book there are no pictures of Nora without a hat; we never see her hair or her hands. She is usually buried in a crowd or lost in the murky resolution of the photographic emulsion. Like Vivienne Eliot she is so close to the edge, margins and nether worlds of the pictures that she is at risk of dropping out of sight and memory altogether. She takes on the characteristics of the pictures and seems indistinct and forgettable. But a rearrangement of documents by Helen Maddox in 1988 shows more, including a beautiful portrait by Berenice Abbott that reveals Nora as a match for Joyce – at least in terms of self-esteem. For his cane top, she has marcelled hair; for his ringed fingers, her pins and beads; for his stripes, her polkadots; for his bow tie, her lace collar. More surprising is a studio portrait taken in 1935, the glamour of which is attributable as much to Nora's own regal posture as to studio lighting. The elegance of this portrait is generated by the subject herself who comments on her own pale skin and silver hair by wearing a black dress with a white fox fur. This photograph confounds the image of Nora as a barefoot girl of Galway, offering instead a sophisticated Parisienne who frequents the same designer as Marlene Dietrich.

In terms of how people are represented in a given work – through photography or writing – there's a question as to whether or not the real-life models for stories fare better than those for pictures. People who end up in books are usually given full treatment: a name, a context, a role. Often they are depicted so faithfully that they can be traced as being the inspiration for a character. Certainly the tenure for the literary model is quieter and longer because its effectiveness as subject is dependent upon the slow formation of a psychological shape. Models and muses for visual artists, on the other hand, may be better able to protect their identity as they can confine their offering; they retain proprietary rights to subjecthood.

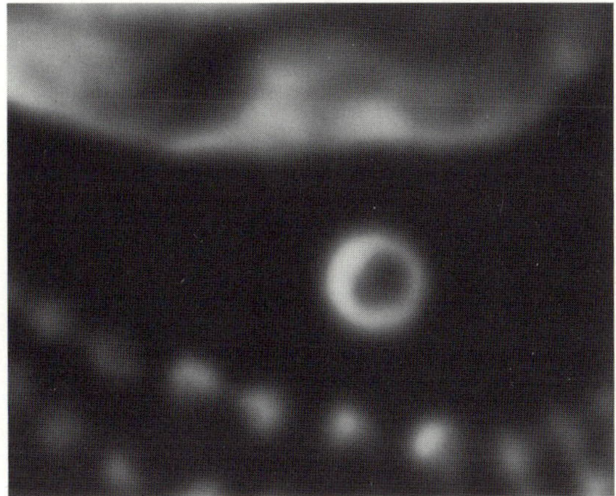

Anna Freud Dark cashmere cardigan. Tortoise-shell
buttons. Grey pleated wool skirt. Double strand of
jade beads. Roundfaced watch with brown leather
strap. Hair cut short, unstyled.

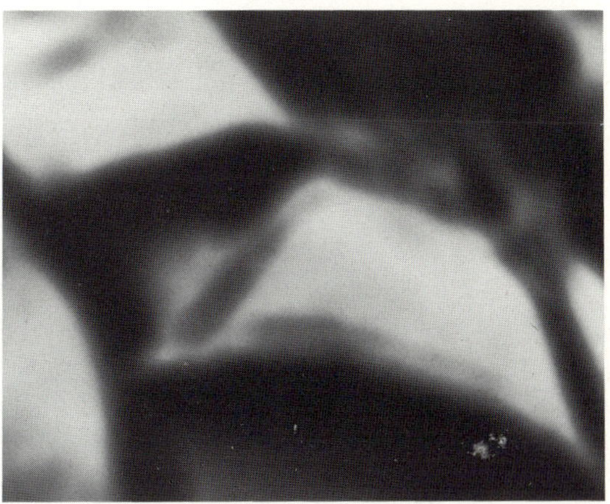

Chiang Ch'ing Heavy-weight cotton overcoat with
wide lapels. Cotton pants and shirt, loose fitting.
Buttoned breast pockets and safari pockets at the hip.
Hair, short bob, parted in the centre.

Alma Mahler Alpaca dress with high collar. Gathered
sleeve caps. Bodice full in front, pulled in at waist
with a sash. Shell cameo at the throat. Gold chain
and locket. Hair piled on the head with a chignon
at the nape.

Both the nudity and the costume of the model in the studio are abstractions and act as camouflage for the sitter. The figure doesn't refer to a psyche as much as it refers to light and to how light plays on the surface of the body. However, looking at photographs of models at work, one tries to look under the skin for a name or a notion of self. The hair is checked for style, the face for makeup, the body for features that may generate empathy. But consistently the body remains generic in the studio; it's not a body but a figure, and no particular person resides there.

Think of Teha'amana. Left alone in the dark in Paul Gauguin's hut, she flings herself in terror onto the bed and is found there when the painter returns. He is moved by the intensity of her fear and her primitive perception of what surrounds her in the dark. He decides to paint the scene. But what he paints is a beautiful pattern, with a brown figure as part of an arrangement of colours. This is not a Zelda Fitzgerald situation. Teha'amana can jump up, leaving the brown body behind, and tell her own story of what happened that night, not that we'll ever hear it, but, if we did, we would not confuse it with the other.

In fact, Teha'amana did jump up and tell a bit about herself. She sat for a photograph. She is sitting, not lying on a bed or a beach. Her hair is very shiny, and she has two flowers tucked, Tahitian style, over her right ear. She's wearing a white cotton dress, the kind distributed by missionaries in a bid to cover up the miles of pagan skin they encountered, and instill a notion of Christian modesty. It looks something like a nightdress, loose, with a shirred bodice and high neckline. If nothing else, the conflicting signs of the flower and the dress situate Teha'amana at a point of cultural change for her people. We can only speculate that the choices concerning her appearance in this photograph indicate her feelings or opinions on questions central to her identity.

Granted, **CHOICE** may be too strong a word – not just for Teha'amana, but also for Nora, Valerie and Suzanne. Getting dressed is a social act, negotiating what is desired and what is allowed. To wear clothes is to speak in a public language about one's status, sensibilities and expectations. A choice with regard to appearance is checked on every side and often seems the result more of coercion than of deliberation. There may be no choice that hasn't already been made. There may be nothing to wear but conventions.

But the best thing about conventions is that there are so many of them. If dress is a language, then the conventions of dress are its units, and they abound. In the inexhaustible recombinations of fashion's bits and pieces, a potential for expression can be found – not an expression inclined to profundity, but something exquisitely superficial. Fashion's qualities are best enumerated in a kind of inverted list of what modern art is: fashion is **NOT** private, it **IS** substantial and representational, and its trajectory is **ALWAYS** described in full public view.

For some, the extroversion of clothing is a sublimation of what is hidden or invisible. For others, subjected to massive doses of introspection through their service to art or artists, dressing becomes a critical alternative, a parallel to private production. It is the negotiation of an identity that is separate from work. It is the arrangement of one's appearance synchronized with the arrangement of an environment for thinking. It becomes a declaration of the real from one who serves the abstract.

When Nora left Dublin in 1904, she wasn't sailing into exile only as Joyce's companion. In large part she was embarking on a journey alone, navigating the dense fog of his self-absorption, in constant danger of being obliterated by the blanket of his work and interiority. Photographs log this 35-year marriage, documenting her survival in terms that she could command. With Nora, and others like her, each bead, button and bow is a triumph of self-representation. Everything she wore is a marker on the flooded landscape that was her life, and her clothes and jewelry still bob, like painted buoys, defying the vast sea of obscurity that surrounds her.

Céline Baril

Lani Maestro

Céline Surprenant

Nancy Spero

Céline Baril, *Sans titre*, 1990

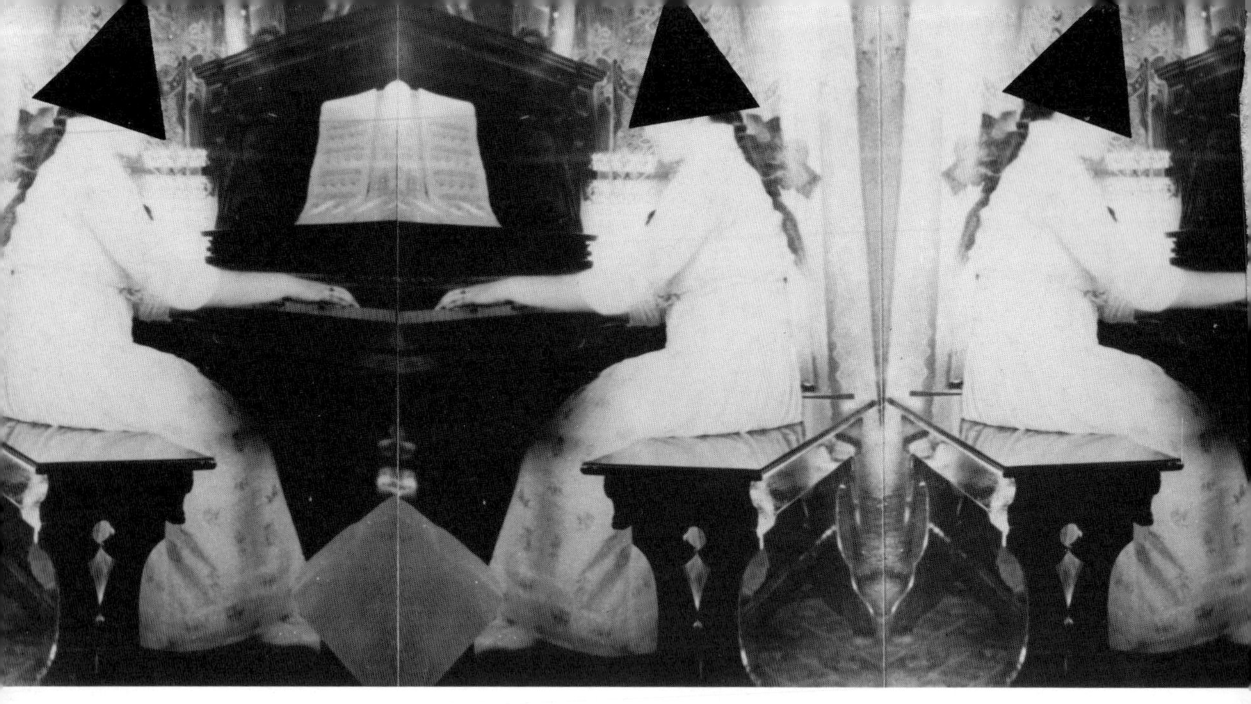

Québec, 1935. Marie-Paule est très malade. Encore enceinte. Déjà, pour les deux derniers ça a été difficile. Pour celui-ci, elle a peur d'y laisser sa peau. Monsieur le curé et monsieur le docteur lui ont dit «... aux grandes femmes, la patrie sera reconnaissante». Marie-Paule accouche finalement

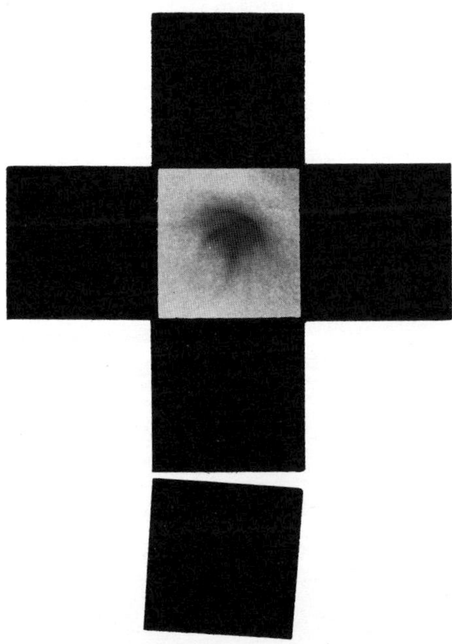

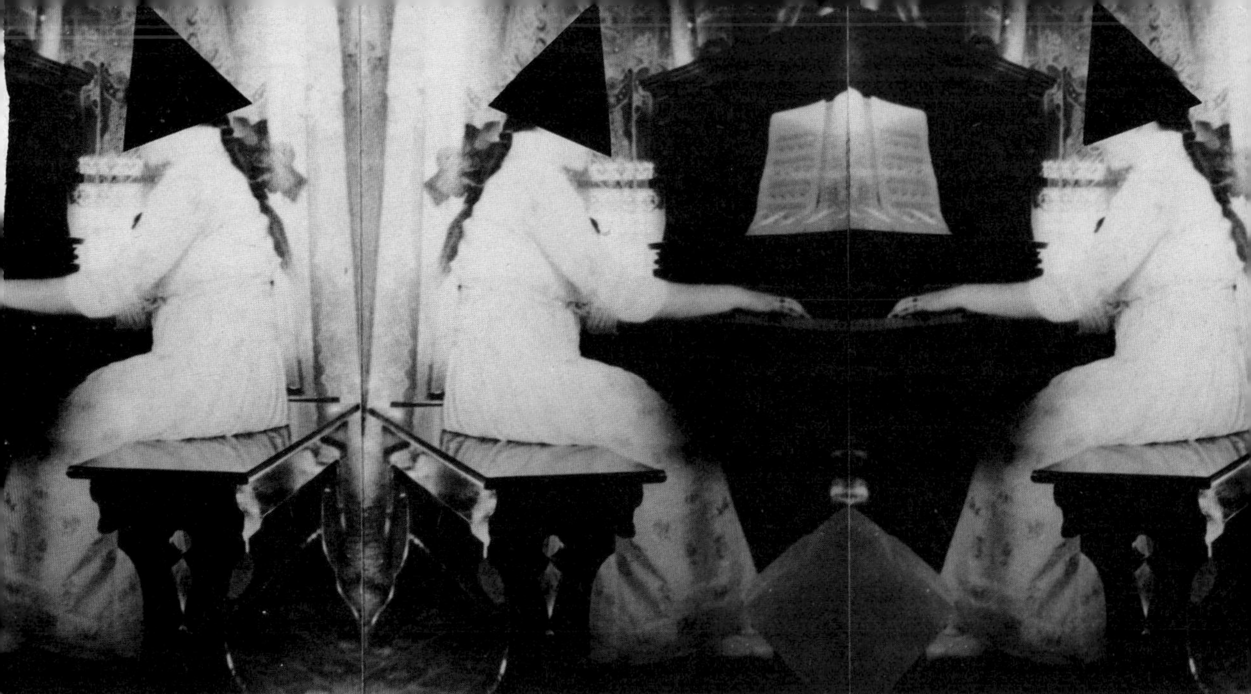

d'un beau gros bébé et meurt quelques heures plus tard, comme un bon soldat, son devoir de femme accompli. Monsieur le docteur pensa : «Quel dommage, une si bonne femme». Monsieur le curé lui fit chanter une messe, gratuitement.

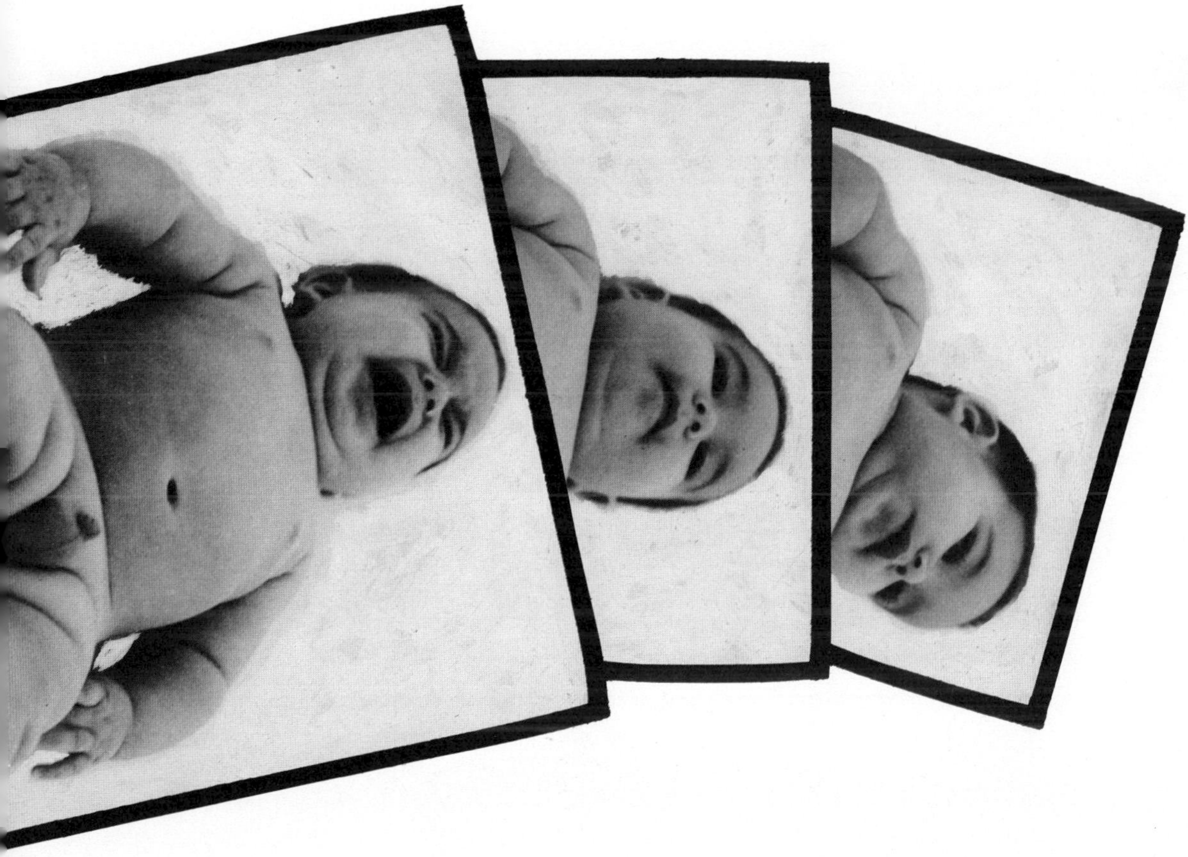

Lani Maestro, with Stephen Horne
The Enemy is Within, 1990

ENEMY

THE

IS

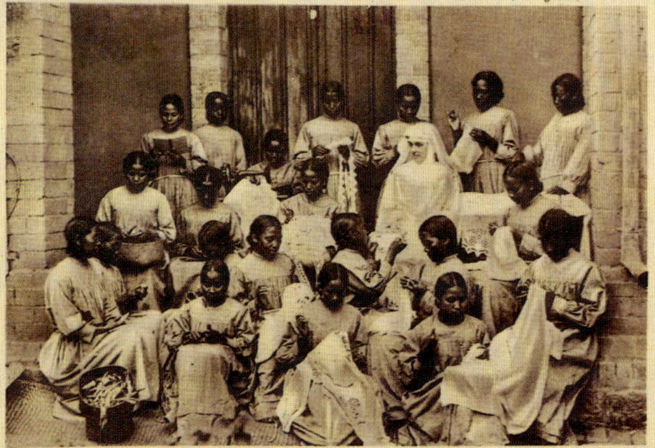

LES FRANCISCAINES MISSIONNAIRES DE MARIE EN MISSION - Ambohidratrimo (Madagascar)

LES OEUVRES POUR LA JEUNESSE - Les petites Malgaches font de jolies dentelles.

WITHIN

THE

DAMAGE

IS

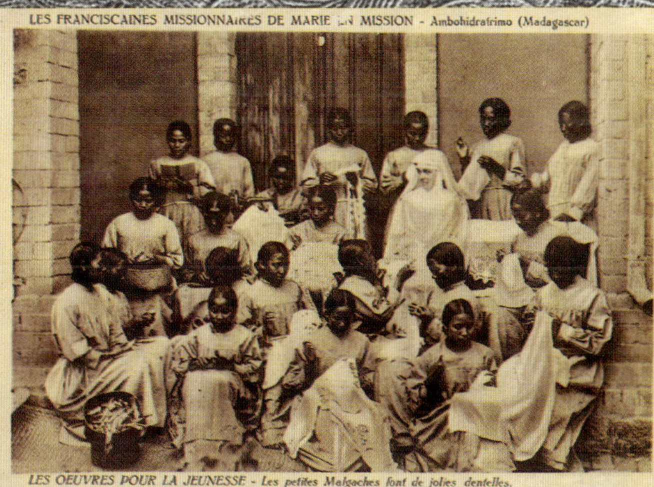

EVERYWHERE

Céline Surprenant, *Sans titre,* 1990

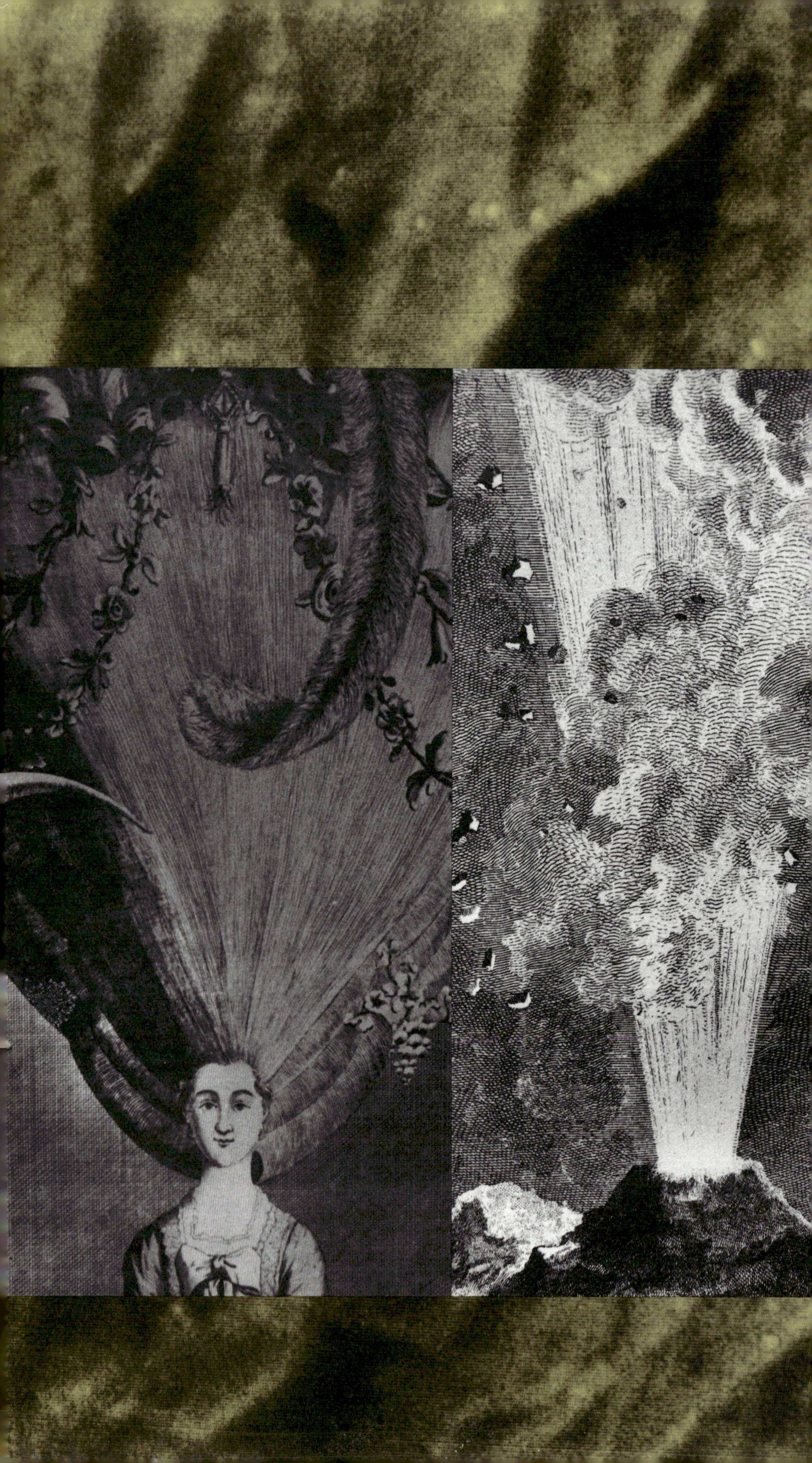

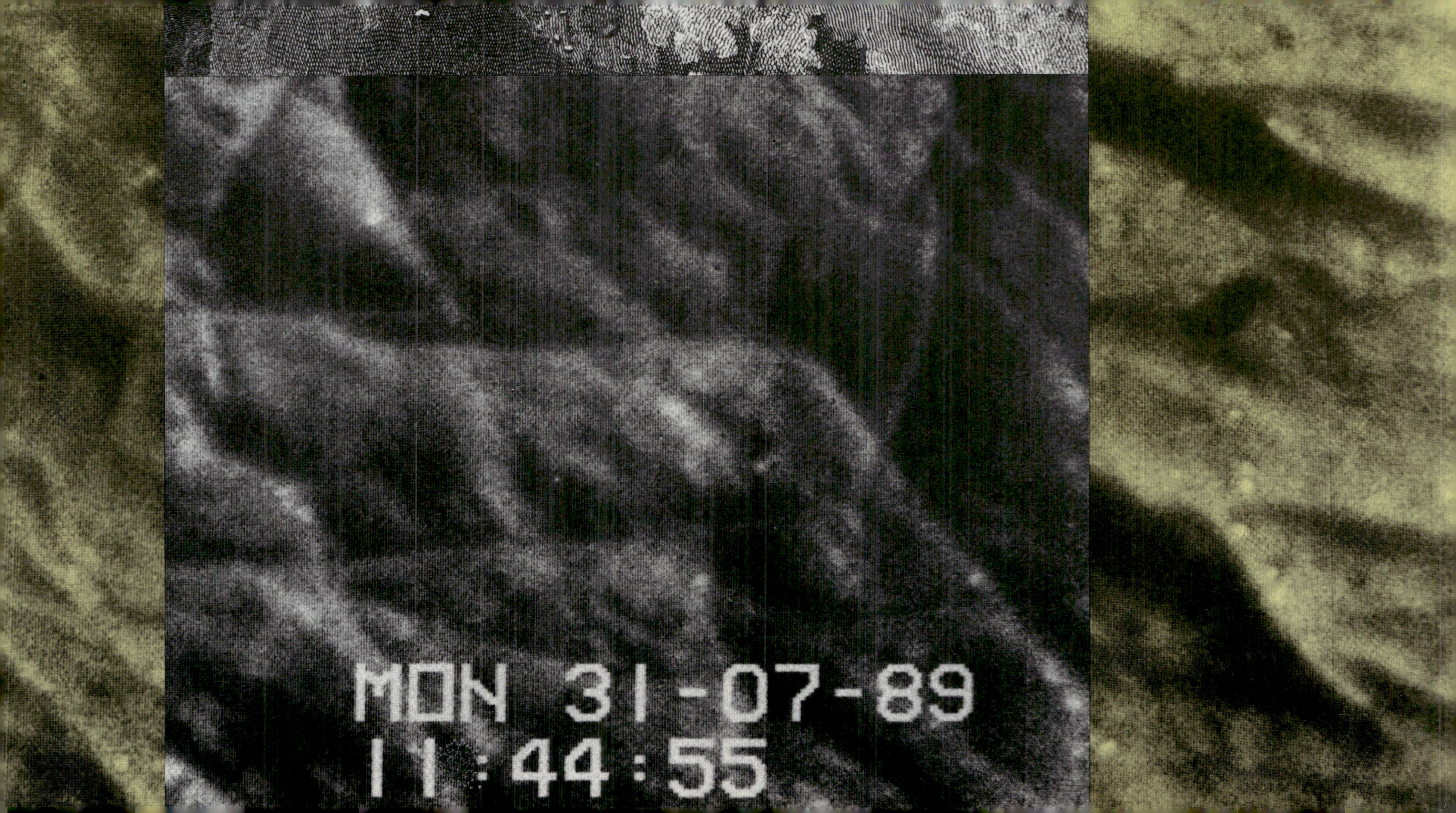

MON 31-07-89
11:44:55

Nancy Spero,
Untitled, 1990

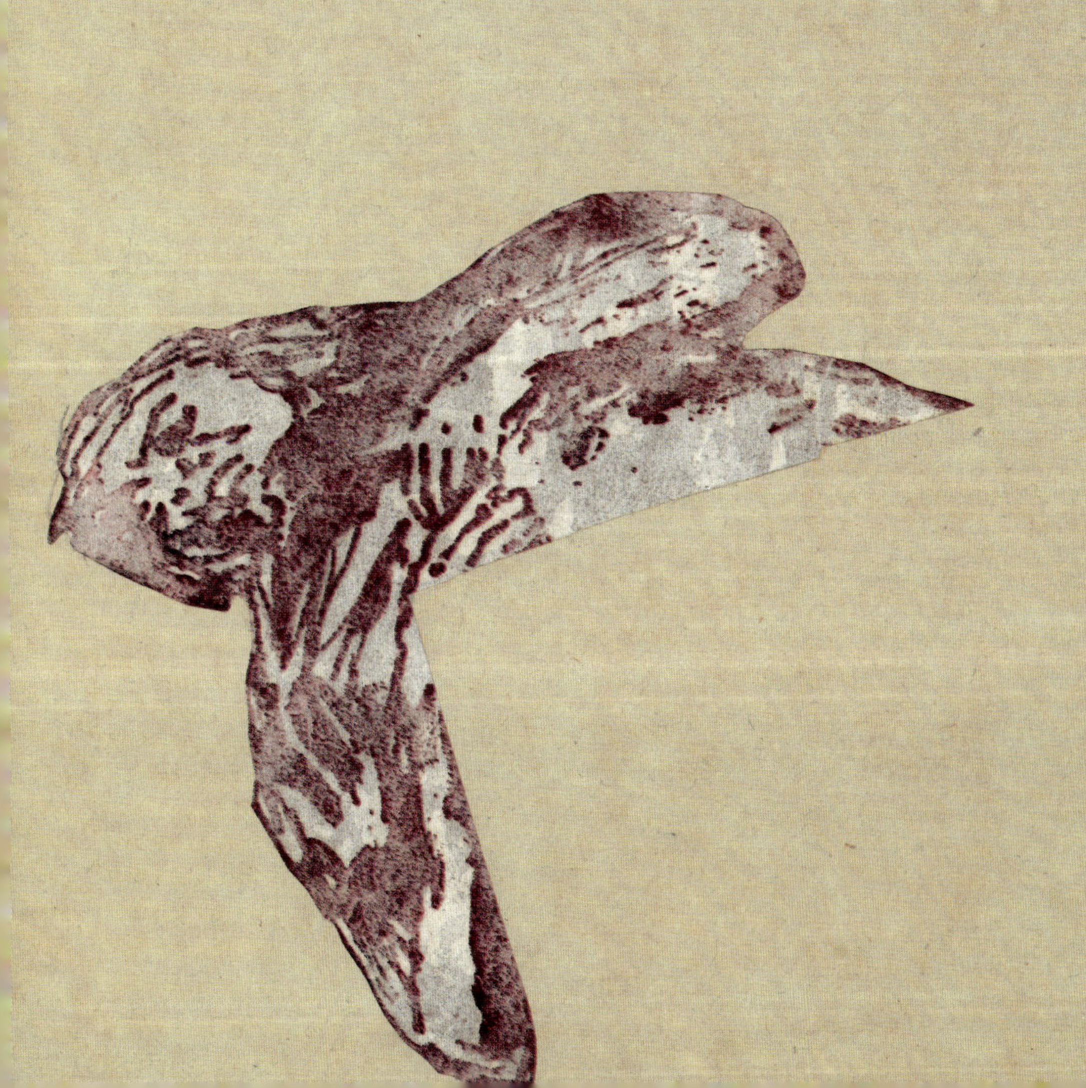

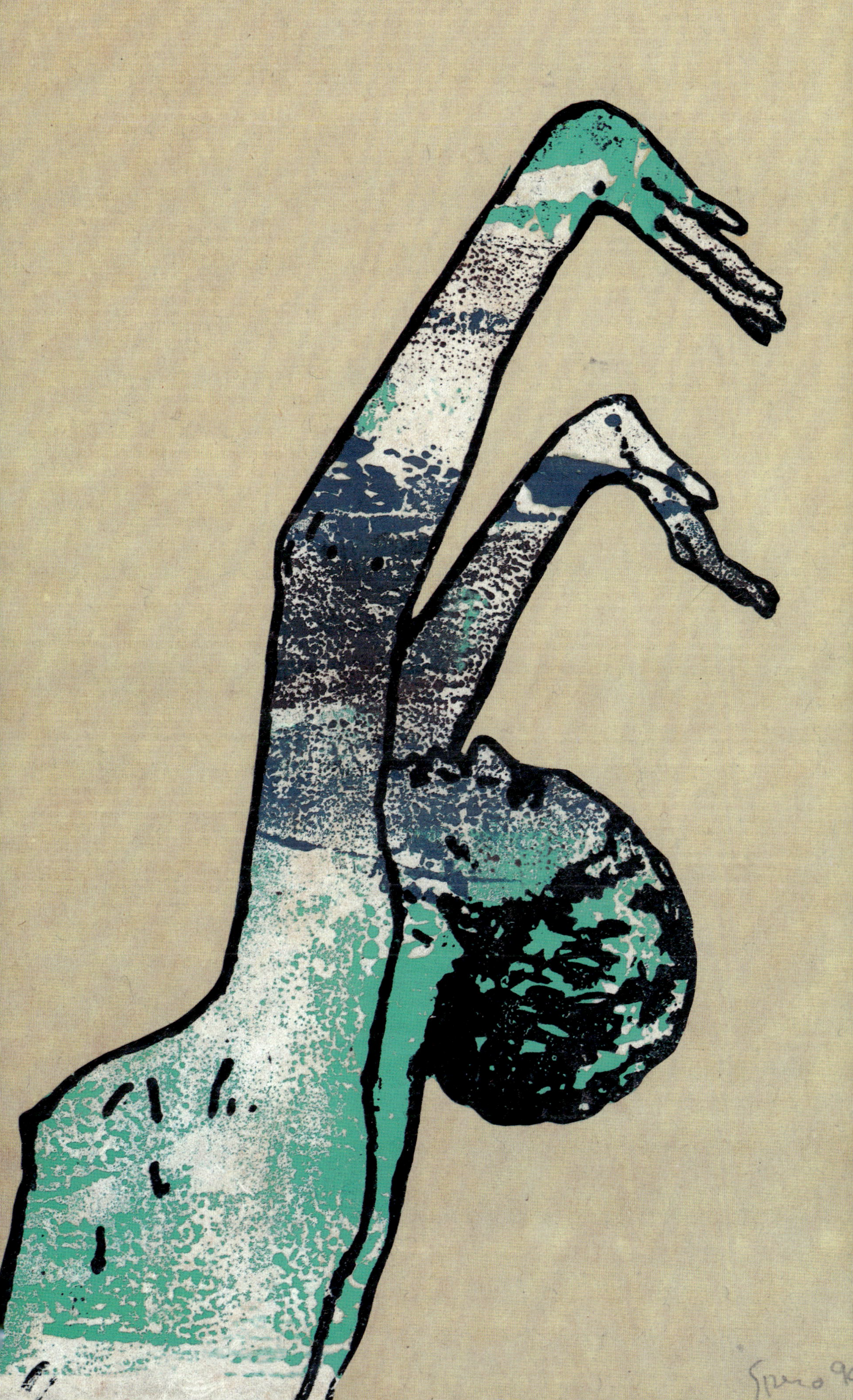

16^e

EXPOSITIONS DU 16e ANNIVERSAIRE
16th ANNIVERSARY EXHIBITIONS

EXPOSITIONS DU 16e ANNIVERSAIRE
16th ANNIVERSARY EXHIBITIONS

Métro d'art

2 décembre au 14 janvier
Conception et coordination :
Noreen Gobeille et Renée Lavaillante

Michèle Assal
Adresse inconnue, 1989
Bois peint
Métro Jean-Talon

Cécile Baird
Sans titre, 1989
Métal peint
Métro Lionel-Groulx

Claire Beaulieu
Sans titre, 1989
Granit et cuivre
Métro Snowdon

Loly Darcel
Sans titre, 1989
Métal soudé, plexiglas,
système vidéo
Métro Sherbrooke

Marie Fraser
Les fantômes d'une représentation,
1989
Technique mixte
Métro Laurier

Christina Horeau
Dodo métro boulot, 1989
Grillage et fils métalliques,
objets trouvés peints
Métro Jean-Talon

Raymonde Jodoin
Dessin, 1989
Graphite sur feuille d'oléfine
thermoliée
Métro Crémazie

Khadejha
Herstory, 1989
Sérigraphie sur toile
Métro Sherbrooke

Renée Lavaillante
La vie commune, 1989
Plexiglas, craie et encre
sur papier
Métro Snowdon

Josée Pellerin
Portrait de famille, 1989
Acrylique sur bois
Métro Lionel-Groulx

Kitty Scott et Laurel Woodcock
Symétrie, 1989
Bois, photo, plexiglas
Métro Lucien-l'Allier

Portrait d'une galerie
Galerie de portraits

Installation vidéo, 1989
7 au 29 octobre
Conception, coordination
et montage :
Corrine Corry
Recherche, production
et assistance au montage :
Lisa Krupka

Avec la participation de :
A Space, E.M. Media, Galerie Saw Vidéo,
Halifax Center for Art Tapes,
K.A.A.I., Obscure,
The Video Pool, Walter Phillips Gallery,
Western Front, Sabra Moore et Sarah Drury
et toutes les membres de la galerie.

Catherine Bédard

L'art des femmes, une différence piégée?

> Plus vaut encore de ne parler que par équivoques,
> allusions, sous-entendus, paraboles…
> Même si on vous demande quelques précisions.
> Si on vous assure que l'on n'y comprend rien.
> De toute façon […]
>
> Luce Irigaray, *Speculum de l'autre femme.*

Voilà, étonnamment, la première question qu'on se sera posée : comment attaquer le sujet? D'emblée engagée sur le mode du combat, astreinte au *l'un contre l'autre*, piégée comme on peut l'être par les mots.

Entreprise délicate que celle de se pencher, aujourd'hui, sur un événement de femmes. Non tant qu'on veuille en discuter la légitimité – cela est encore de l'ordre de la revendication – que demeurer à l'affût d'allégeances trop tranchantes, trop faciles, où serait occultée la complexité ou la ruse des enjeux. Dans ce contexte où la question du sujet est posée par les femmes, il convient de ne pas être indifférente au pouvoir répressif d'une **VISÉE** (dispositif privilégié de l'arme) où le sujet, ciblé, ne serait plus un leurre, clairement circonscrit, devenu objet dans l'objectif. Une visée suppose l'exercice d'un contrôle. C'est donc du double point de vue de l'œuvre et de l'analyse, de l'interprétation qui prétendrait en **SAISIR** et en **LIVRER** le message, que le problème se pose. Saisir, livrer… exemples d'un foisonnement de termes de sujétion qui sont autant d'outils rhétoriques qu'utilise abondamment le discours voulant échapper à l'errance et à la contradiction (lubie de la logique).

On pourrait ici-maintenant choisir de résister aux polarités d'un dispositif dans lequel on se sent à l'étroit, celui de l'affrontement dans ce qu'il a de définitif, et s'intéresser aux stratégies d'immobilisation… du sujet de/dans l'œuvre, du sujet de/dans l'écriture.

Cette démarche n'a évidemment d'intérêt que dans l'*après-coup* des contestations féministes à teneur sociologique à partir desquelles plusieurs se sont engagées dans la recherche, l'expression et la défense d'une identité spécifiquement féminine. On a souvent associé, après la théorie en vase clos (ou les apories maintes fois relevées) de l'autoréférentialité moderniste, l'émergence du sujet, de l'autobiographique et du privé à l'art des femmes. Comble d'indiscrétion – et vice d'autant plus pervers que commis par une femme – c'est, après les éclats du discours, sur les *dessous* féminins de la libre expression qu'il faut alors se pencher! Se détourner un moment du duel – à entendre ici dans sa double résonnance, son radical double sens, sa binarité – et voir aux armures… Se méfier de l'emprise pernicieuse du corset où la femme peut devenir sa propre victime.

Si la formule d'une discrimination positive, selon les termes d'usage, était nécessaire à la visibilité et à la diffusion d'un art des femmes controversé, on doit aujourd'hui s'interroger sur l'emprise que ce cadre exerce. S'il est évident que *l'art*

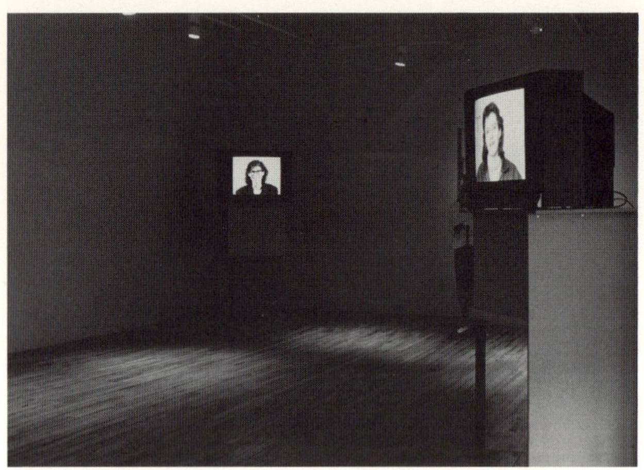

des femmes – bien que cette distinction de genre contribue fort aisément à en laisser planer le doute – ne constitue pas un bloc voué à un projet politique[1], il semble tout aussi évident que le fait d'exposer sous cette bannière polarise, au-delà de toute déclaration d'intention, les effets de champ d'une œuvre et l'expression d'un discours critique.

Après avoir répondu à un besoin réel de mobilisation, c'est au pouvoir inverse (et insidieux) d'une forme d'immobilisation qu'un tel contexte doit résister. Résister au pouvoir d'une commande implicite permanente qui nous ramènerait, on peut l'imaginer (avec une certaine légèreté!), à une esthétique de la *maison close*. En somme, le défi est que ce lieu n'agisse pas comme un carcan idéologique où viennent s'encastrer des productions qui conviennent et qui, en se positionnant comme **AUTRES**, se définissent en fait **DE MÊME**. Situation paradoxale de laquelle il y a tout à tirer, lorsqu'on en assume avec vigilance le positionnement critique.

On voit tout de suite l'intérêt des expositions *Métro-d'art* et *Portrait d'une galerie/Galerie de portraits*, organisées par la Galerie Powerhouse pour fêter son seizième anniversaire.

À première vue, le rapprochement de ces deux expositions, mise à part leur maternité, paraît aussi forcé que légitime. Et cette résistance a beaucoup de potentiel – pour ne pas dire qu'elle est fertile – puisqu'elle oblige à un parcours sans évidence, plus souterrain, en creux d'une lecture claire dont les enjeux, d'avance connus, convergeraient sur un mode démonstratif en une perspective maîtrisée. **MAÎTRISÉE**… encore une fois. Rappelons ici notre entreprise (dans laquelle attentivement, pas à pas, nous nous abîmons): **SURVEILLER** les stratégies d'immobilisation du sujet. Ce rapprochement met à l'épreuve et les modalités d'affranchissement du cloisonnement, et le positionnement de la différence. Car peut-on aujourd'hui vouloir demeurer en marge d'une interaction avec la mouvance du débat?

L'art des femmes a aussi le droit d'être déstabilisé par la fragilité des questions relatives à son statut. Nier cela revient à poser le caractère définitif d'une situation

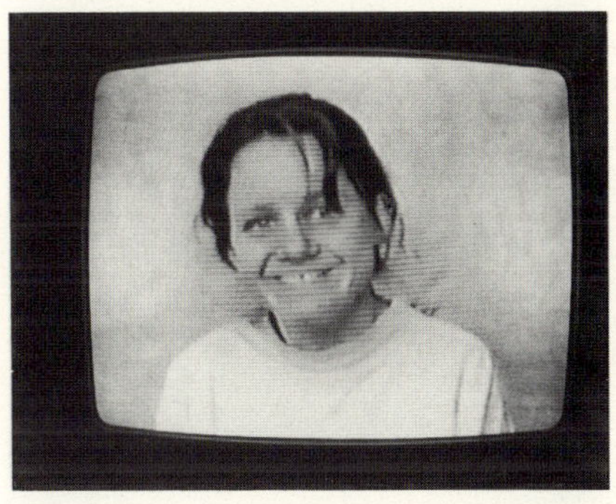

*La Galerie Powerhouse est une façade, une façade très bien ancrée
dans le système, avec laquelle on peut jouer, avec laquelle on peut
s'amuser. Alors bon, amusons-nous.*

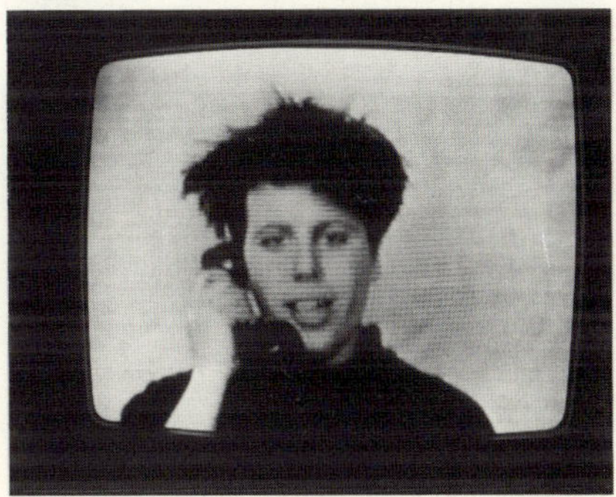

*La Galerie Powerhouse est, pour moi, «La Galerie Powerhouse,
bonjour».*

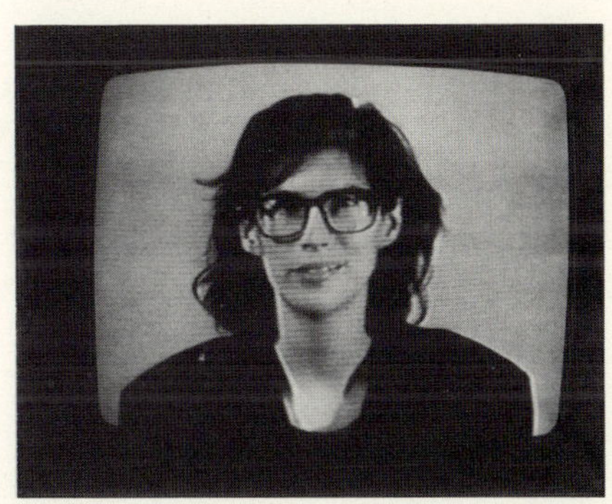

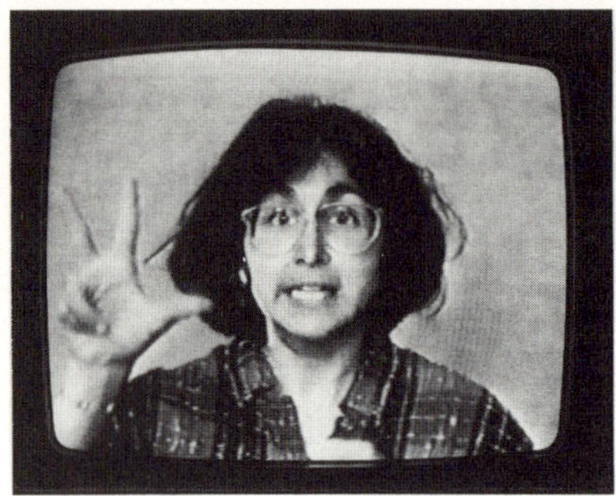

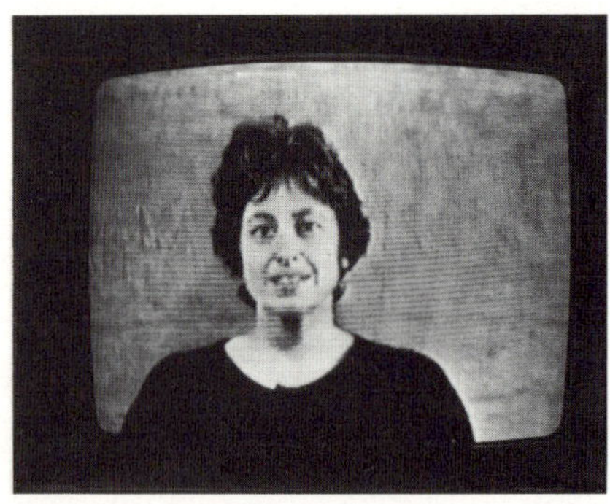

Galerie Powerhouse is a place where women artists can meet other women artists. It reflects the ideas and energies of its current members, and is open to all women artists.

photos : Mark Ruwedel et Corrine Corry

revendiquée au nom du changement. Ce serait croire, ironiquement, à l'inefficacité de l'impact produit par les productions d'artistes femmes depuis le début de leur accession au milieu de l'art. Ce serait leur refuser la reconnaissance sur le plan historique d'une remise en question réelle d'enjeux esthétiques et théoriques. Ce sujet qui **SE LIVRE** à l'exercice périlleux d'afficher la précarité de ses positions, ses incertitudes, qui procède à la remise en cause de la Cause, c'est bien le sujet qui nous concerne, le sujet en question.

Métro-d'art et *Portrait d'une galerie/Galerie de portraits* : l'une, présentant les projets de douze artistes dans diverses stations de la ligne deux du métro montréalais, et l'autre, cent quarante-cinq artistes réunies dans une installation-vidéo *anonyme*[2].

Annoncé comme un *document* destiné à retracer l'histoire de la Galerie Powerhouse par le biais des opinions énoncées par celles qui ont participé à ses activités depuis sa fondation en 1973, la bande vidéo de *Portrait d'une galerie...* répond on ne peut plus explicitement, sous l'astucieux couvert d'une tribune, à une commande auto-gratifiante. Ceci dit, le document est d'autant plus intrigant qu'il implique un réseau de production nord-américain et suggère ainsi un consensus qui n'a rien de local. Par cette tactique d'une utilisation rentable de la logique télévisuelle, la vidéo joue la diffusion à l'envers. C'est pour son pouvoir de concentration et de rassemblement et non pour celui de dissémination que l'approche télévisuelle semble avoir été privilégiée.

On a donc là, en ce lieu chargé d'un passé féministe que le présent arbore sous les traits d'une représentation beaucoup plus générale de l'art des femmes, quelque chose comme une **INFUSION** (thérapeutique?). La Galerie Powerhouse étant cette substance active dont on extrait le ferment. Le principe d'une galerie de portraits présentés en succession, selon une formule uniformisante du type: «La Galerie Powerhouse est...»/"Powerhouse Gallery is...", fait de *Portrait d'une galerie...* une entreprise concernée par la question de l'identité. À la réversibilité impersonnelle et ludique du titre répond significativement le choix d'un anonymat des visages ramené par la parole à une identité commune. L'exposition fait Powerhouse, indépendamment de l'identification maintes fois répétée (entre la litanie et le message publicitaire) par la bande sonore. Et cette présence excessive cache l'absence du sujet dont la galerie se donne pourtant le mandat d'assurer la visibilité: l'artiste (au féminin). Voilà donc une œuvre *anonyme*. Difficile de s'objecter en pointant les visages sans suggérer par là que la Galerie représente les femmes avant de représenter l'art des femmes. Ici, les artistes ne sont pas du côté de la réalisation mais d'une double représentation. Voilà donc, et c'est là tout l'intérêt d'une opposition qui s'affiche, une œuvre *signée et sans nom*.

Ce choix d'une surexposition du genre par le portrait donne à *Métro-d'art*, comparaison oblige, une allure... unisexe. Constatation troublante qui ne règle en rien la remise en question de l'évidence de la distinction des genres prônée, en amont, par l'art féministe et, en aval, par l'art dit féminin. Car si l'exposition fait preuve, à quelques significatives exceptions près, d'un anonymat du genre, ce n'est certes ni par hasard ni par indifférence. Ni d'ailleurs par simple stratégie[3]. Ce serait là n'accorder que peu d'espace à l'autonomie des œuvres, que peu de temps au déploiement de leurs effets.

Ce parcours fait apparaître le piège d'une démarche orientée en termes de sens. Car, bien que limité à une ligne (la deux), à une voie, il ne trace pas de trait privilégié entre les œuvres réparties en stations, dispersées, laissées seules, davantage liées aux lieux qu'à une plus abstraite totalité de l'exposition. L'expérience, nécessairement fragmentaire – sauf pour le-la visiteur-se en tournée – consiste à être *accroché-e* en passant. Rien de commun avec les enclos protégés des sanctuaires de l'art, de la galerie au site exceptionnel, propices à la contemplation. Ici, dans ce labyrinthe ou dans ce désert, les regards sont furtifs, à la dérobée et les spectateurs-trices sont exposé-e-s à l'obscénité des regards des autres.

Davantage préoccupé-e par ce qui se passe là, d'abord attentif ou attentive aux virtualités et aux histoires possibles, on évitera de définir le lieu en terme de spécificité[4]. Car il serait tout aussi facile, par une simple pirouette rhétorique, d'en déclarer la désuétude et de prôner l'absence de spécificité, l'atopie, le non-lieu. Il n'y a pas lieu… Il en est de même de cette question à laquelle on tente peut-être malgré soi de répondre : Que cherche-t-on à reconnaître de spécifique à travers les œuvres de femmes ? On peut envisager que, délesté-e de l'*a priori* unificateur qu'impose implicitement la pratique de l'*in situ* dans une telle dilatation du lieu d'exposition, le-la spectateur-trice soit libre de s'intéresser aux confluences qui ne confirment pas une homogénéité mais une attraction.

Dans ce réseau souterrain, on assiste aux *flirt* les plus courts, légitimés par l'attente sinistre dans la proximité. Pris là-dedans, un sujet à tout instant s'éprend d'un autre, ou en trouble violemment l'intimité, ou feint l'indifférence, ou se laisse envahir. Il nous semble difficile d'interroger l'investissement inédit d'un tel lieu en fonction d'un simple déplacement d'objet (d'analyse), dans l'amnésie toute théorique des résistances et des replis vécus par ceux et celles qu'on a appelés si étrangement les usagers du transport en commun. Aussi, ce que l'on aura retenu de ces œuvres est de l'ordre d'une sensibilité à cet état, à cet étau. D'aucuns verront là l'occasion de pointer un double cliché : celui de l'*exaspérante* sensibilité féminine et celui d'un désir d'affranchissement. C'est là tout l'intérêt de l'ambiguïté, sa fonction critique pourrait-on dire. Car toutes ces manifestations d'une difficulté d'expansion, ces dispositifs de prise et d'incarcération d'un sujet dont on ne discerne que les restes fantomatiques de la présence, procèdent d'une réflexion marquée par une expérience du site, quelqu'en puisse être le sempiternel renvoi à une portée symbolique.

Les cages métalliques de Christina Horeau, réduisant, par un libre jeu d'échelle et une fragilité de la construction, les objets à des signes, tracent un parcours en trois temps : une chaise, un couloir rempli de souliers bleus, un édifice, ayant en commun cette transparente grisaille qui ne cache rien d'autre qu'un vide incarcéré dans un réseau de structures dépersonnalisées. En contrepoint, l'installation de Michèle Assal, à quelques pieds de là, affiche sur le rempart de béton les signes les plus neutres et les plus évidemment identifiables de la demeure. Refuge imaginaire, peut-être, mais surtout sinistre repère d'une solitude surexposée en couleurs primaires. Substituer un court instant l'errance rêveuse à la léthargie, c'est aussi ce que propose la boîte vidéo de Loly Darcel : étonnante transfiguration de la distributrice de correspondances en une lunette d'approche qui, telle une autre bouée nostalgique, montre des paysages marins. Un enregistrement de ressacs qui rappelle, selon les propos de l'artiste, «la foule que le métro rabat sans fin sur ses quais, va-et-vient de vie, va-et-vient de mort», le dehors encapsulé dans un poste d'observation qui rabat sur le sujet son désir de voir. C'est là la violence de ce dispositif (de transfert) apparemment destiné à la douce évasion.

Les reproductions photographiques de *Symétrie* sont issues d'un champ de références pointant l'exercice d'un contrôle du corps et de la nature. L'intervention de Kitty Scott et de Laurel Woodcock a valeur emblématique dans ce contexte où l'on tente de transmettre, attentif à l'emprise des stratégies d'immobilisation du sujet, la charge d'une attraction perçue entre les œuvres. Plaqués côte à côte, corset et tonnelle se répondent comme le double rappel d'une claustration que le site lui-même, en plus du réseau tout entier, accentue par une architecture voûtée d'autant plus accablante qu'elle comble de plus de vide encore la zone d'accès aux régions souterraines. Présenté comme une froide illustration de type : répertoire d'instruments de torture, le corset manifeste ici l'absence du corps et l'introversion dans une forme d'inconfort dont il est victime. La tonnelle, envahissant la surface dans

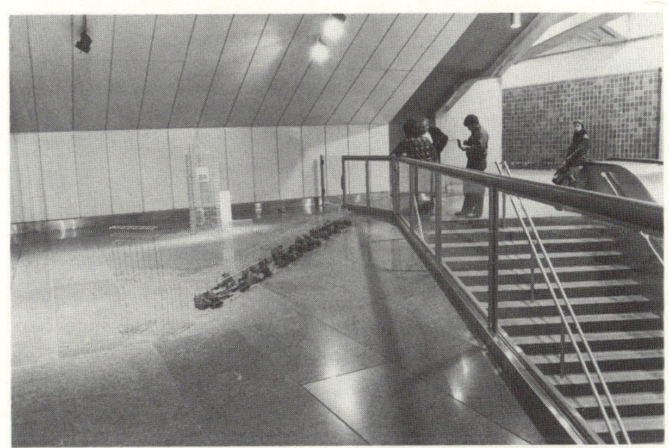

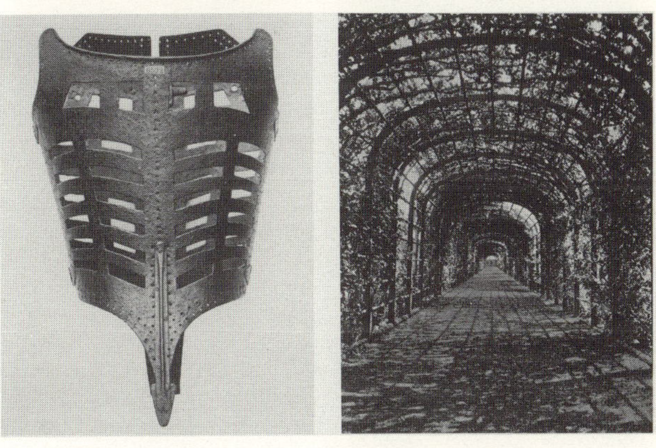

Christina Horeau; *Dodo métro boulot*, 1989; métal et objets trouvés;
métro Jean-Talon; photo : Suzanne Paquet

Kitty Scott et Laurel Woodcock; *Symétrie*, 1989; bois, photographies
teintés et plexiglas; métro Lucien-L'Allier; photo : Laurel Woodcock

sa totalité avec cet effet ondulatoire du motif qui contraste avec le piqué agressant
du corset, reproduit par sa construction en entonnoir le modèle perspectiviste ainsi
que le dispositif photographique de la visée. Voilà une image dont le charme est
sinistrement neutralisé par une condensation d'effets de cage qui retourne aux
couloirs et tunnels de la station celui ou celle qui y cherchait refuge un bref instant.
Il y aurait aussi ce parallèle à reprendre entre l'immobilisation du corps posant…
et la fixité du regard réduit à un point de vue et à la rigueur de la mise au point[5].
Pourtant, l'astuce de cette œuvre réside aussi dans le propos indirect et fort
pertinent qu'elle tient sur les clichés de la condition féminine, récupérés par un
glissement des modalités de sujétion qu'expérimentent dès lors tout ceux et celles
traversant ces lieux.

Les lambeaux sérigraphiés de Khadejha se situent à l'opposé d'une telle
condensation d'effets d'oppression : en jouant explicitement la question féministe
par le choix d'une imagerie engagée, reprise sur un mode décoratif et faisant office
d'étendard. De même, Josée Pellerin, en optant pour le caractère métaphorique
d'un étonnant portrait de famille, suggère, dans le rapprochement de l'humain et
de l'animal domestique, la soumission résultante du phénomène uniformisant de

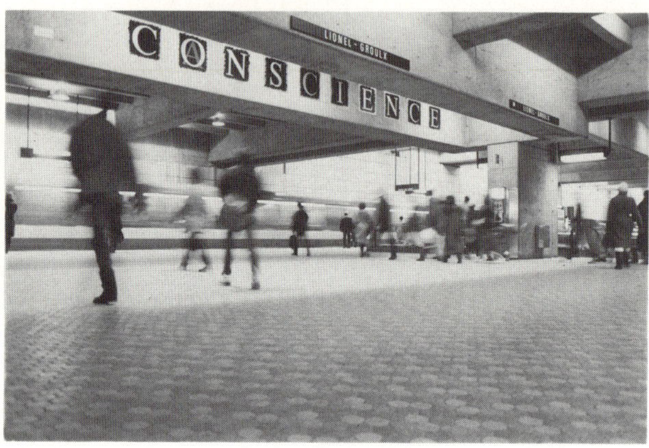

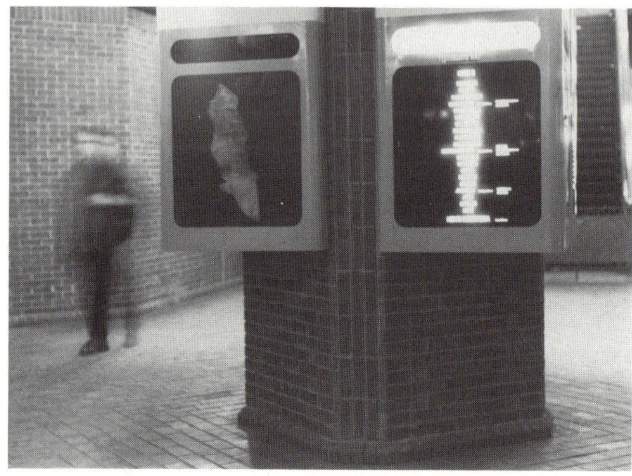

Cécile Baird; *Sans titre*, 1989; métal peint; métro Lionel-Groulx;
photo : Suzanne Paquet

Renée Lavaillante; *La vie commune* (vue partielle), 1989;
craie, encre, papier et plexiglas; métro Snowdon;
photo : Renée Lavaillante

l'insertion sociale. À proximité, un large bandeau de plaques métalliques affichant
le mot CONSCIENCE fait l'effet d'une gifle. Cette intervention de Cécile Baird,
provocante dans sa brutalité silencieuse et expression d'un impératif catégorique
tout entier concentré dans le A de Anarchie (encerclé par le O de CONSCIENCE),
sort le-la voyageur-se de sa léthargie, du coma viral du transport urbain.

Cet état second, provoqué par un engourdissement favorable à la perte d'un
contrôle de soi, où le sujet s'abandonne à une paralysie qui le confond dans la
solitude de la masse, semble avoir été propice à la création de formes spectrales.
Sur les faces inutilisées et sombres des panneaux de plexiglass indiquant les
parcours du métro, émergent des silhouettes organiques, des découpures en clair-
obscur, qui rappellent les surfaces texturées des vestiges rocheux que l'on peut voir
à quelques endroits derrière des vitrines incitant à la contemplation. L'intervention
de Renée Lavaillante, certes la plus discrète, a l'existence fragile d'une apparition.

Il y a ces pâles figures de territoires, mais il y a aussi les sombres dépôts des passants qui laissent, à leur insu, la trace de leur présence sur les murs de la station. Avec cette proposition minimale, d'un encadrement de l'espace réservé à quelques places assises, alignées selon une alternance de hauteur qui crée une sensation de ridicule dans la proximité, Marie Fraser est la seule à miser sur l'intervention physique du passant dans l'œuvre. Apparaît donc ici le caractère indiciel d'un site marqué par des émanations corporelles qui, en s'additionnant, dessinent des silhouettes fondant les êtres les uns aux autres sans la moindre différence. Délimitation d'un espace de représentation toujours en mouvement, qui ne retient des figures intermittentes que la trace de leur passage, le cadre opère une circonscription qui met en scène des sujets provisoires et fugitifs. Voilà un cadre d'aspect classique qui propose un regard retenu par une représentation toujours différée, déjouant **DE L'INTÉRIEUR** ce pouvoir d'étanchéité dont parlait Poussin, en 1639, dans sa lettre à Chantelou:

> Quand vous aurez reçu le vôtre [tableau], je vous supplie, si vous le trouvez bon, de l'orner d'un peu de corniche, car il en a besoin, afin que, en le considérant en toutes ses parties, les rayons de l'œil soient retenus et non point épars au dehors, en recevant les espèces des autres objets voisins [...]

Cette œuvre, manifestement, réfléchit la capitulation du cadre à exercer un contrôle; s'y jouent autant la légèreté et la transparence d'un propos qu'une opacification directement liée au sujet. Peut-être est-ce là la plus légère de ces œuvres, pour la plupart introverties et parlant d'isolement et de solitude. Ce dont témoigne aussi la sculpture de Carole Beaulieu: une configuration sinueuse de monolithes, à l'écart dans le seul jardin du réseau et invitant, telle une enclave dans ce complexe achalandé, au silence de la méditation.

Une exception criante, pourtant, vient ébranler et l'introversion, et l'anonymat d'une identité singulière occultée par des œuvres regroupées sous le sceau d'une institution qui normalement affiche ostentatoirement sa différence. Tout à coup un excès de visage moqueur, *dégorgé* dans une énorme grimace, manifeste un surcroît d'exposition du genre à un double niveau, celui du portrait féminin. L'impact de cette œuvre de Raymonde Jodoin, outre l'indiscutable effet de surprise qu'elle produit dans un contexte apathique, tient sans doute à l'obscénité de ce «débordement du sexe sur le visage – sorte d'extraversion monstrueuse», comme dirait Baudrillard, qui fait l'effet d'une réponse ironique au *manque* qui la fonde en termes psychanalytiques. Masculinisée, contrecarrant brutalement les stratégies conventionnelles de fétichisation ou de voyeurisme qui, selon les théories du sujet, la réduisent à un objet du regard mâle, cette femme qui tire la langue joue d'un exhibitionnisme viril sur lequel il n'est point besoin d'épiloguer.

Cette grimace constitue une distorsion intéressante du point de vue féministe dont il est difficile de faire l'amnésie au moment d'un dernier regard sur l'installation vidéographique *Portrait d'une galerie/Galerie de portraits*. Elle nous oblige à douter de la survalorisation du visage signifiant ou **PARLANT**, du **VISAGE-CONTENU** comme site privilégié d'expression. Filmées selon les règles dominantes du langage télévisuel, les participantes, à l'exception de quelques-unes ayant préféré le silence ou l'accent d'un geste symbolique, redoublent, en prenant la parole, l'illusion d'un mode d'adresse direct et privé, garant d'une authenticité et d'une clarté du message. Pourtant, il y a, dans cet objectif destiné à la mise au point de l'image d'une galerie à travers les images de toutes ces femmes, le paradoxe fondamental d'une impossible saisie de l'image toujours en train de se faire. Nous faisons évidemment référence à sa vibration spécifique et à sa mouvance qui la définissent dans la temporalité de sa formation.[6] On a donc une œuvre qui pose la fragilité de sa position et, par conséquent, ses troubles d'identité dans l'altérité et la *différance* inextricablement liées au principe même de sa réalisation. On assisterait là à l'affirmation d'un pouvoir féminin subverti dans le moment même de sa transmission par le fractionnement constitutif de sa mise en représentation.

La Galerie Powerhouse proposait avec *Métro-d'art* d'entrer en contact avec un public élargi et d'ainsi diffuser un art des femmes concerné par l'établissement d'un lien direct avec une réalité sociale. Les œuvres elles-mêmes offraient toutefois une résistance à cet expansionnisme et à ce libre épanouissement, par une réflexion sur les conditions d'incarcération du sujet incarnées par un travail montrant le repli et l'introversion. Avec *Portrait d'une galerie*, la galerie s'affichait comme explicitement vouée à la question de sa propre représentation. Ce, par un habile détournement de l'expression du sujet se prêtant à une forme de sujétion insidieuse qui mettait audacieusement en jeu son identité (par l'utilisation du procédé vidéographique) et sa singularité (par l'exaltation d'un projet collectif). Aussi suggérera-t-on que c'est par la monstration du corps en attente, manifestant son anxiété par divers regards égarés ou par une fixation excessive de l'objectif, avant l'enregistrement officiel de son expression, que cette œuvre déjoue sa structure oppressive et qu'elle pose autrement la question de l'identité. Pas encore parés pour la prise, ces corps montrent un bref instant leur résistance au jeu de la représentation et à l'emprise de la visée.

Ces événements auront eu le mérite, en dernière analyse, de remettre en question l'actualité des **STRATÉGIES DE LA DIFFÉRENCE**… histoire de visiter, conjuguant à l'expérience physique une expérience méditative, les couloirs souterrains de quelques lieux communs.

1.   Nous renvoyons, pour cette question, aux textes suivants qui ont inspiré notre réflexion: Lucy R. Lippard, *From the Center: Feminist Essays on Women's Art*, Dutton, New York, 1976. Estella Lauter, *Women as Mythmakers, Poetry and Visual Art by Twentieth-Century Women*, Indiana University Press, Bloomington, 1984. Nicole Dubreuil-Blondin, «Les femmes dans la nature ou l'immanence du contenu», et Thérèse St-Gelais, «Remarques sur l'art féminin et l'art féministe», in *Art et féminisme*, Ministère des Affaires culturelles du Québec et Musée d'art contemporain de Montréal, Montréal, 1982. *Trois*, spécial *Femmes international*, vol. 5, nos 1-2, automne 1989.

2.   Notons, par ailleurs, à titre distinctif que le travail de réalisation était assuré par Corrine Corry et Lisa Krupka. Pour les détails se référer aux crédits.

3.   Il faut souligner que les conservatrices ne disposaient que d'un pouvoir très limité dans ce contexte où la Société de transport (STCUM) effectuait une sélection, en termes notamment de règles de sécurité et de facilité d'exécution, parmi les projets d'artistes soumis. Les projets choisis se conformaient donc aux règles du réseau en plus de répondre à un concept d'intégration.

4.   La notion de spécificité condensant ici la double connotation de l'*aura*, celle du site unique en son genre, et de la *transcendance* du réel tout autant que du sujet, accompli par l'œuvre moderniste idéale.

5.   Voir l'article de Florence de Mèredieu, «La photographie et ses prothèses», *Parachute*, no 34, mars/avril/mai 1984.

6.   Pour une réflexion approfondie sur cette question, voir le texte de René Payant, «La frénésie de l'image, vers une esthétique selon la vidéo», in *Revue d'Esthétique*, spécial *Vidéo-Vidéo*, nouvelle série, no 10, 1986. Texte reproduit dans *Vedute, Pièces détachées sur l'art 1976-1987*, Éditions Trois, Laval, 1987, pp. 569-577. Voir aussi l'ouvrage collectif *Vidéo*, sous la direction de René Payant, Artextes, et Vidéo 84, Montréal, 1986.

Nell Tenhaaf

Joanna Nash

Nell Tenhaaf

A History, or a Way of Knowing

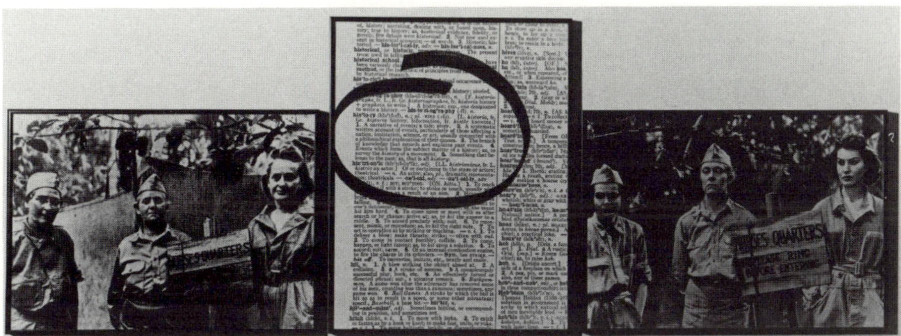

Laurel Woodcock; *Dictionary Series – History* (detail), 1986;
black and white photograph-text, 50 x 122 cm;
photo: Laurel Woodcock

What's a history without dates and names? As feminists begin to build a history, we discover that there's pleasure in experiencing a continuity of events over time, and in the recognition of exceptional figures. Take this example:

A complex line of French feminist descent begins with the salons of the sixteenth and seventeenth centuries, through the *précieuses* and *femmes savantes*, to the women writers known as *Sapho 1990*, to all-women lycées, and the contemporary *politique et psychanalyse*, and receives equally relevant genealogical support from Joan of Arc (*Hé, quel honneur au féminin/Sexe*, wrote Christine de Pisan of Joan's victories), the *sorcières*, the artistocratic rebels of La Fronde, the *tricoteuses* of the French Revolution, the journalists and political organizers of the 1830s and 1840s, the *pétroleuses* of the Commune, and the Resistance heroines of the Second World War. Although political action on the part of women predictably resulted in a strong anti-feminist backlash, it is still the combination of activism in language and politics that is most characteristic of French feminisms.[1]

The impact of French feminist thought has extended in the 1980s beyond language and politics to include the visual arts, where it has revitalized a sense of feminist activism. The women cited above are therefore among the ancestors of contemporary feminist artists, adding a very old link to what is otherwise a recent history. It's only since the early 1970s that an organized cultural resistance on the part of women artists has been visible anywhere.

In sixteen years of exhibitions and parallel activities, Galerie Powerhouse has generated a list of feminist heroines at least as long and varied as the one above, if not as notorious. From its beginnings in the halcyon women's liberation days of the early 1970s, Galerie Powerhouse secured a place on the map by the mid-70s.

Steadily acquiring more visibility and funding and weathering the hiatus in feminist art activity at the turn of the decade, the gallery came into its own as a sought-after exhibition space in the 1980s.[2] This describes the trajectory of its growth to date. But what details to choose so as to constitute a historical overview of this feminist project? How can the significant events be pulled out of the dense texture of its chronology, or in fact, should they be?

A minor history of Galerie Powerhouse would possibly be the most appropriate: cataloguing the low- and high-profile events; naming the stars who were launched, the lesser talents forgotten, and the gallery members who stuck with it over years of volunteer labour. The most forward-looking history would consist of identifying the lines of continuity between the early years of Galerie Powerhouse and current debates about culture and feminism. Or perhaps a fragmented account would be better, avoiding rationale and linearity, picking out random moments to constitute an *ad hoc* history.

A point of departure may be that the great problem and, paradoxically, the advantage of women's history are that it has never been compatible with the official version. In my own alienation from textbook history, it didn't occur to me that there could be an unofficial, alternative kind. Now I find that I'm fascinated by this absent information from the distant and not so distant past, and a question has occurred to me: Do women also have to institute an official history so as not to lose the meaning of our political and cultural practices?

There's a tautology involved here, and it's not due to postmodernism's declaration of the *end of history*. Women couldn't write official histories of women's lives and work even if they wanted to, because the epistemological premise for this project doesn't exist. That is, while there are currently several feminist theoretical models that are advancing women's ways of using language and seeking knowledge, there is no one model that overrides the others. Moreover, writing official history (like doing scientific research) demands objective and value-free points of view that are, ostensibly at least, not impeded by political bias. The aim of these master discourses is to make both the subject who speaks and the subject at hand singular, authoritative and universal. So the idea of a sanctionable feminist version of history that balances the androcentric version is very problematic, if not impossible. Given these conditions, we are left with the challenging question: "On what grounds should (our) feminist claims be justified?"[3] In other words, what are the ways of knowing that are specific to women, and how do these translate into feminist methodologies, theories, practices or histories?

Feminist discourses in many different domains have evolved dramatically since the early 1970s. The objectives haven't changed in their essence, but their articulation has become more sophisticated. One approach to the larger project of feminism that's reflected in the contemporary art domain has to do with theorizing and actualizing a shift in the semiotics of gender stratification, looking at how it is constructed in order to change the power dynamic it generates. Psychoanalytic discourse, for example, has been used extensively to analyse the role of representations, especially language, in instituting gender differences. Filtered through French feminist theory, it became a particularly important tool for feminist artists in the 1980s to expose the ideological basis of constructs of sexual identity and pathology as they are applied to women. This has clearly meant a leap forward in understanding the controlling mechanisms of the patriarchy. But then to go on to

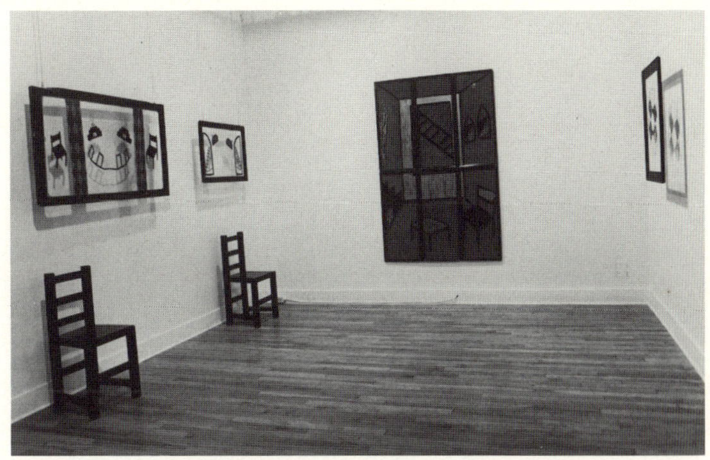

Sylvie Bouchard; *Sans titre*, 1983; installation;
photo: Kay Aubanel

propose women-centred discourses as an alternative makes for a huge agenda, especially if feminists are continuously put on the defensive by having to justify our every claim to knowledge, including self-knowledge, that is different from, if not counter to, what constitutes official knowledge. Among feminists the criteria for assessing women's epistemologies, and by extension our cultural practices, are hotly disputed; although this can also be seen as desirable given that feminist discourses tend to be absorbed and processed by the culture machine as quickly as they come to public attention.[4]

Keeping in mind the condition of the *separate sphere*[5] and our longstanding ambivalence toward it, 1970s feminism and its manifestation in the visual arts can be seen in retrospect as a strategic blend of *we're just as good* and *we're fundamentally different*. Since our difference is always implicitly devalued unless proven otherwise, many early second-wave feminists in the arts set out to establish themselves in the mainstream, de-emphasizing femaleness. Others grouped together under the feminist banner. The reasons for these choices remain personal, multiple, inde-cipherable. This was the matrix for the beginnings of the women artists' movement, and the context in which Galerie Powerhouse opened its doors.

The first impetus for women artists to bring feminism into the visual arts was the near-absence of women in gallery and museum exhibitions. This was the case for the group of women who founded Powerhouse in 1973 as a small, women-only exhibition space in Montréal's west end. The early 1970s was also the time in Montréal, and across Canada, of the birth of artist-run parallel galleries, whose doors were wide open to women in comparison with the commercial and public art institutions. So why a women's art group for the women of the Flaming Apron, the precursor of Powerhouse? Because consciousness-raising in a group context was the feminist sociopolitical model, and a proven strategy for formulating and possibly finding answers to some fundamental questions: What could be the nature of a link between feminist advocacy and art practices, and how could the work of more women artists come to be publicly recognized when the quality of much women's work was constantly put into question?

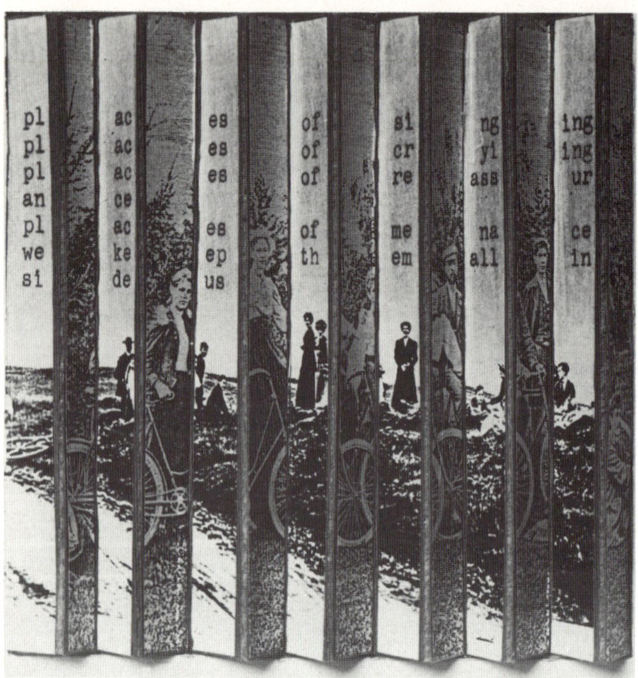

Esther Williams; *Places to Be*, 1982; xerox bas-relief

The developing artist-run centres pulled together a certain community of artists interested in avant-garde ideas, especially conceptual art and new media. At the same time, an interrogation of the claims to value-neutrality (or its more insidious form, universality) in high modernist art, particularly painting and sculpture, was being undertaken in American feminist art circles. Reports of new cultural feminist practices, including the revalorisation of craft, development of *female form*[6], and performance based on ritual and body art, began to drift across the borders between the U.S., Canada and Europe. In addition, there was an influx into the Canadian artist-run centres of women working in non-traditional media such as video. The accounts of these practices are numerous and thorough and won't be reiterated here.[7]

Within this framework of influences, Powerhouse was perceived as playing both sides against the middle in its feminist positioning. For some, it was too separatist, i.e., man-excluding and therefore radically lesbian; to others, it was simply another artist-run space but with a women-only mandate more or less justified by a statistically-proven imbalance in numbers of women in the system.

Galerie Powerhouse had two exhibition spaces throughout the 1970s. In the larger space there was a recognized need to show work that could hold its own in the larger art milieu, while in the smaller space there was an open-door policy of showing Powerhouse's active members, often less experienced artists struggling with self-doubt. The program of exhibitions for both spaces reflected the virtually impossible scope of a mandate that was to embrace the invisible currents of contemporary art, as well as the unknown territory of female specificity just beginning to emerge.

Internal tensions at Powerhouse often ran high, not so much because of external perceptions of its politics and position, but because of the question of quality and its relation to gendered difference. It seemed unresolvable, and in fact it was. How could the quality of women's work, especially young work, be assessed and the demands for professionalism be met when the message coming through from (in particular) American feminist art debates declared that the criteria themselves were cloudy, contentious and undergoing constant revision?

Into this mix was thrown the launching rationale, which has come to be acknowledged as a function of all artist-run centres. For Powerhouse, launching meant getting recognition in the wider art world for a larger number of women artists. Here we see that onerous quality-issue rearing its head in the form of a basic contradiction that has plagued many feminist cultural critics: the attempt to get more women recognized as professional equals can run counter to a critique of the androcentrism and hegemony of the art system. The obvious way to deal with this dilemma is to promote women artists whose work has a clearly feminist intention and itself contributes to the critique of institutionalized power, including that of the art world. But in Québec and the rest of Canada, the link between women's cultural practices and feminist activism has been tenuous compared to the American model, and it sometimes weighed heavily on us. The American feminist art movement established a link with social issues and advocacy from the beginning, and has sustained a certain momentum of feminist revolutionary spirit even into the present. Conditions at Galerie Powerhouse were further complicated by its roots in anglophone North-American feminist ideals within the context of a majority francophone culture engaged in its own complex identity issues.[8]

As the 1970s ended, these tensions were high. The larger feminist movement was itself in a period of entrenchment, reassessing its impact and goals. The most public face of art and feminism in the 1970s, and Powerhouse's relation to it, had been marked by two contradictory phenomena: large, group survey exhibitions of women's art on the one hand, and on the other the feminist art crusade of Judy Chicago[9]. The decade closed with much inquietude about the meaning and impact of this still marginal *art from lived experience* that women were promoting, and about Chicago making her claim to fame with the battle cry *let's get into the history books!*.

By the early 1980s an atmosphere of backlash against feminism was depressingly palpable. It persists even now, and is often discussed as post-feminism in its broader cultural manifestations. Mainstream media, for instance, busily recycle the surface features of feminism through images of successful, if unaccountably shaky, professional women, blithely maintaining that all doors are now open to women.[10] The response at Powerhouse to these conditions was a deliberate strategy of raising the gallery's profile by inviting better-known artists to show their work, seeking out feminist artists who were fed up with feeling marginal and, particularly in Toronto during the early 1980s, forming new alliances within a burgeoning, activist art community. Galerie Powerhouse became a more desirable place to exhibit and ironically, given the tenor of the times, moved into the mid-1980s with a strong network of support, both local and national. Today, Powerhouse is recognized throughout North America for its double position as a feminist gallery and an artist-run centre.

The nagging doubt that I sense as the only drawback to this strategy of maintaining a higher profile, and that I hope has nothing to do with nostalgia,

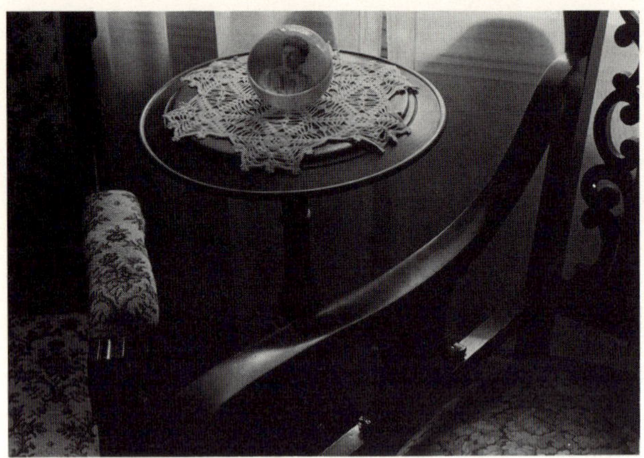

Ann Pearson; *From the Series: A Visit to Richmond*; 1980;
black and white photograph; photo: Ann Pearson

reflects back to the 1970s dilemma of assessing the pros and cons of being inside or outside the mainstream. It also reflects back to the observation in *New French Feminisms* that political (and here we can add cultural) action by women consistently results in a strong anti-feminist backlash. Even if this is a historically documented condition, it remains an almost invisible one. One of its more insidious characteristics is that the higher profile and number of recognized women has been taken to mean that women's voice(s) are heard and, more importantly, listened to in the mainstream.[11] Historically, the only language women have been able to speak, even among ourselves, has been the language of the colonizer. In the 1980s, feminist artists have confronted this paradox head-on and have virtually dominated a field of contemporary art practice which emphasizes knowledge and theory and how they operate, breaking open representational codes and exposing the shell games of androcentric discourses. In this context, it's tempting to assume that feminism is a discourse with a status and an impact equal to the official ones that it critiques. While this may hold true in the art milieu, it's hardly the case in the larger social and political context.

What seems to have been under-represented in the 1980s wave of speaking through the fathers, of feminist artists assuming the parental discourses of psychoanalysis or philosophy and favouring the logocentric over the corporeal, is the emotional and also the political dimensions of women's colonization, especially as they touch on sexual identity. Feminist artists in the 1970s got into some fascinating, if dead-end, tracks in addressing sexual identity and a possible language for speaking about it – central-core imaging remaining the most contentious example. Sexual colonization crosses all lines of race and class as an often invisible but deeply-rooted status quo. From where does the energy for aberration and deviation from this status quo come in the already scarred, except in exposing the wounds as a dimension of women's knowledge?[12] Post-feminist thinking demands that women cover them up again, re-repress the reality and complexity

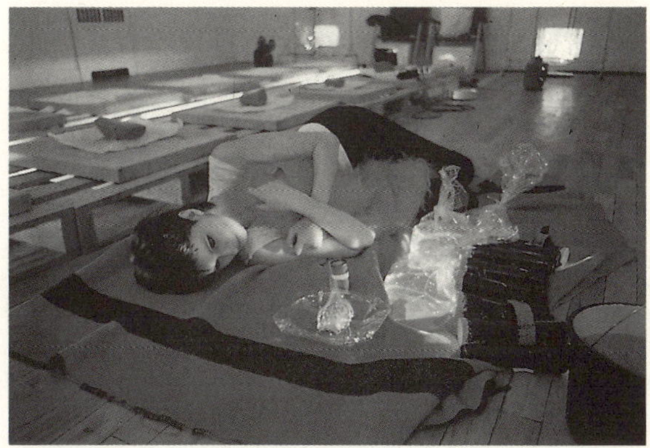

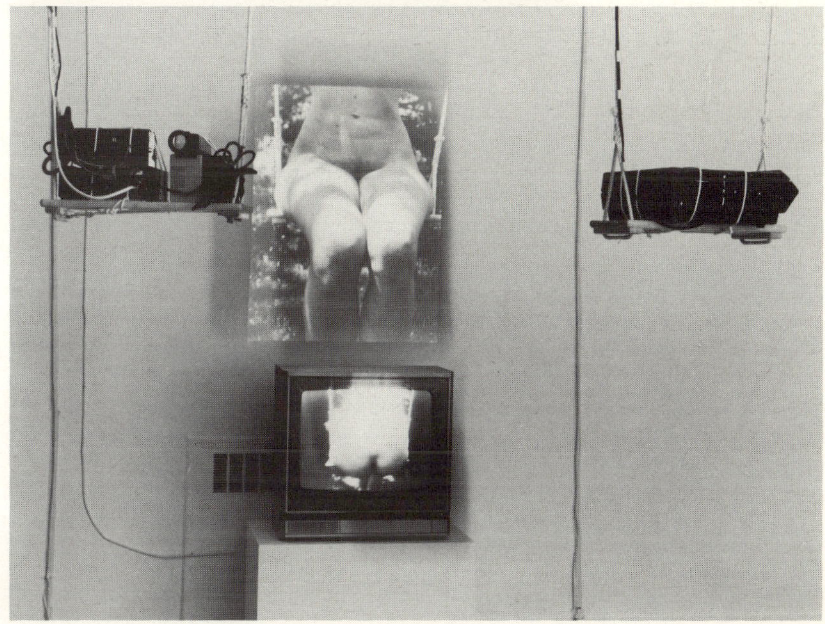

Louise Mercille; *Parade pour une nuit blanche*, performance,
March 18, 1982; photo: Robert Boudreau

Muriel Olesen; *La vidéo, je m'en balance*, 1984;
vidéo-installation; photo: Yvan Boulerice

of colonizations of many different kinds. The multiple histories of feminist activism
indicate that we should examine the inter-relationship of self-knowledge, new
epistemologies and hard-won expertise, as the basis for action.

Galerie Powerhouse has exhibited many of the major artists, local and
international, whose work reflects the concerns central to both 1970s and 1980s
feminist cultural activism. The gallery's programming continues to include
emerging artists along with performance, video, lectures and readings. It should
never be incumbent on Powerhouse to put forward a definitive statement on
feminist art practices for the same reasons that there is no one account of its history
to be written. What Galerie Powerhouse does offer is a locus for continuity in the
multiple discourses on contemporary art and feminism. As such, it remains actively
engaged in the tantalizing feminist pursuit of women's knowledge.

1.   Elaine Marks and Isabelle de Courtivron, eds., *New French Feminisms* (New York: Schocken, 1981), p. 6.

2.   It's generally agreed that Tanya Mars' *Codpieces: Phallic Paraphernalia* exhibition in October, 1974 put Galerie Powerhouse on the map of the still-fringe, upper Main. Coordinators/directors of the gallery have been: Tanya Mars (Rosenberg), 1974-1976; Kina Reusch, 1976-1977; Linda Covit, 1977-1980; Nell Tenhaaf, 1979-1983; Susanne de Lotbinière-Harwood, 1981-1983; Barbara Steinman, 1983-1985; Elise Bernatchez, 1983-1985; Francine Papineau, 1985-1987; Joanna Desjardins, 1985-1987; Noreen Gobeille, 1987-1989; Marie Fraser, 1987-1989; Carole Brouillette, 1989-; Suzanne Paquet, 1989-. I would like to take advantage of this space to pay tribute to artist organizer Kina Reush, 1940-1988.

3.   Sandra Harding, *The Science Question in Feminism* (Ithaca and London: Cornell University Press, 1986), p. 24. Harding outlines three feminist epistemological positions that are being developed in the domain of the sciences: feminist empiricism, the feminist standpoint and feminist postmodernism.

4.   In *Gynesis: Configurations of Woman and Modernity* (Ithaca and London: Cornell University Press, 1985), Alice Jardine addresses how this is manifested in the domain of theory, notably in the feminization of discourse and the circulation of images of a "differently same woman" among contemporary French philosophers: "When a man says, 'I too am woman', he is sure of himself," p. 39.

5.   This term is used by Rozsika Parker and Griselda Pollock in *Old Mistresses: Women, Art and Ideology* (London and Henley: Routledge and Kegan Paul, 1981) to describe 19th century institutionalization of women's powerlessness in the public domain, with its accompanying romanticization and denigration of their control over the domestic sphere. I'm extending it here to refer to the different (female) knowledge that feminism engenders, and parallel issues of valuing or devaluing this knowledge.

6.   See Lucy Lippard, *From the Center: Feminist Essays on Women's Art* (New York: E.P. Dutton, 1976), pp. 226-230.

7.   See Lucy Lippard; Moira Roth, *The Amazing Decade: Women and Performance Art in America, 1970-1980* (Los Angeles: Astro Artz, 1983); Rhe Tregebov, ed., *Work in Progress: Building Feminist Culture* (Toronto: The Women's Press, 1987).

8.   For a discussion of the position of Québec women artists vis-à-vis North American feminism, see Rose-Marie Arbour in *Art et Féminisme* (Montréal: ministère des Affaires culturelles du Québec et Musée d'art contemporain de Montréal, 1982), pp. 3-14.

9.   *Artfemme 1975*, organized by Powerhouse, Centre Saidye Bronfman and Musée d'art contemporain de Montréal (1975) and *Some Canadian Women Artists*, National Gallery of Canada (1975). *Art et féminisme*, Musée d'art contemporain de Montréal (1982) and *Actuelles*, Place Ville Marie (1983) can be included here even though they took place in the 1980s. Judy Chicago spoke in Montréal at the invitation of Galerie Powerhouse in February 1980.

10.   That notorious post-feminist anti-heroine, Glenn Close in *Fatal Attraction*. In Elspeth Probyn, "Local Practices, or What's the Difference Between the New Traditionalism and Post-feminism?", paper delivered at *Cultural Studies and Communications: Convergences and Divergences*, conference held at Carleton University, Ottawa, April 1989.

11.   See my article "The Trough of the Wave: Sexism and Feminism" in *Vanguard*, September, 1984, for a longer discussion of this issue.

12.   Nancy Spero articulates so clearly this doubled potential of victim, and its importance for feminist activism.

Joanna Nash

Montréal's Powerhouse Gallery

Reprinted from *Fireweed*, no. 3-4 (Summer 1979)

The Evolution of a Women's Art Space

Gallery Powerhouse was founded in May 1973 as an alternative to the patriarchal gallery establishment. A small group of women met, exchanged ideas and decided they needed a place of their own to exhibit their art work. The gallery began in a four-and-a-half-room apartment. From the beginning the atmosphere was matriarchal. The sociopolitical atmosphere of the 1960s, the re-emergence of feminism, co-operatives, and the possibility of political alternatives to the establishment all combined to justify the formation of the gallery. The founders were basically conservative but were tempted by the idea of a radical statement. What they lacked, however, was the awareness that if one creates a true alternative to the establishment one must also operate by different ground rules and premises. At its inception Powerhouse did not go far enough as an alternative: its members tried to take risks and play it safe at the same time. In six years this grassroots operation has grown into an established alternative gallery.

Most private galleries will not risk exhibiting the work of unknown artists. This situation encourages many artists to play the *art game* which consists of clearly defined ground rules acquired in art schools and universities. Early success in the form of notoriety, visibility or saleability is equated with credible art, as is government funding. Points can be won by mingling in the right scene, jumping on the bandwagon of current trends, and ingratiating oneself with influential people in the arts. The artists who focus on this game get further and further away from what is really important – the substance of their art and the motivation to continue and develop. This game is encouraged by the patriarchal gallery system. Not realizing there are alternatives, artists tend to become dependent upon this system. Rather than develop self-sufficiency, they are to be obedient. In return for obedience they get exposure, status, and money. If the elitist gallery structure were to collapse, many of these artists would be helpless.

Most of the founding *mothers* of Powerhouse were casualties of the art game. They were unsure about playing it and fully believing in it. Men are better prepared than women for the competitiveness of the professional art scene. Women artists play the game with a handicap; their male peers have had centuries of preparation. The founding mothers were confronted with a number of choices: to develop in isolation, not to take their art seriously, to continue studying, to play the *academic game*, or to create another exhibition forum. This small group of women artists decided to open their own gallery.

In an effort to achieve artistic credibility, the founding members adopted some of the fixed standards and practices of the male-dominated art establishment. These standards included being concerned with image, status and success. Insecure themselves, they looked to the outside for approval, projecting a mildly feminist image. The resulting duality watered down the rebellion, modified the alternative platform of the gallery, and often led to misinterpretation by the members and public alike.

The original gallery was situated on avenue Greene in Westmount, an affluent, conservative, Anglo-Saxon neighbourhood where most of the members lived. Westmount provided the socio-economic context for the fledgling Power-house. The gallery was proper and polite. At times the conservative behaviour made an incongruous contrast to the American feminist rhetoric, rather like a "tempest in a teacup". Directorship and policy making were done by five members on a Local Initiatives Program(LIP) grant. Exhibitions of work selected by competition (jury) took place every three weeks. In the selection of art work, members were both judges and judged. The art was discussed prior to voting, and periodically the jury could be swayed by an outspoken member. The method of selecting work was modified many times. Some members questioned the standard criteria of jurying, and did not want to see this system practiced at Powerhouse. Other gallery activities included drawing sessions, workshops, and poetry readings. Outside funding was sought, usually with negligible success.

After four months of operation, the founding mothers sought to enlarge the membership. They needed more women to help run the gallery. The women who joined at this stage were to become the second generation, the *elder daughters*. They came to Powerhouse out of curiosity, because they heard it was looking for interested women. Uncertain as to what was expected of them, they had no experience in the game; Powerhouse became their first art scene. They took orders and accepted chores obediently, giving the benefit of the doubt to the mothers. As the daughters became more involved, they began to challenge the mothers' authority and opinions on issues of art, power, and feminism. Their motivation became less and less one of proving themselves. Unaware of the etiquette of the art scene, the daughters were ambitious and displayed a gauche confidence. The mothers appeared content with what they had on avenue Greene, while the elder daughters were frustrated by what they saw as its limitations. Though the mothers stressed the importance of a professional gallery image, the avenue Greene location was visibly inadequate. Growth was impeded by lack of space. The daughters initiated the move from Westmount to rue St- Dominique, a radically different area. St-Dominique is in the heart of the Main, at that time a potpourri of immigrant, Québécois, and Jewish businesses. A fish market atmosphere surrounded the art gallery. The mothers rather tentatively backed this raw energy, as long as the daughters didn't go too far.

After the move to St-Dominique, Powerhouse went through a period of growth and maturity. The members began to take Powerhouse more seriously as an art gallery. All the members co-operated in creating the new exhibition space, and it was something they were all proud of. Once again it became necessary to expand membership in order to sustain the management of the gallery and its activities. New members joined, many of whom lived in the vicinity of the gallery. More flexible lifestyles allowed them to spend more time at the gallery on a day-to-day basis, and the balance of administrative power shifted. A new gallery director was democratically voted in by the members.

Under the new director a number of old policies were changed. Major decisions were voted upon by all active members at general meetings. A board of

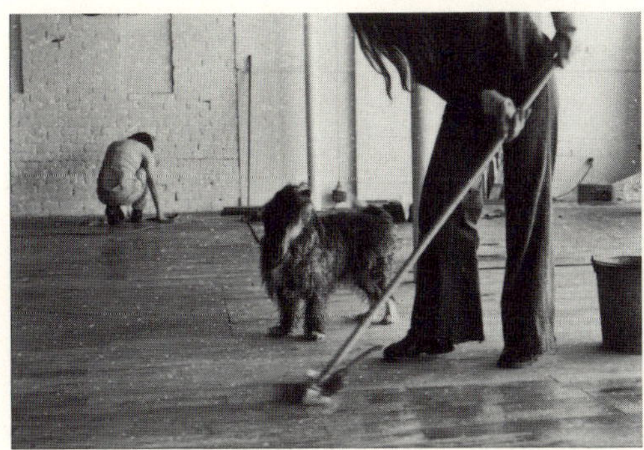

Fixing up the new space, 1976; photo: Ann Pearson

directors was elected and Powerhouse became officially incorporated. Directors could make everyday decisions but were accountable to the whole group. Meetings were conducted more like a family gathering than a business, participants rarely adhered to a parliamentary procedure. Policies were voted in at one meeting but often overturned at another, depending upon who obtained the support of the majority. Conflicts and crises were frequent, and emotions ran high. It was an improvisational method of operating. Situational ethics often came into conflict with fixed *a priori* tenets.

The balance of power rocked, but did not tilt too much in either direction. Art policies were adopted as follows: when selecting work, voting preceded discussion. This made the selection more democratic but did not solve the issue of how to jury the work of members. A smaller gallery was constructed to permit a more intimate atmosphere for smaller works. This later became a space where members could exhibit unjuried, at their own discretion. Outside exhibitions were sponsored by a member who guided and advised artists. The autonomy and integrity of exhibiting artists were respected, and no one dictated matters of taste and preferences. For six years, Powerhouse exhibitions reflected the diverse tastes and preferences of the members and their support of outside artists. It was even decided at a meeting that Powerhouse would not limit itself by embracing any one given aesthetic direction. Men could submit their work for consideration and were permitted three exhibitions out of the annual ten.

The 1974-75 season was the beginning of the busiest and most expansive period (which was to last until 1977). The Powerhouse co-operative studio was begun in an adjoining space. Any artist, male or female, could rent a modest space at minimal cost. Studio energy and Powerhouse resources were mutually beneficial throughout this period. Exhibitions and events varied in scope and essence. *Artfemme '75*, a massive undertaking, was Powerhouse's only attempt at working

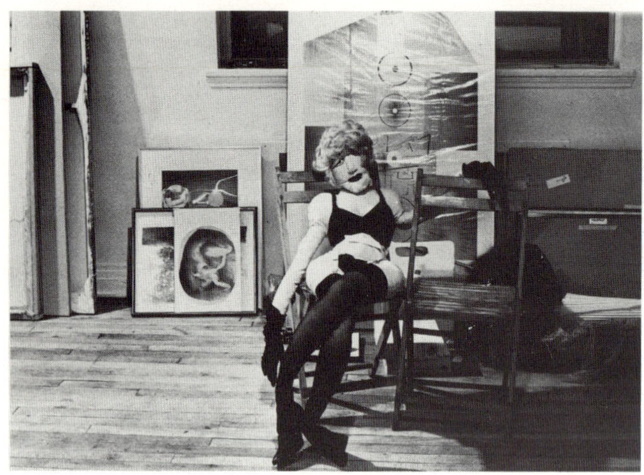

Artfemme '75, Salon des refusés, 1975; photo: Ann Pearson

with the art establishment. (This extravaganza is well documented by Gail Lauzanna in the September 1975 issue of *Branching Out*). Fun and fund-raising events were numerous: rummage sales, dances, the "ten best dressed women artists" contest, poetry series, and performances. The gallery was less fearful, more trusting and democratic, and it was opening up as never before.

Powerhouse attracted a diverse membership. Artists and non-artists joined for a multitude of reasons. For many, it was a place to belong, a friendly context in which one could be oneself. Many women worked for and backed Powerhouse financially, some demanding very little in return, others with more specific expectations. The membership encompassed extremes of personality and lifestyle. The largest meeting in 1976 had thirty women present, all active members. It was a time of intense involvement. The largest group exhibition, the *Toy Show*, took place with twenty-five members participating. Powerhouse reached its energetic peak. The office buzzed with activity, the studio doors were open, and art was produced on the premises. Art was discussed frequently, and meetings were lively and overflowed into local drinking holes. Ideological differences were at a minimum.

At this time a group of gallery members asked for a mandate to open an autonomous women's coffeehouse – *newspace* – adjacent to the gallery. Members agreed, letting them operate under the Powerhouse incorporation. They were accountable to the gallery as a whole but were responsible for their own management and finances. They were *sister* members promoting their feminist/lesbian ideology. The space was to be more women-oriented than Powerhouse (which exhibited the art of men and solicited both a male and female audience). The first few events were attended by many gallery members. The mothers were first to find *newspace* objectionable on the grounds that it discriminated against men and made some women uncomfortable bringing their husbands to the performances. As

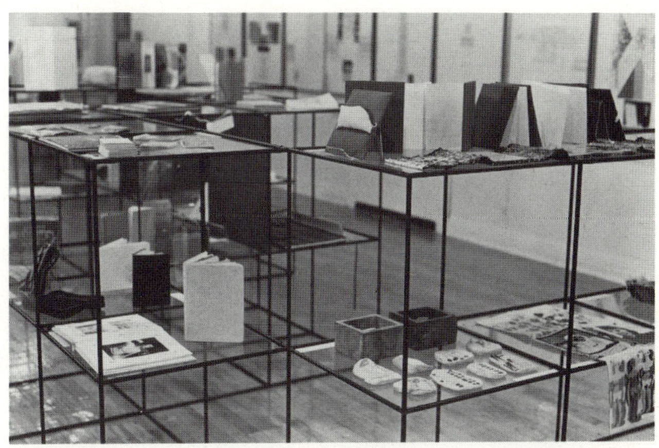

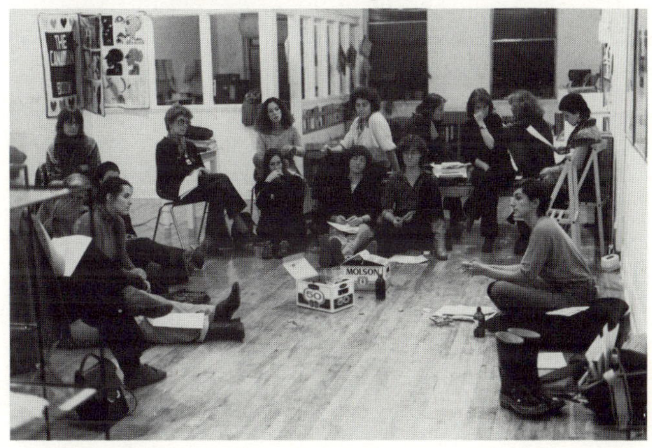

Women's Bookworks, 1979; photo: Kay Aubanel

Members meeting, October 1979; photo: Kay Aubanel

newspace continued its six-month mandate, it alienated the elder daughters as well. They found the quality of performance poor and the management unrealistic. Factional disputes in Montréal feminist groups also cut down on audience attendance. Though *newspace* was commendable in theory, in practice it couldn't survive. A number of sincere feminist *actualizers* were lost to the gallery. They had chosen to interpret Powerhouse as a feminist reality because of its very existence, but found out the hard way that Powerhouse was a collection of diverse personalities that eluded specific definition. Powerhouse members differed economically, politically, and artistically.

Inspired by the concept of the coffeehouse, two members proposed running the Powerhouse performance space. This space, too, would be managed autonomously, accountable to membership and the overall interests of the gallery. Unlike *newspace*, they wanted to reach a broader audience, and hoped to generate money through fund-raising events, admission fees for performances, and rental of excess space. At this point a new gallery director was elected. Everyone connected with the art gallery, the studio, and the performance space was highly motivated. This produced an eventful and exciting atmosphere.

The Powerhouse performance space was activated by the same raw energy that had motivated the move to St-Dominique. It produced rock and roll dances, theatre productions, and talent contests and rented space to teachers for tai chi and contact improvisation classes. Performances and poetry readings spilled over into the gallery. The theatre and dance input introduced a new and diverse creative energy. The Powerhouse complex bulged with activity. Under the new directorship the administrative areas were reorganized, the gallery pursued more funding, and its operations became more sophisticated. The performance space stayed infantile and fun, and the studio hung on in its haphazard way. At last it seemed as if Powerhouse had achieved a balance between creative sanity and craziness, fantasy and reality.

The City of Montréal is neat and effective when it pounces. First it scrutinizes, then bares its teeth – finally it bites. Powerhouse wasn't correctly zoned for theatre activities and paying audiences. The performance space had to close, just as it was becoming financially viable, had a growing stream of followers, and was receiving good media coverage.

After the closing of the performance space, energy dissipated. People went their own way and participation in the gallery dropped. As a co-operative run on volunteer labour, the drifting in and out of members modified the nature of the gallery. Exhibitions were sponsored by the then current active members. The lull in activity affected everybody. The studio closed soon after the performance space, unable to hold itself together. The gallery director left, finding an unshared work load too heavy and little motivation from gallery exhibitions and events. The gallery underwent a subtle transition. The urgency and excitement that had launched and sustained the performance space did not transfer back into the gallery. The combination of co-operative personalities and circumstances that had created the intensity was gone. A phase was over. Powerhouse seemed to retreat into itself. It backed away from the concept of a Powerhouse complex extending beyond the gallery and visual arts. Due to diminished membership and energy, two new gallery directors were elected to provide the operational stability so necessary at that time. Once again Powerhouse shed its skin and entered into a new phase: that directed by the *younger sisters*.

The younger sisters had sporadic involvement with Powerhouse over a number of years. What they lacked, however, was the intimate, first-hand experience of Powerhouse in its developing years. They began their directorship in a period of low energy and of a conservative exhibition program. Competent and energetic, they expressed both mother and elder daughter traits and the resulting incongruencies. Respectful, democratic, often tentative, they have created a political and artistic neutrality. Their focus is directed toward smooth administration and a Powerhouse public image. A vague sense of feminism is still maintained. Some commendable changes have been made in regard to jury procedure; the documentation area has expanded; the newsletter has developed with an impressive format. Powerhouse participation in ANNPAC, instigated during 1975, has been stepped up. It was decided that men could exhibit only in conjunction with a woman exhibitor. Money has been sought and obtained for larger-scale exhibitions.

Being more cautious than their predecessors, they were making Powerhouse a safer bet for operational funding. In form and administration Powerhouse had become more sophisticated than ever before. The younger sisters were leading Powerhouse into a position of acceptability.

To make an objective analysis of Powerhouse after six years of subjective involvement is very difficult: the ideas expressed here come from one individual's viewpoint. Powerhouse's strengths and weaknesses, its ambiguities, and its originality set it apart from other co-operatives. Powerhouse has always projected a collective image. In fact, to understand it fully, one must look to its centre as well as its individual parts. Its performance is its reality; its members are its personality. Powerhouse has completed the difficult task of encompassing the interests and expectations of most of its members, most of the time. It has opened its resources and volunteers to outside artists and the public. Powerhouse has come a long way from the small apartment on avenue Greene. Its achievements reflect the cumulative efforts of all the active members and its many supporters.

In terms of the immediate future, two questions come to mind. How will Powerhouse ensure its vitality and validity as an alternative gallery if government subsidies for programming increase? Will its administrative character compromise its artistic integrity?

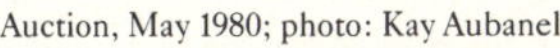

Auction, May 1980; photo: Kay Aubanel

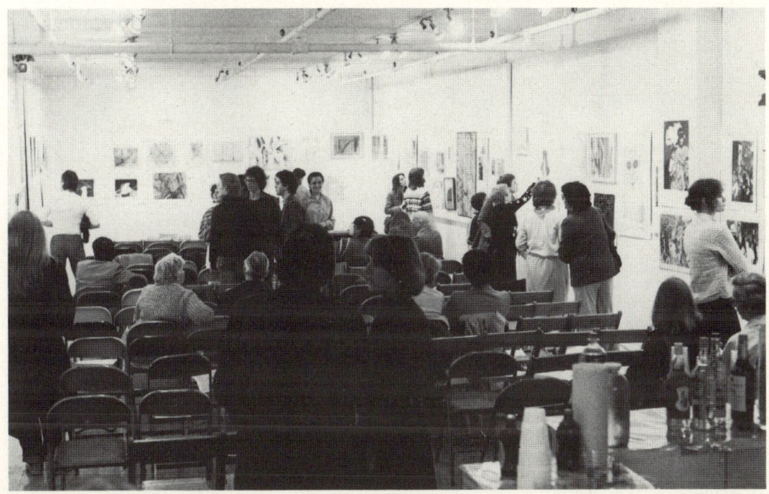

Louise Abbott Jane Adams Gail Adelson Amy Ainbinder Christine Allen Michèle Allen Jerri Allyn Emma Amos Donald Andrus Jacki Apple
Raymonde April Ann Arbor Rose-Marie Arbour Anne Ardouin Kay Armatage Robin Ashton Arielle Asimakos Michèle Assal Barbara Astman
Ricky Atlas Jessie Aubanel Kay Aubanel Sheila Ayearst Rosalyn Aylmer-White Rebecca Bain Cécile Baird Kathleen Bahnsen Anne Ballester
Susan Balz Perry Bard Céline Baril Marion Barling Fusum Baser Lyne Bastien Litizia Battaglia Lonny Baumholz Robert Bean Renee Baert
Pascale Beaudet Adèle Beaudry Diane Beaudry-Cowling Annie Beaugrand-Champagne Claire Beaugrand-Champagne Carole Beaulieu
Claire Beaulieu Christine Beckett Catherine Bédard Miriam Beer Ruth Beer Lise Begin Naomi Jill Bellos Rebecca Belmore Susan Beniston
Nicole Benoît John Bentley Mays Myrna Bercovitch France Bergeron Josée Bernard Elise Bernatchez Isabelle Bernier Louky Bersianik
Elizabeth Bertoldi Rigos Bertos Ilse Berzins-Eade Karl Beveridge Camille Billops Anne Billy Sandra Binion Laura Biscotto Sandra Bleue
Jessica Blair Joyce Blair Line Blouin Georges Bogardi Andrea Bolley Guerny Bolster Beverley Bolsius Anne-Marie Bonin Joyce Borenstein
Sylvie Bouchard Céline Boucher Françoise Boulet Suzanne Bourbonnais Marik Boudreau Hélène Bourgeault Gail Bourgeois Louise Bourret
Joseph Branco Margaret Bremner Jane Brierley Marie-Louise Broggi Nicole Brossard Carole Brouillette Janice H. Brown Julie Bruck
Kittie Bruneau Monique Brunet-Weinman Marilyn Burgess En Burk Laura Burke Leslie Busch Frances Bushke Chris Butterfield and the Stools
Margot Butler Sheila Butler Ghitta Caiserman-Roth Dorothy Caldwell Heather Campbell Daniel Campeau Monty Cantsin Francline Carbonneau
Diane Cardinal Christine Carson Lyn Carter Josely Carvalho Michèle Causse Emilienne Chabot Thérèse Chabot Alain Chagnon
Marie Chamberlain May Chan Georgiana Chappell Ghislaine Charest Lyne Charlebois Judy Chicago Jocelyne Chicoine Charlotte Childs
Pauline Choi Chander Chopras-Parashar Marie Chouinard Ginette Clément Suzanne Cloutier Sorel Cohen Janis Cole Nancy Cole Sharon Cole
Catherine Collins Mamie Colton Stephanie Coly Carol Conde Ray Condo and the Hard Rock Gones Cynthia Connor Lucia Contrino Sharron Corne
Catherine Correa Corrine Corry Anne-Marie Cosgrove Christine Costan Anne Côté Bianca Côté Marie-Andrée Côté Michel F. Côté Louise Cotnoir
Huguette Coutler Dorais Denise Coutu Micheline Couture-Calvé Linda Covit Mark Cramer Judith Crawley Jeanne Crépeau Sanz Ensemble Cuer
Colleen Cutschall Laura Cyr Denise Daignault Holly Dale Cathy Daley Anne Dandurand Loly Darcel Simon Dardick Judy Date Moyra Davey
Char Davies Christine Davis Fran Davis Linda Dawn Hamond Margot Dear Louise Degrosbois Maryse Dejean Anne Delson Johanna Demetrakis
Renata Deppe Denise Desautels Joanne Desjardins Louise Desjardins Holly Devor Ann Diamond Jennifer Dickson Daniel Dion Anne Dizgun-Lewis
Vera Donefer Huguette Couree-Dorais Fran Dorsey Isobel Dowler-Gow Sylvie Drouin Madeleine Dubeau-Beaudry Francine Dubois
Nicole Dubreuil-Blondin Susan Dubrofsky Suzanne Dubuc Andrée Duchaine Louise M. Dugan Denise Dumas Chantal DuPont Louise Dupré
Yvone Duruz Nancy Edell Rose English Karen Eubel Catherine Éveillard Karen Flainman Denis Farley Marie Faucher Louise Fauteux
Faye Fayerman Aline Feldman Prudence Fenton France Ferdinand-Forbes Lynne Fernie Marcelle Ferron Angelika Festa Lillie J. Fetter
Raymond Filip Danielle Fillion Elise Fisher Julia Fisher Susan Fisher Pat Fleisher Martha Fleming Marie-Luce Forget Pierre Fournier Marc Fowler
Hannah Franklin Marie Fraser Rita Fraticelli Renée Fredette Harriet Freifield Vera Frenkel Hélène Frigon Jacqueline Fry Kim Fullerton
Hélène Gagnon Pnina Gagnon Jeanne Garant Leslie A. Garcia Judy Garfin Capucine Gaudry Christiane Gauthier Suzanne Gauthier
Louisette Gauthier-Mitchell Lise Gauvin Diane Gelon Diane Génier Henry Gertsenberg Franchon Chaffe Gerstenberg Susan Gibson Sharon Gilbert
Michèle Gillon Julia Gilmore Evelyn Ginsburg Suzanne Girard Irving Gliserman Noreen Gobeille Roberto Goday Hélène Godbout Elizabeth Gold
Anne Golden Peter Golden Leon Golub Leona Gom Betty Goodwin Russell T. Gordon Deborah Gorham Rose-Marie Goulet Sheena Gourlay
Angela Grauerholz Nina Gregg Sandra Gregson Andrée Green Jerry Grey Gail Greenberg Reesa Greenberg Sheila Greenberg Sandra Gregson
Margaret Griffin Kathy Grove Louise Gùay Luce Guilbault Marina Gutiérrez Pat Gutuis Diana Gubbay Sylvie Guimond Janice Gurney
Alan Gussow Clara Gutsche Freda Guttman Pat Gutuis Laura Hackett Amanda Hale Catherine Hale Sheila Hall Nickie Hamilton Barbara Hammer
Denise Hammond Heather Hancheruk Eunice Handman Sigrun Hardardottir Leigh Harrington Roy Hartling Jamelie Hassan Nancy Hatch
Nancy Hazelgrove Pat Hearn Tilya Helfield Odile Héneault Donna Henes Joan Henson Michelle Heon John Heward Alexandra Hewton
Sandra Hewton Juana Hibbert Karen Hill Edward Hillel Julia Hoerner F. M. Hogan Lou Hogan Chery Holmes Kathy Hooper Christina Horeau
Pamela Hori François Houde Lynn Hughes Lynn Hutchison Tazuko Ichikawa Clarissa Inglis Jo-Anna Isaak Ilana Isehayek Carole Itter
Sanja Ivekovic Sarah Jackson Louise Jamet Beth Jankola Grace Jefferies Raymonde Jodoin Harlan Johnson Nancy Johnson Nicole Jolicoeur
Bill Jones Janet Jones Suzanne Joos Nicole Joron David Kahn Jean Kamins Nomi Kaplan Cynthia Karasek Janet Kash Shirley Kassman
Shirley Katz Anastasia Kaunda Virginia Jarmille Kazuko Lisa Keedwell Mary Kelly Valerie Kent Melanie Kerridge Russell Keziere
D. Kim Bonnie Klein Judith Klugerman Wendy Knox-Leet Annalee Koehn Tom Konynes Helen Kosacky Joanna Kotkowska Lisa Krupka
Marie-Jo Lafontaine Annick Lafortune Natalie Lafortune Astrid Lagounaris Betsy Lahaussais Suzy Lake Nancy Lambert Cécile Lamirande
Raymonde Lamothe Sophie Lanctôt Lise Landry Pamela Landry Sonia Landry Sheridan M. Travis Lane Ann Langdon Martha Langford
Marie Langlois Odile Langlois Lyne Lapointe Lucie Laporte Claudia Lapp Lise-Hélène Larin Francine Larivée Marc Larochelle Lion Laser
Renée Lavaillante Louise Lavallée Françoise Lavoie Carole Leckner Marie-Claude Leclerc Paul Ledoux Madeleine Leduc Susan Lee
Carol Lee Weston Ginette Legaré Ginger Legato Danielle Léger Darrell Legge Enid Legros Henry Lehmann Karen Leigh Lisette Lemieux

Louise Lemieux-Bérubé Lola Lemire-Tostevin Marilyn Leonard Marcel Lemyre Sandra Levy Tsipora Levy Tony Leshyk Denis Lessard
Geneviève Letarte Jackie Letvin Louise Letocha Suzelle Levasseur Micheline Lévesque Sandra Levine Ann Lewis Marysia Lewandowska
Janet Lieberman Katherine Liberovskaya Doreen Lindsay France Ann Line Kathryn Lipke Lucy Lippard Ardèle Lister Taina Litwak Jill Livermore
Edouard Lock Janet Logan Brenda Longfellow Paule de Lotbinière-Harwood Susanne de Lotbinière-Harwood Barbara Lounder Sally Loyd
Sandra Luciantonio Donna Lytle Lani Maestro Liz Magor Ghislaine Magar Terrill Maguire Moy Mah Camille Maheux J. Manitus M. Manthore
Shani Marchant Lizette Marion Louisa Markoe Dugan Pamela Markus Tanya Mars Marshalore Alexandre Marsolais Suzanne Martel
Annie Martin Carolyn Martin Catherine Martin Jane Martin Dalibor Martinis Carol Massé Dorothy Massimo Derek May Doreen D. May
Lise Melhorn Louise Mercille Billie-Jo Mericle Michael Merril Mary Melfi Francine Messier Marilyn Milburn Ashley Miller Jesse Miller
Rosemary Miller Kate Millet Mary Milne Marilyn Milburn Dean Mitchell Sabra Moore Pauline Morier France Morin Jean-Pierre Morin
Madeleine Morin Denise Morisset Nicole Morisset Anne C. Morrell Stephen Morrisey Cherie Moses Petra Mueller Lorna Mulligan
Magda Mujica Carla Murray Edna Myers Keitha Macintosh Susan Mackay Anna MacLachlan Elizabeth MacKenzie Joss MacLennon
Dawn MacNutt Ann McCall Kadejha McCall Deirdre McKay Anne McLean Anne Catherine McConville Sarah McCutcheon Susan McEachern
Dorothy McGain Barbara McGill Balfour Landon Mackenzie Lucie McKee Louise McKissick Frederick McSherry Reisha Naimer Lise Nantel
Joanna Nash Eva Nebeska Wilma Needham Sharon H. Nelson Diana Nemiroff Greta Nemiroff Mary-Catherine Newcomb Nancy Nicol
Nitroglycérine Virginia Nixon Jane Northey Marlene Nourbese Phillip Wanda Nowakowska Lorraine Oades Diane O'Bomsawin Helen Oji
Muriel Olesen Bobbie Oliver Nonie O'Neil Keitner Guilda Outremont Etienne Ozan-Groulz Isabelle Ozan-Groulz Andrée Pagé Louise Pagé
Sylvie Panet-Raymond Francine Papineau Suzanne Paquet Nathalie Parent Catalina Parra Suzanne Pasquin Ann Pearson Hélène Pedneault
Marie Pedneault Linda Peer Roberto Pellegrinuzzi Josée Pellerin Micheline Pelletier Marie Perreault Guy Perron Michel Perron Mireille Perron
Nancy Petry Lynn Phaneuf Ula Pikula Wiesia Pikula Carole Pilon Nicole Pilon Marcia Pitch Stansje Plantenga Catherine Pley Lee Plotek
Diane Poirier Diane Poitras Liliana Porter Robin Potte Sally Potter Pascale Poulin Viviane Prost Sarah Provost Diane Pugen Diane Quackenbush
Jessie Rabbitt Rober Racine Brigitte Radecki David Rahn Hazel Ramage Anne Ramsden Margaret Raspé Louise Ray Robert Rayher Joan Rawcliffe
Felicity Redgrave Dory Reimer Astrid Reush Kina Reush Edith Rey Zoé Rey Francine Richard Lucie Robert Clive Robertson Diane Robertson
Sylvie Roche Denis Rondeau Avis Lang Rosenberg Dorothy Rosenberg Hélène Rosenthal Martha Rosler Christine Ross Ian Ross
Charlotte Rosshandler Léo Rosshandler Alison Rossiter Robert Rothon Johanne Roy Josée Roy Isabelle Roy Hélène Roy Richard Sue Rusk
Elfleda Russell Linda Rutenberg Joan Ruvinsky Mark Ruwedel Susan Rynard Joan Rzadkiewicz Joanabby Sack Sylvia Safdie Anne Salemne
Jayce Salloum Claire Salzberg Leslie Sampson Peter Sandmark Katheleen Sannon Robyn Sarah Stella Sasseville Michel Saulnier Danielle Sauvé
Claire Savoie Ruth Scheuing Aubrey Schirmer Helga Schlitter Gabriele Schmidt Su Schnee Sigrun Schrœter Gail Scott John Scott Kim Scott
Kitty Scott Mary Scott Susan Scott Ruth Secunda Sheila Segal Tatiana Seguin Lois Seigel Peter Sepp Kathleen Shannan Anita Shapiro
Don Shapiro Nesya Shapiro Bertha Shenker Cynthia Short Daphné Shuttleworth Ula Sickle Carole Simard-Laflamme Cheryl Simon
Maureen Slattery Durley Cynthia Jennifer Smith Jaune Quick-to-See Smith Jill Smith Kathleen Smith Felicia Soicha Veronica Soul Cheryl Sourkes
Sally Spector Jo Spence Karen Spencer Aneta Sperber Nancy Sperber Nancy Spero Barbara Spohr Sylvia Spring Noreen Spruling
Arlene Stamp Lucette Stamp Christianne Stathacos Lisa Steele Thérèse St-Gelais Marcel St-Pierre Barbara Steinman Barbara Sternberg
J. W. Stewart Susan Stewart Erosetta Stone Hannelore Storm Johanna Stuckey Françoise Sullivan Gloria Sullivan-Lambert Céline Surprenant
Gabor Szilasi Alba Taylor Carol Tenbrink Kay Tenhaaf Nell Tenhaaf Addie Tepper Lyndia Terre Ronnie Tessler France Théorêt Pierre-
Léon Tétreault Anne Thibault Francine Thibault Manon Thibault France Thibault-Vidricaire Marie-Josée Thibodeau Margaret Thomas
Dorothy Todd Hénault Enrique Torrès Gilles Toupin Nancy Tousley Martha Townsend Charlotte Townsend-Gault Sylvie Tourangeau
Jean Tourangeau Roxanne Turcotte Linda-Lee Tracey Karen Trask Claire-Hélène Tremblay Diane Tremblay Richard Max Tremblay Adrienne Trent
C. Trépanier Susan Trow François Truchon Pascale Trudel Elise Turcotte Roxanne Turcotte Ewa Turska Petra Valier Bé van der Heide
Anke Van Ginhoven Renée Van Halm M. L. Van Nice Katinka Van Schoonhoven Olga Van Schoonhoven Zainud Vergee Véronique Vézina René Viau
Louise Viger Yolande Villemaire Elizabeth Vincent Roger Voisinet Elizabeth Vonarburg Wendy Wachtel Norma Wagner Carol Wainio Joy Walker
Laurie Walker Pat Walsh-Hopkins Louise Warren Barbara Watson Lydia Wazana Zeeva Weisz Nina Weller Diana Werden Daniel Werger
Margaret Westcott Tony Westman Paddy Wett Margaret White
Colette Whiten Carla Whiteside Betty White-Strauss An Whitlock
Joyce Wieland Esther Williams Charlotte Wilson Hammond
Zack Winestine Peter Wintonick Karen Wong Laurel Woodcock
Hilda Woolnough Peter Wronski Ai-Wen Wu Kratz Michiko Yajima
Kathleen Ann Yearwood Anne Youldon Gayle Young Chris Youngs
Badanna Zack Ann Zahn Holly Zox Annabet Zwartsenberg

CHRONOLOGIE | CHRONOLOGY

1974
Bé van der Heide
Lara

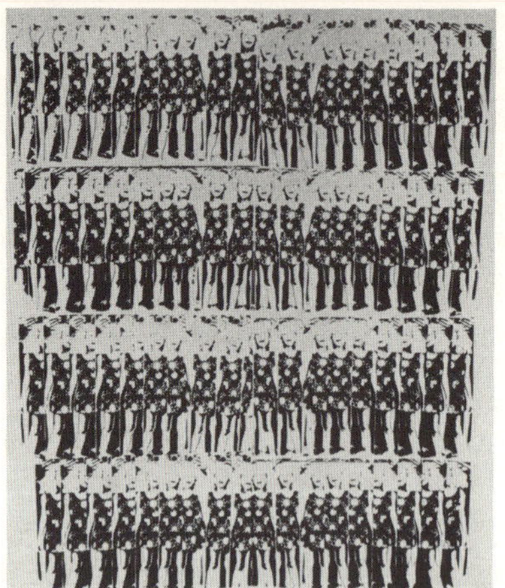

1973

1973

Au début de l'année, trois femmes faisant partie du groupe nommé les *Flaming Apron* ont placé une annonce sur un babillard pour faire appel à des femmes artistes voulant se réunir et discuter de leurs problèmes. C'est ainsi qu'a pris forme Powerhouse. La galerie était située au 2ième étage du 1210 ave. Greene à Westmount dans un appartement de 4 pièces et demie et elle comprenait deux salles d'exposition. Les membres fondatrices sont : Elizabeth Bertoldi, Leslie Busch, Isobel Dowler-Gow, Margaret Griffin, Clara Gutsche, Billie-Joe Mericle, Stansje Plantenga et Pat Walsh.
Au cours des huits premiers mois d'opération, la galerie fonctionne grâce aux donations des membres, des artistes exposantes et des femmes intéressées à supporter ses activités.

20 mai – 21 juin
Fenêtres/From the Inside Out
Elizabeth Bertoldi, Leslie Busch,
Isobel Dowler-Gow, Margaret Griffin,
Clara Gutsche, Billie-Jo Mericle,
Stansje Plantenga et Pat Walsh
Peinture, photographie, céramique
et sculpture

Fin-juin – mi-juillet
Sorel Cohen, Jill Smith et Addie Tepper

Mi-juillet – mi-août
Sandra Levine et Joan Rawcliffe

Mi-août – mi-septembre
Ilse Berzins-Eade et Valerie Kent

23 septembre – 11 octobre
Recherches photographiques/
Shooting Wild-Explorations in Photography
Sue Fisher, Grace Jefferies et Janet Jones

Fin octobre
Exposition des enfants/Children's Show
Organisée par Pat Walsh

Novembre
Rosalyn Aylmer-White, Gail Bourgeois,
Chery Holmes, Joanna Nash,
Stansje Plantenga et C. Trépanier

2 décembre – 22 décembre
Margaret Griffin et J. Manitius
Céramique

1974

10 février – 1er mars
Nuages et insectes/Clouds and Insects
Pnina Gagnon
Peinture, sérigraphie et dessin

3 mars – 24 mars
Lara
Bé van der Heide
Sérigraphie

24 mars – 12 avril
Repeats
Leslie Busch, Janet Jones, Suzy Lake,
Alba Taylor, Bé van der Heide et Pat Walsh
Techniques mixtes
Organisée par Isobel Dowler-Gow

27 mars
*L'utilisation de la lumière
artificielle en photographie*
Atelier

3 avril
Les techniques de vidéo
Atelier

10 avril
Les motifs répétés
Atelier donné par Margaret Griffin

17 avril – 3 mai
Windows and Vegetables
Jill Smith
Dessin et construction

18 avril
La sérigraphie
Atelier donné par Stansje Plantenga

20 avril
Lecture de poésie

27 avril
L'art et les enfants
Atelier donné par Pat Walsh

5 mai – 24 mai
Jane Adams et Stansje Plantenga
Peinture

26 mai – 14 juin
Sculptures en fibres / Fibre Sculptures
Linda Covit et Kim Scott .
Sculpture

16 juin – 5 juillet
Suzanne Pasquin
Aquarelle et pastel

Lois Seigel
Photographie

7 juillet – 26 juillet
Quilts
M. Manthorne

18 septembre – 9 octobre
Les relations d'êtres
Hannelore Storm
Lithographie

20 octobre – 1er novembre
Codpieces : Phallic Paraphernalia
Tanya Mars
Performance, jeux de lumière et musique

3 novembre – 22 novembre
*Des frontières de ma vie, quelques
photographies / Mutable Memories*
Ann Pearson
Photographie

3 novembre
Keeping Still 9 is a Mystical Number
Ann Pearson
Performance

24 novembre – 13 décembre
A Portrait of the Artist as a Young Kid
Chery Holmes
Pyrogravure

16 décembre – 3 janvier
From Behind the Bars
Exposition des étudiants en beaux-arts
de l'Université Sir George Williams

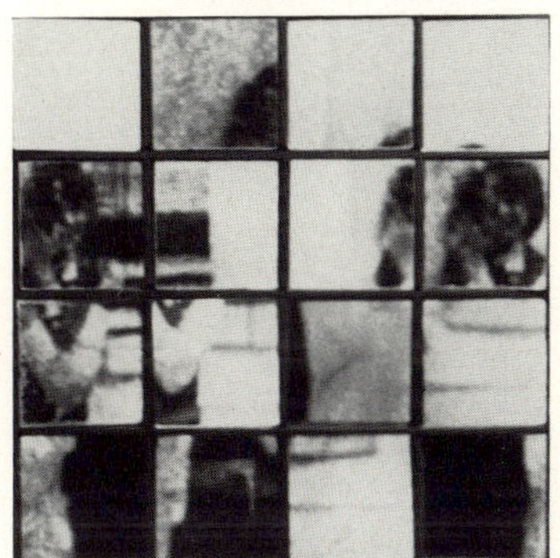

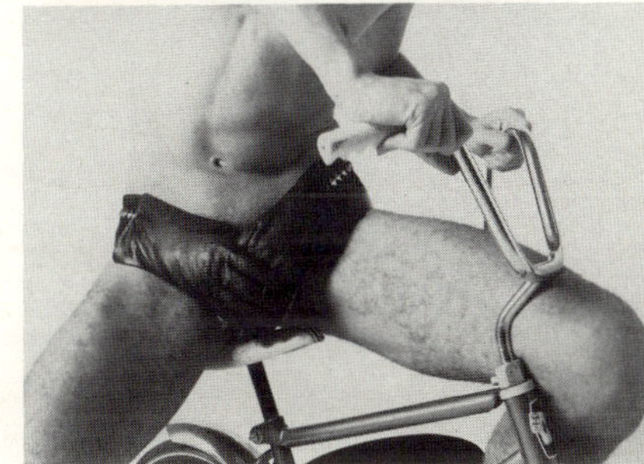

1974
Suzy Lake
photo : Rosalind Aylmer-White

1974
Tanya Mars
Codpiece

1974

En janvier, les espaces
d'exposition sont rénovés; la
galerie reçoit une subvention
du programme initiative
locale (PIL) qui permet de
payer la location de l'espace
ainsi que le travail relié au
fonctionnement des diverses
activités. Le Conseil des Arts
du Canada attribue
également deux bourses
dans le cadre de projets
spéciaux.
Le 24 mai 1974, la galerie est
incorporée sous le nom de
Powerhouse Gallery &
Studios/Galerie et ateliers la
Centrale Électrique.
Au mois d'août, la galerie
déménage au 3738 rue
St-Dominique.
Coordonnatrice : Tanya Mars
1974-1976.
Activité de levée de fonds :
vente de t-shirts, un projet
initié par Bé van der Heide.

1975
Pat Walsh and Stephen Morrissey
Holes in the Ground for Nern Seeds

1975
Badanna Zack
Nail Fetish Object
photo : L. Kelly

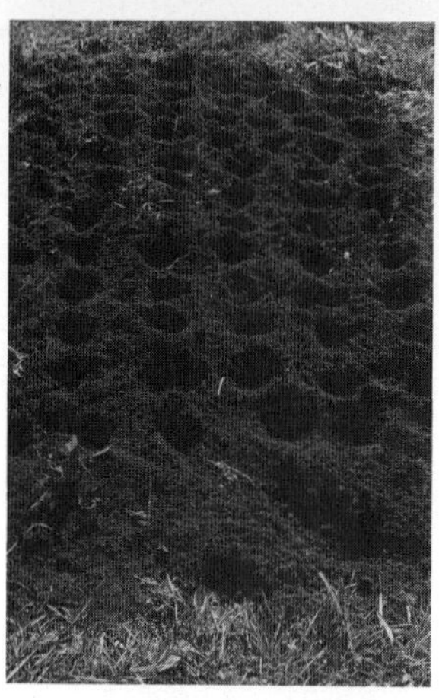

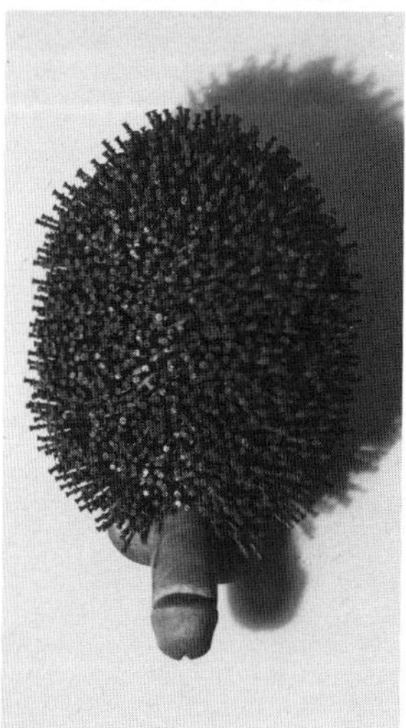

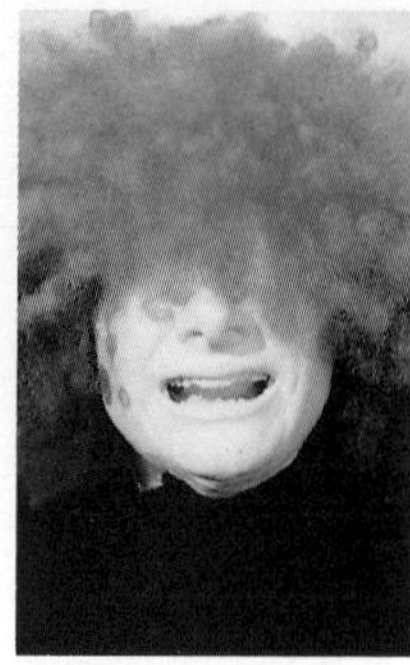

1975
Tanya Mars
Tanya in the Boxes

1975

De 1975 jusqu'au printemps 1978, des ateliers sont mis à la disposition des membres au 2ième étage, dans l'espace situé sous la galerie. Des cours de dessin, de danse, d'écriture dramatique, de yoga et de macramé furent donnés au cours de l'année.
Des lectures de poésie ont été présentées par Ricky Atlas, Janet Kask, Claudia Lapp, Felicia Soicha, Carol Tenbrink et Paddy Webb. La publication du bulletin mensuel est coordonnée par Gail Lauzanna.
La petite galerie a été utilisée pour la première fois lors de l'exposition *Toy Show* (30 novembre – 19 décembre). Elle se veut plus démocratique et est réservée aux membres.
Grande galerie : 1260 pi.ca.
Petite galerie : 204 pi.ca..

5 janvier – 24 janvier
Jill Livermore
Peinture et techniques mixtes

26 janvier – 14 février
Peintures / Tapisseries / etc
Kina Reusch
Peinture, tapisserie et fibre

15 février – 1ᵉʳ mars
Les guenilles des filles
Activité de levée de fonds

2 mars – 21 mars
Benoit, Robinson et Sparkuhl
Peinture et sérigraphie
Pour la première fois des hommes exposent à la galerie.

3 avril – 25 avril
Artfemme '75
Une série d'événements, d'expositions, de conférences et de performances, organisée en collaboration avec le Musée d'art contemporain de Montréal, le YWCA et le Centre Saidye Bronfman, présentée dans le cadre de l'année internationale de la femme. C'est une première collaboration avec des institutions et c'est aussi la première fois que Powerhouse reçoit une aide financière du ministère des Affaires culturelles. Avec catalogue.
Un Salon des Refusées est présenté du 3 au 12 avril dans les ateliers de Powerhouse.

27 avril – 17 mai
Photo-constructions
Kay Aubanel
Photographie

1ᵉʳ juin – 6 juin
Exposition de peintures de mère et d'enfant / Mother and Child Painting Show
Peinture

21 septembre – 10 octobre
Peintures gastronomiques / Gastronomical Paintings
Bé van der Heide
Peinture

12 octobre – 31 octobre
Nerns de jardin / Garden Nerns
Pat Walsh et Stephen Morrissey

1ᵉʳ novembre – 21 novembre
Erotic Sculptures érotiques
Badanna Zack de Toronto
Sculpture
Première exposition d'une artiste de l'extérieur de Montréal, rendue possible grâce à une subvention spéciale du Conseil des Arts du Canada

30 novembre – 19 décembre
Jouets / Toy Show
Exposition de jouets et de jeux fabriqués par les membres de la galerie

1976

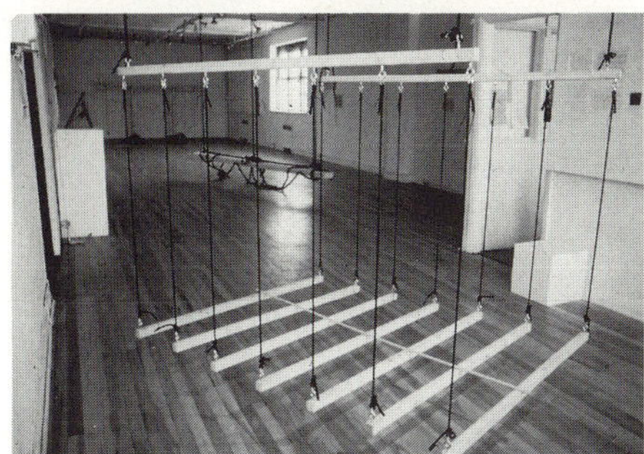

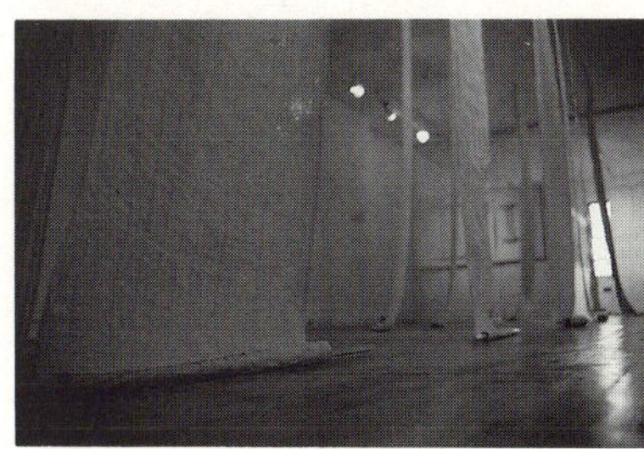

1976
Carole Massé
Le blanc toucher

1976
Kina Reusch
Woodworks

4 janvier – 23 janvier
2 expositions 2
Exposition des étudiants en beaux-arts
de l'Université Concordia

25 janvier – 14 février
Diane Quackenbush
Peinture, lithographie et dessin

Aspects of Lavendar Hill; A Women's Homestead
Ginger Legato de New York
Photographie
Première exposition d'une artiste
de l'extérieur du Canada

Février
The Ten Bests Dressed Women Artists
Concours : levée de fonds, jury invité :
Henry Lehmann et Georges Bogardi
(critique d'art du Montreal Star)

15 février – 5 mars
Constructions
Michael Merril
Première exposition-solo d'un homme

Chery Holmes
Peinture

7 mars – 26 mars
Woodworks
Kina Reusch
Sculpture

Louise Abbott
Photographie

28 mars – 23 avril
Dormeurs / Sleepers
Margaret Thomas
Peinture
Cette exposition reçoit l'aide financière
du Conseil des Arts du Canada.

25 avril – 14 mai
Jill Livermore
Peinture

Suzanne Dubuc et Suzelle Levasseur
Sculpture et céramique

23 mai – 10 juin
Harriet Freifield
Peinture

Colour Images en couleurs
Martha Langford
Photographie polaroïd

11 juin
Vente aux enchères
Activité de levée de fonds, inspirée
d'une idée de Jill Livermore

26 septembre – 15 octobre
Jill Livermore
Peinture

Octobre
Endgame, de Samuel Beckett
Produit par The Painted Bird
Theatre et présenté au Powerhouse
Performance Space (PPS)

14 octobre
Nicole Brossard
Lecture de textes

21 octobre – 6 novembre
Le blanc toucher
Carole Massé
Installation

Novembre
Dirty Tricks, de Don Shapiro
Produit par le Beggar's Workshop
et présenté au PPS

13 novembre – 3 décembre
Joanna Nash
Sculpture et peinture

Messages
Sandra Hewton
Photographie

1976

Des cours de dessin et de
danse furent donnés au cours
de l'année.
Ouverture de newspace, un
espace de performance
fondé par Yvonne Klein, Rita
Nolan, Ann Pearson et Jessie
Taras. En juillet, cet espace
est fermé pour être remplacé
par le Powerhouse Perfor-
mance Space (PPS), sous la
direction de Tanya Mars et
Joanna Nash. C'est la pièce
de théâtre *Kill Them*, de Paul
Ledoux qui inaugure ce nouvel espace de performance.
Formation d'un premier
conseil d'administration
composé de cinq membres
ayant un pouvoir décisionnel.
L'assemblée des membres
actives se réunit une fois
par mois.
La galerie reçoit du Conseil
des Arts du Canada une
subvention spéciale pour le
salaire d'une directrice
(8 000 $).
Coordonnatrice : Kina Reusch
1976-1977.
Activité de levée de fonds :
soirées de danses avec le
Steven Barry Blues Band.

1977
Julia Hoerner
Road Maps for the Centered Eye
photo : Clarence Barnes

1977
Donna Henes
Spider Woman,

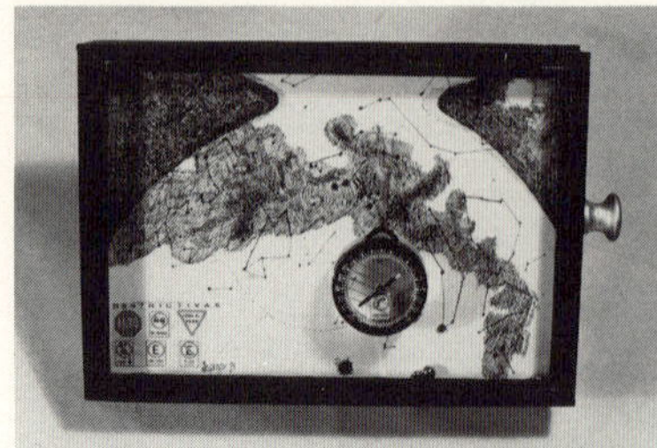

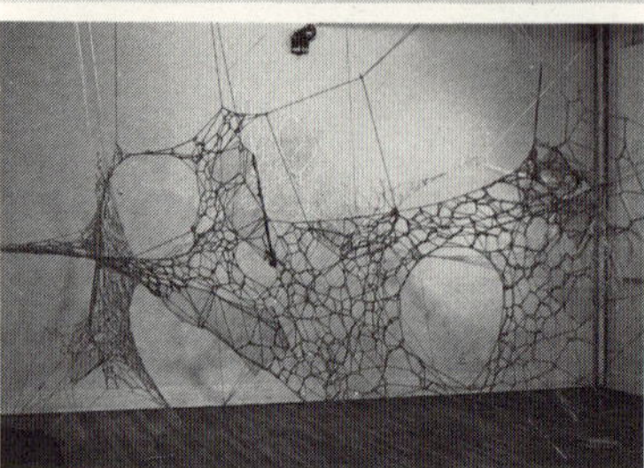

1977

1977

Ateliers : séances de dessin
de modèle vivant tous les
lundis soirs, organisées par
Gail Adelson.
Début de la publication des
News Letter (remplace le
bulletin mensuel) qui se
poursuivra jusqu'en juin 1983.
Dans ce bulletin, on inclut
une rubrique nommée Articulation dans laquelle se retrouvent des critiques écrites par
les membres de la galerie
suite à des rencontres avec
les artistes qui exposent.
Entre le 1er et le 14 janvier, le
Powerhouse Performance
Space est rénové; il bénéficie
d'une superficie approxima-
tive de 3 000 pi.ca..
En septembre, on célèbre
l'ouverture de Catpoto, un
lieu réservé à la danse et
dirigé par Gurney Bolster,
Dena Davida, Evelyn Ginsberg
et Carol Harwood.
Pour le fonctionnement de
ses activités, la galerie reçoit
une première subvention de
la Ville de Montréal (3 000 $).
Powerhouse devient membre
de ANNPAC/RACA et fait ainsi
son entrée dans le réseau
des galeries parallèles
canadiennes.
Coordonnatrice : Linda Covit
1977-1980, assistante coordonnatrice : Nell Tenhaaf
1977-1979.

22 janvier – 11 février
J'existe
Doreen Lindsay
Lithographie

Fiberworks
Linda Covit
Installation

9 février au 27 février
Fugue
Trois pièces :
The Lady Aoi, de Yukio Mishima;
Purgatory, de Wm. Butler Yeats;
In the Possession, de Michael Springate;
Produites par The Painted Bird Theatre
et présentées au PPS

13 février – 4 mars
Biased Works
Renée Van Halm
Peinture
Cette exposition est organisée avec
l'aide du Conseil des Arts du Canada.

Drawings
Gail Adelson
Dessin

22 février
Carole Leckner
Lecture de poésie

2 mars – 25 mars
In the Palm of My Hand
Julia Hoerner
Techniques mixtes

Multiples
Pat Walsh
Techniques de reproduction et dessin

16 mars – 3 avril
The Maids de Jean Genet
Produit par The Painted Bird Theatre
et présenté au PPS

22 mars
Raymond Filip
Lecture de poésie et musique

27 mars – 15 avril
Tapisseries du Chili
60 tapisseries faites par
des femmes chiliennes
Première exposition à caractère
politique avec la participation
d'une autre communauté

Small Works on Paper
Diane Quackenbush
Peinture et dessins sur papier oriental

Avril
The Dada Show de Paul Ledoux
Produit par The Atheatrical Company
et présenté au PPS

4 avril – 10 avril
Vidéo de femmes / Women's Video :
Premier échange est / ouest
Première exposition de vidéo
Semaine de vidéos organisée par Barbara
Steinman de Video Inn à Vancouver
Thématiques : l'art conceptuel, les
femmes dans la société, la vidéo
québécoise, l'art dramatique et la
vidéo d'art.
Cet événement reçoit l'aide financière
du Conseil des Arts du Canada.

17 avril – 6 mai
*Spiderwoman, On Weaving a Web;
Ritual Transformation*
Donna Henes
Fibre et performance

Mirrors of Personalities / Portraits
Chery Holmes
Pyrogravure

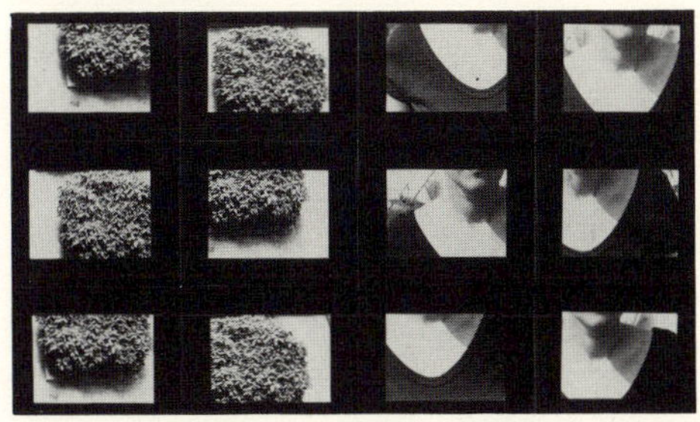

Mai
The Works
Festival de pièces de théâtre en un acte
Présenté au PPS par The Painted Bird
Theatre, The Atheatrical Company,
Present Company et Beggar's Workshop

12 mai
Deuxième vente aux enchères
Activité de levée de fonds

15 mai – 3 juin
Le langage des fibres/Fibre Artists of Québec
Huguette Coutlee Dorais, Linda Covit,
Denise Daignault, Vera Donefer,
Michelle Heon, Juana Hibbert,
Betsy Lahaussois, Tsipora Levy,
Wanda Nowakowska, Kina Reusch,
Elfleda Russell, Gabriele Schmidt,
Carol Simard-Laflamme, Lucette Stam,
Anke Van Ginhoven et Betty White-Strauss
Organisée par Linda Covit et subventionnée
par la Fondation Saidye Bronfman
et CANRON Ltd.. Avec catalogue.

Cairns, Thème et variations/Notes on a Theme
Kay Aubanel
Photographie

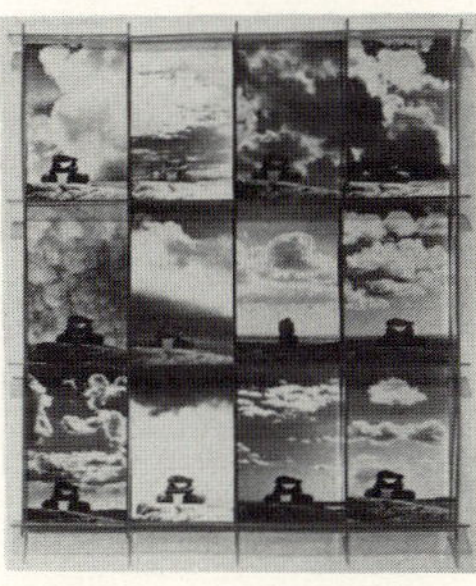

5 juin – 25 juin
Livres
Karen Eubel
Lithographie

Le carré décroissant
Kina Reusch
Peinture et collage sur papier

15 juin
An evening with Joan Henson
Présentation de films et discussion

7, 10 et 17 juin
L'art d'être, synapse de printemps
Juana Hibbert
Performance

8, 10 et 18 juin
Ateliers donné par Juana Hibbert

25 septembre – 14 octobre
Ce que j'ai fait l'été dernier/
What I Did Last Summer
Exposition des membres de la galerie

Sally Spector
Dessin

16 octobre – 4 novembre
L'uni-vers de bois / Worm World
Heather Campbell et Nina Weller
Sculpture et peinture

Les grandes illusions / Big Illusions
Nell Tenhaaf
Dessin

6 novembre – 26 novembre
Rhythms
Judith Klugerman
Gravure, photographie et peinture

Secret Notes
Pamela Markus
Techniques mixtes

26 novembre – 16 décembre
Projet photographique
Raymonde April
Photographie

Lemon, Grapefruit and Apples
Doreen Lindsay
Xérographie

14 décembre – 18 décembre
Vente de Noël, au YWCA
Activité de levée de fonds

17 décembre – 23 décembre
La semaine des enfants / Kids Week
Atelier de fabrication de jouets et de
pinatas, session de peintures murales

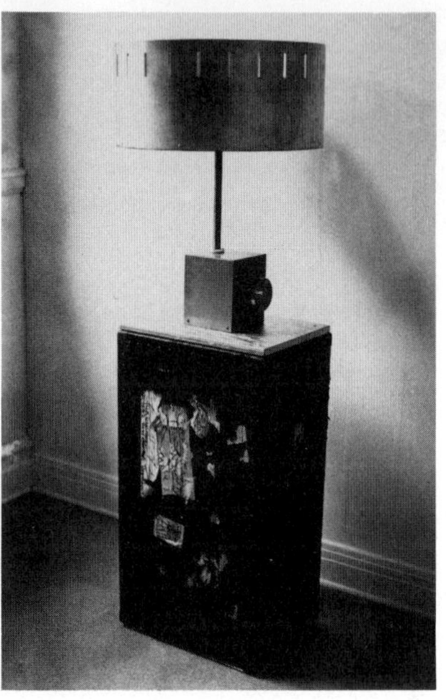

1978

22 janvier – 10 février
Papier fait main / Paper Making
Judy Garfin, Freda Guttman,
Cynthia Karasek, Ann Lewis,
Kathryn Lipke, Rosemary Miller,
Diane Quackenbush, Sylvia Safdie,
Margaret Thomas, Bé van der Heide,
Roger Voisinet et Esther Williams
Exposition de papier fait main par des
artistes ayant participé à l'atelier de
fabrication de papier à Powerhouse
Organisée par Doreen Lindsay

The War Hostess
Cynthia Karasek
Photographie et texte

*Les murs animés / Bristles, Squiggles
and Teardrops*
Margaret Thomas
Murs enrubannés

3 février
Rencontre avec les artistes de l'exposition
Papier fait main / Paper Making

9 février
Lucie McKee
Lecture de poésie

12 février – 3 mars
Collaborations
Ardèle Lister et Bill Jones
Photographie

Gail Adelson
Dessin

4 mars
Danse folklorique québécoise
à la Palestre Nationale
Musique de Callahan
Activité de levée de fonds

5 mars – 25 mars
Les papillons sont… / Butterflies are…
(première partie)
Alexandra Hewton
Photographie, collage et papillons

Monde petit et grand / Big Small World
Dorothy McGain
Sculpture et peinture

30 mars – 14 avril
Contraste
Chantal DuPont, Astrid Lagounaris,
Nancy Lambert, Marie Langlois,
Lucie Laporte et Francine
Thibault Vidricaire
Techniques mixtes

Nina Weller
Eaux-forte et monogravure

16 avril – 5 mai
*Empaquetage de volcans dormants /
Dormant Vulcano Package*
Isobel Dowler-Gow
Onze projets environnementaux

Feelings are for Real
Pamela Hori
Peinture

7 mai – 27 mai
Harriet Freifield
Peinture

Joanna Nash
Dessin

11 mai
Monuments en couleurs
Sandra Hewton
Film
Présentation du film et discussion

1er juin
Troisième vente aux enchères
Activité de levée de fonds

4 juin – 23 juin
Centres
Judy Garfin
Aquarelle

Memory Boxes
Esther Williams

24 septembre – 13 octobre
Self-Portraits
Exposition des membres de la galerie
Techniques mixtes

7 dessins triangulaires
Viviane Prost
Dessin

5 octobre
There is a voice
Wendy Wachtel et Nina Gregg
Lecture

10 octobre – 14 octobre
*Quelques femmes cinéastes /
Some Women Filmakers*
Présenté au cinéma Parallèle :
An Unremarkable Birth, de Diane Beaudry;
Traveller's Palm, de Joyce Borenstein; *Some
American Feminists*, de Nicole Brossard,
Luce Guilbault et Margaret Westcott;
Lady From Grey County, de Janice H. Brown
et Margaret Wescott; *À vol d'oiseau*,
de Marie Chamberlain; *D'abord ménagère*,
de Luce Guilbault; *Patricia's Moving Picture*,
de Bonnie Klein; *Passages*,
de Nesya Shapiro; *Recipe to Cook a Clown*,
de Lois Siegel; *How the Hell Are You*, *Tales
From the Vienna Woods*, *A Said Poem*,
de Veronika Soul; *Sun, Wind and Wood*,
de Dorothy Todd Hénaut et *Women On the
March Part 1* (sans nom)
Présenté à la galerie Powerhouse :
Jill Johnston October 1975, de Kay Armatage
et Lydia Wazana, *Thin Line*, de Janis Cole
et Holly Dale

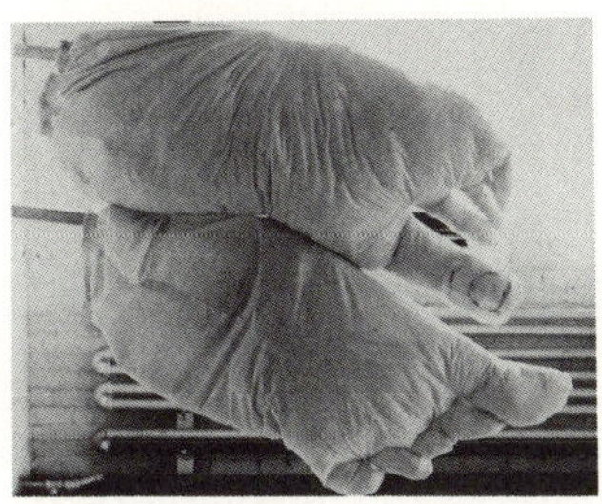

1978
Bé van der Heide
Pisces Pedic Pleasure Palace

15 octobre – 3 novembre
People in My Life
Nomi Kaplan
Photographie

Diane Quackenbush
Œuvres sur papier et petites natures mortes

Mi-octobre
Défilé de mode automnale de
la Boutique Zan Draz chez Balthazar
Activité de levée de fonds

5 novembre – 24 novembre
Pisces Pedic Pleasure Palace
Bé van der Heide
Techniques mixtes

So, Does Anybody Got a Match ?
Alexandra Hewton
Photographique
Deuxième partie de
Les papillons sont… / Butterflies are…
présentée du 5 au 25 mars 1978

26 novembre – 15 décembre
Le dessin
Lonny Baumholz, Nicole Benoit,
Anne Dizgun Lewis, Louise Fauteux,
Judith Klugerman, Odile Langlois,
Marilyn Milburn, Nicole Pion,
Sheila Segal et Véronique Vézina
Dessin

Dessins
Renée Fredette
Dessin

1er décembre
Lancement de dix livres publiés par
Vehicule Press et Cross Country Press

1978

Ateliers : séances de dessin
de modèle vivant tous les
lundis soirs; fabrication de
papier du mardi au samedi;
macramé les jeudis et
vendredis.
Le Powerhouse Performance
Space est fermé par la Ville
de Montréal.
À partir du premier septembre, on aménage un centre
de documentation situé à
l'avant de la grande galerie.
Le public peut y consulter des
périodiques, des livres, des
diapositives et des dossiers
sur des femmes artistes. Une
bourse de 7 000$ des Musées
Nationaux du Canada fut
octroyée à cette fin.
Pour la première fois, le
Conseil des Arts du Canada
attribue une subvention pour
le fonctionnement des activités de la galerie (4 000$).

10 janvier – 20 janvier
Sanja Ivekovic et Dalibor Martinis
Œuvres de deux artistes yougoslaves
présentées en collaboration avec
Véhicule Art

12 janvier
Everybody's Destiny
Performance de Sanja Ivekovic
et Dalinor Martinis

22 janvier – 10 février
Madeleine Dubeau-Beaudry
Toiles suspendues

Lou Hogan
Œuvres suspendues en papier,
gauze, corde et agrafes

25 janvier
Rencontre avec Kay Aubanel,
Madeleine Dubeau-Beaudry, Lou Hogan,
Marilyn Milburn et Nell Tenhaaf

8 février
L'art et la loi
Irving Gliserman
Conférence

10 février
Soirée médiévale avec l'ensemble Sanz Cuer
Activité de levée de fonds

12 février – 3 mars
Sur le sol / Floor Drawings
Marilyn Milburn

Notes visuelles/Visual Notations
Kay Aubanel
Techniques mixtes

21 février
Beth Jankola
Lecture de poésie

23 février
The Moon Goddess, a Balloon Projection
Barbara Hammer
Film

1979
La galerie reçoit pour la
première fois une subvention
au fonctionnement du ministère des Affaires culturelles
(6 500$).
À partir de cette année,
la galerie est subventionnée
sur une base régulière par
les trois paliers de
gouvernement.
Coordonnatrice : Nell Tenhaaf
1979-1983.

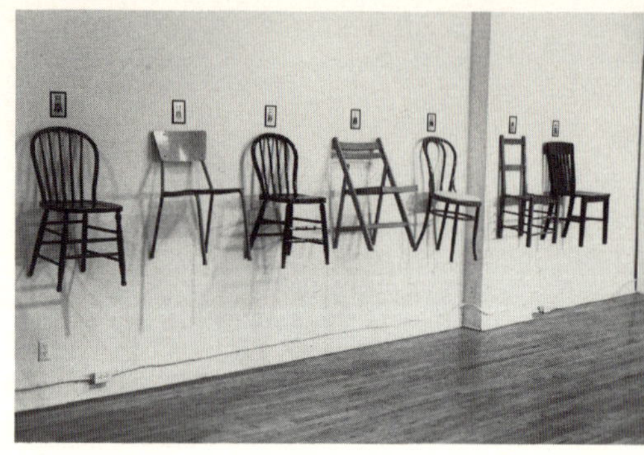

1979
Elise Bernatchez
Doing Time
photo : Kay Aubanel

5 mars – 24 mars
Nell Tenhaaf
Xérographie, dessin et boîte

Une exposition d'écriture / A Writing Show
Projet public d'écriture sur les murs :
invitation ouverte aux visiteurs-euses
d'écrire sur les murs.

8 mars
La conservation des œuvres d'art
Robin Ashton
Conférence

26 mars – 14 avril
Faire son temps / Doing Time
Elise Bernatchez
Installation

Notes de la campagne / Country Notes
Margaret Thomas
Photographie-installation

26 mars – 30 mars
Exposition des membres de la galerie,
session d'information sur la galerie et
conférence sur les femmes dans l'histoire
de l'art par Greta Nemiroff, présentées
à l'Université Concordia

5 avril
Sarah Provost
Lecture de poésie

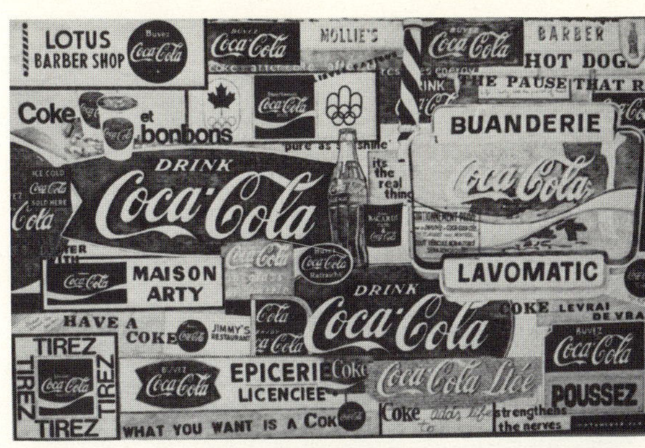

16 avril – 5 mai
*Coca-Cola ou quelque chose de
plus qu'une liqueur douce/
Coca-Cola - Something More
Than a Soft Drink*
Chery Holmes
Construction et pyrogravure

Joanna Nash
Aquarelle

10 mai
Quatrième vente aux enchères
Activité de levée de fonds

11 mai
Naomi Jill Bellos, Guerny Bolster
et Evelyn Ginsburg
Danse

12 mai
Promenade parallèle
Chris Butterfield and The Stools,
Monty Cantsin, Marie Chouinard,
Daniel Dion, Tom Konyves, Lion Laser,
Edouard Locke, Motivation V, Nervo,
Rober Racine, David Rahn et
Bé van der Heide.
Circuit à travers la ville, événement/
performance à chaque arrêt, organisé
en collaboration avec Média, Optica
et Véhicule Art

14 mai – 2 juin
Suspensions
Linda Covit
Sculpture

Nourriture/Food
Doreen Lindsay
Photo-gravure

4 juin – 23 juin
Montréal; "ma ville"
Myrna Bercovitch, Mamie Colton,
Eunice Handman, Tilya Helfield,
Shirley Katz, Françoise Lavoie,
Janet Lieberman, Doreen Lindsay,
Edna Myers, Reisha Naimer,
Sue Rusk et Sheila Segal

Jill Livermore
Pastel

14 juin
Rencontre avec Jill Livermore et les douze
artistes de l'exposition *Montréal; "ma ville"*

17 septembre – 29 septembre
Rouge/Red
Kay Aubanel, Suzanne Bourbonnais,
Linda Covit, Renée Fredette,
Chery Holmes, Doreen Lindsay,
Jill Livermore, Mary Milne,
Joanna Nash, Eva Nebeska,
Viviane Prost, Diane Quackenbush,
Kina Reusch, Anita Shapiro,
Nell Tenhaaf, Margaret Thomas,
Bé van der Heide et Esther Williams
Techniques mixtes
Exposition des membres de la galerie

Exposition sur le centre de documentation

21 septembre
Beth Jankola
Lecture de poésie

1er octobre – 20 octobre
Livres d'artistes femmes/Women's Bookworks
Exposition de livres d'artistes de 56 femmes
québécoises et canadiennes
Conservatrices: Doreen Lindsay
et Sarah Mc Cutcheon
Première exposition itinérante organisée
par Powerhouse à travers le Canada et les
Etats-Unis. Le Conseil des Arts du Canada,
les Musées Nationaux et la Fondation
Samuel et Saidye Bronfman ont contribué
à ce projet. Avec catalogue.

Images
Rosemary Miller
Papier fait main

1979
Chery Holmes
Sign of Good Taste

1979
Jana Sterbak
Untitled (Small snake)

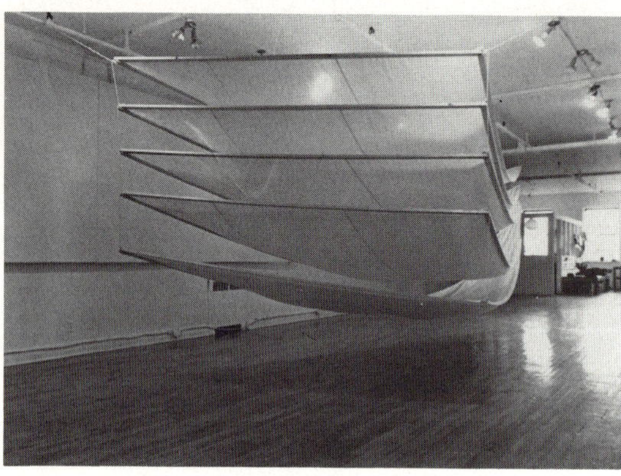

1979
Annebet Zwartsenberg
Baldachin II

22 octobre – 10 novembre
Andrée Pagé
Techniques mixtes

Jardin-environnement un espace d'été/
Garden Environment
Anita Shapiro
Peinture

12 novembre – 1er décembre
Baldachin
Annebet Zwartsenberg
Installation

Portraits récents
Louise Abbott
Photographie et polaroïd

15 novembre
La critiques d'art
Table-ronde avec : Georges Bogardi,
Monique Brunet-Weinman, Virginia Nixon,
Léo Rosshandler, Gilles Toupin
et René Viau
Modératrice : Andrée Green

3 décembre – 22 décembre
Holly Devor et Dory Reimer
Photographie

Mary Milne
Peinture

13 décembre
Les publications d'art
Table-ronde avec : Donald Andrus
(The Journal of Canadian Art History),
Rigos Bertos (Histoire de l'Art Université
McGill), Pat Fleisher (Artmagazine),
Michèle Gillon (Vie des Arts), Clive
Robertson et Lisa Steele (Centerfold / Fuse)
Modérateur : Simon Dardick

2 octobre
La politique de conservation des archives
et la collection de livres de Franklin Furnace
Jacki Apple
Conférence

3 octobre
The Mexican Tapes
Jacki Apple
Film

13 octobre
Page from the Secret Life of Cornelia Lumsden
Vera Frenkel
Conférence

14 octobre
Relation of Image and Text
Vera Frenkel
Conférence

21 janvier – 9 février
A.C.T. (Artists Cooperative Toronto)
à Powerhouse
Laura Biscotto, Andrea Bolley,
Nancy Hazelgrove, Clarissa Inglis,
Marilyn Leonard, Tonie Leshyk,
Anna MacLachlan, Diane Pugen
et Joy Walker
Exposition-échange d'œuvres sur papier

Eva Nebeska
peinture

25 janvier
Sharon Nelson
Lecture de poésie

4 février – 17 février
Powerhouse à A.C.T.
(Artists Cooperative Toronto)
Kay Aubanel, Suzanne Bourbonnais,
Linda Covit, Renée Fredette,
Chery Holmes, Jill Livermore,
Mary Milne, Joanna Nash,
Eva Nebeska, Viviane Prost,
Diane Quackenbush, Kina Reush,
Anita Shapiro, Nell Tenhaaf,
Margaret Thomas, Bé van der Heide
et Esther Williams
Exposition présentée au
Artists Cooperative Toronto

7 février
Les artistes et l'impôt
David Kahn
Conférence

11 février – 1er mars
Viviane Prost et Hélène Roy Richard
Œuvres sur papier

Nell Tenhaaf
Xérographie et techniques mixtes

21 février
Judy Chicago
Conférence avec diapositives sur
The Dinner Party, présentée au Musée
des beaux-arts de Montréal

28 février – 9 mars
Powerhouse au Collège d'Alma
Kay Aubanel, Suzanne Bourbonnais,
Margaret Bremner, Linda Covit,
Susan Dubrofsky, Renée Fredette,
Chery Holmes, Doreen Lindsay,
Jill Livermore, Deirdre Mc Cay,
Rosemary Miller, Mary Milne,
Pauline Morier, Joanna Nash,
Eva Nebeska, Ann Pearson,
Viviane Prost, Diane Quackenbush,
Kina Reusch, Anita Shapiro,
Jil Smith, Nell Tenhaaf,
Esther Williams et Annebet Zwartsenberg
Exposition présentée par Langage Plus
à la salle Tremblay du Collège d'Alma

3 mars – 22 mars
Exposition de sculptures / Sculpture Show
Elise Bernatchez, Louise Bourret,
Linda Covit, Hannah Franklin,
Lise-Hélène Larin, Jill Livermore,
Suzanne Martel, Louise Pagé,
Brigitte Radecki, Tatiana Seguin,
Barbara Steinman et Manon Thibault
Sculpture
Labyrinthe
Suzanne Bourbonnais
Installation

6 mars
La femme et les institutions artistiques /
Women in Art Systems
Colloque avec : Renee Baert (Conseil des
Arts du Canada), Louise Letocha
(Musée d'art contemporain de Montréal),
Avis Lang Rosenberg (Université de
Colombie Britanique), Kathleen Shannon
(Office National du Film) et Mishiko Yajima
(Galerie Yajima)
Modératrice : Greta Nemiroff

1980
Série de lectures organisée
par Sharon Nelson.
Assistantes coordonnatrices :
Mary Milne et Suzanne Bour-
bonnais : 1980-1981.

1980
Exposition de sculptures / Sculpture show : Elise Bernatchez, Linda Covit,
Hannah Franklin, Brigitte Radecki, Barbara Steinman et Manon Thibault
photo : Kay Aubanel

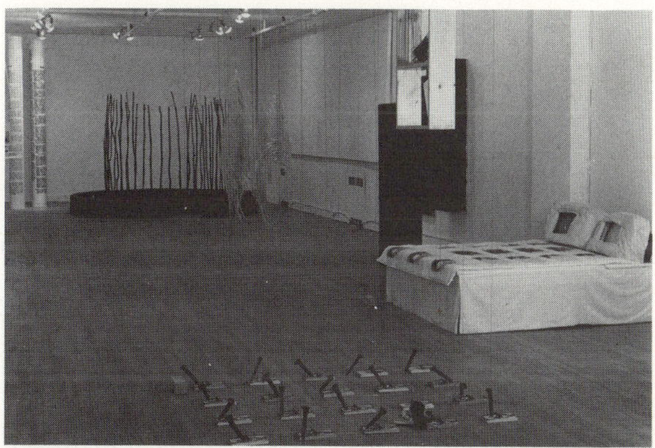

9 mars
An evening with Joyce and Margaret
Ann Pearson
Conférence audio-visuelle sur
Joyce Wieland et Margaret Laurence

24 mars – 12 avril
Sandra Levy
Sculpture et dessin

Claire Salzberg
Céramique

27 mars
Joyce Wieland
Conférence

14 avril
Carole Leckner
Lecture de poésie

14 avril – 3 mai
Le drap / The Sheet
Norma Wagner
Sculpture

Renée Fredette
Dessin

26 avril
*Sylvie a eu peur à Montréal,
Sylvie a eu peur à Powerhouse*
France Line, Jean Tourangeau
et Sylvie Tourangeau
Performance

12 mai – 31 mai
Joanna Nash
Peinture

Windows and Vegetables
Jill Smith
Dessin

7 mai
Cinquième vente aux enchères
Activité de levée de fonds

12 mai
Les collections privées, de Robin Ashton
Les édifices publics, de Peter Sepp
La Banque d'œuvres d'art du Canada,
de Chris Youngs
Conférences sur les collections d'art

15 mai
Problems of Artist / Woman
Elise Bernatchez
Conférence

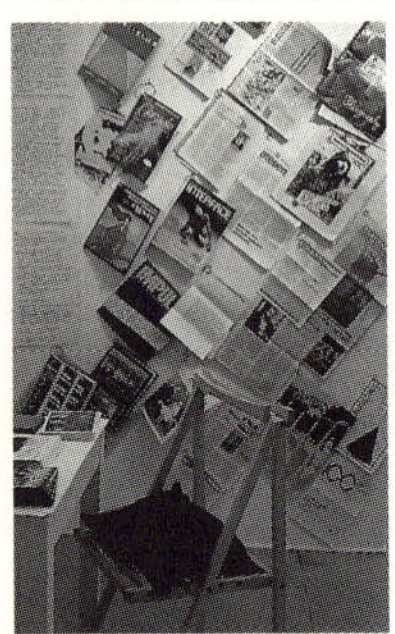

1980
Centre de documentation

29 mai
Anne Mc Lean
Lecture de poésie

3 juin – 21 juin
Diane Quackenbush
Peinture

Deirdre Mc Cay
Peinture

13 juin
Action / Metaphores
Julia Fisher, Frederick McSherry,
Linda-Lee Tracey et Annebet Zwartsenberg
Performance

16 septembre – 4 octobre
Baldaquin Poly 980
Annebet Zwartsenberg
Installation-sculpture

Recent Photographs
Ann Pearson
Photographie

7 octobre – 25 octobre
Lisette Lemieux
Sculpture de verre

Suzanne Bourbonnais
Installation

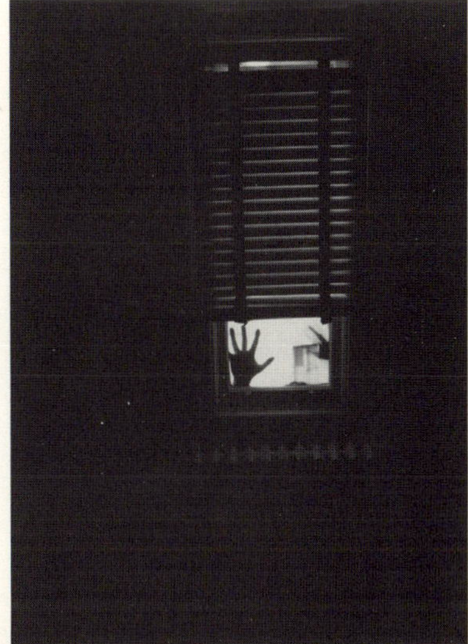

1980
Barbara Steinman
Chambres à louer
photo : Kay Aubanel

1980
Linda Covit
Fluorescences/Plastique no. 3
photo : Kay Aubanel

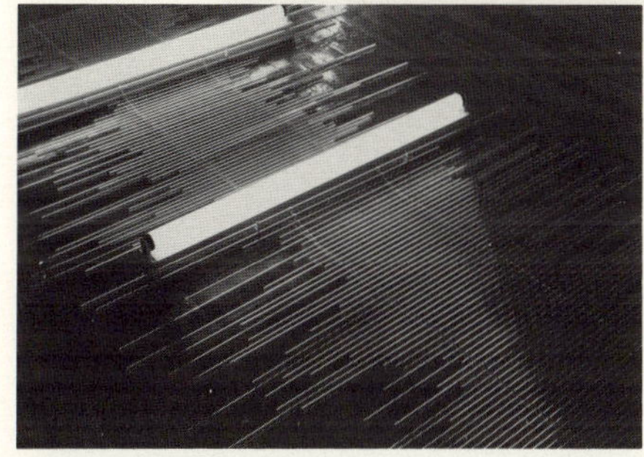

15 octobre
Robyn Sarah
Lecture de poésie

17 octobre
La perle rare
Diane Poitras
Présentation vidéo

28 octobre – 15 novembre
Fluorescences/Plastique
Linda Covit
Installation

La chaîne de lettres de Rosa Pink/
Pink's Chainletter
Bé van der Heide

15 novembre
Remise en question : la notion de
critique d'art vis à vis des galeries parallèles
Table ronde avec John Bentley Mays
(Toronto Globe and Mail), Russell Keziere
(Vanguard), Felicity Redgrave (Halifax),
Marcel St-Pierre (Historien d'art Université
du Québec à Montréal), Jean Tourangeau
Québec) et Nancy Tousley (Calgary Herald)
Modératrice : Diana Nemiroff (Montréal)
Organisée en collaboration avec Optica,
Motivation V et Articule

16 novembre
Le critique face à une galerie de femmes
Discussion avec John Bentley Mays
et Felicity Redgrave

18 novembre – 6 décembre
Deux amies/Two Friends
Judy Garfin et Shani Marchant
Aquarelle

Chambres à louer
Barbara Steinman
Installation-vidéo

22 novembre – 23 novembre
Mirage
Ann Arbor
Danse

23 novembre
Right Out of History
Johanna Demetrakis
Film et présentation de Diane Gelon,
conservatrice responsable de la circulation
de l'exposition *The Dinner Party*, de Judy
Chicago. Présenté par Powerhouse à
l'auditorium du Musée des beaux-arts de
Montréal

26 novembre
M. Travis Lane
Lecture de poésie

9 – 20 décembre
Remue-ménage
Jocelyne Chicoine, Marie Faucher,
Raymonde Lamothe, Lucie Laporte,
Madeleine Leduc, Madeleine Morin,
Nicole Morisset, Lise Nantel,
Micheline Pelletier, Sylvie Roche,
Louise Roy et Hannelore Storm
Exposition des œuvres de 12 artistes ayant
participé au calendrier 1981 des Éditions
du Remue-ménage.
Lancement du calendrier le soir du
vernissage

Miniatures
Exposition des membres de la galerie

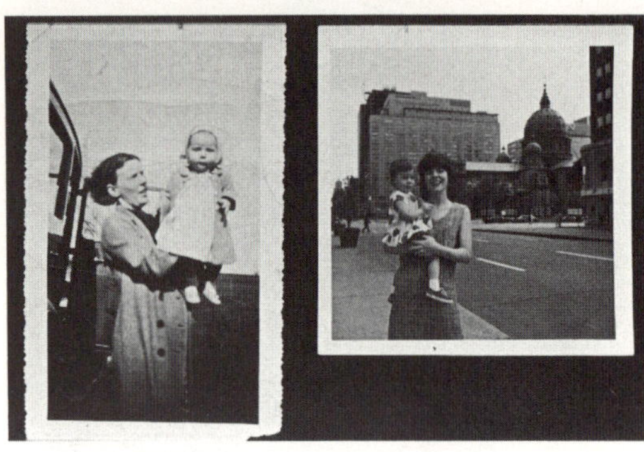

1981
Doreen Lindsay
Mother Self Daughter

1981

À partir de septembre,
Susanne de Lotbinière-
Harwood organise une série
de lectures.
Coordonnatrice :
Susanne de Lotbinière-
Harwood 1981-1983.

1981

20 janvier – 7 février
*Deux femmes de Londres /
Two Women from London :
Beyond the Family Album…
Private and Public Images*
Jo Spence
Photomontage
Mother Self Daughter
Doreen Lindsay
Xérographie couleur

Anne-Marie Cosgrove
Peinture

23 janvier
Nuclear Power and Alternatives
Dorothy Rosenberg
Présentation de vidéos et conférence

26 janvier
Keitha MacIntosh
Lecture de poésie

6 février
Musique et mouvements en concert
Terrill Maguire et Gayle Young
Concert présenté à Powerhouse
Atelier présenté à Motivation V,
le samedi 7 février

10 février – 28 février
Lou Hogan
Installation

Eva Nebeska
Peinture

3 mars – 21 mars
Fabrication
Susan Dubrofsky
Masque et installation

Identités trompeuses / Mistaken Identities
Chery Holmes
Peinture

3, 12 et 15 mars
Daniel Campeau et Joanabby Sack
Performance-danse

21 mars
Helene Rosenthal
Lecture de poésie

24 mars – 11 avril
Elise Bernatchez
Installation

Deux séries / Two Series
Margaret Bremner
Dessin

27 mars – 28 mars
Les femmes et les professions artistiques
Table-ronde et ateliers avec : Rose-Marie
Arbour (Université du Québec à Montréal),
Nicole Dubreuil-Blondin (Université de
Montréal), Marcelle Ferron (artiste),
Francine Larivée (artiste), Louise Letocha
(Musée d'art contemporain de Montréal),
France Morin (galerie France Morin),
Hélène Roy Richard (Université du
Québec à Chicoutimi)
Modératrice : Lise Nantel
Présentés au Pavillon Hubert-Aquin
(UQAM)

3 avril – 29 avril
Kay Aubanel (photo-construction),
Elise Bernatchez (installation),
Susan Dubrofsky (installation),
Nell Tenhaaf (séquence-photocopie)
et Annebet Zwartsenberg (installation)
Exposition présentée à la
Forest City Gallery, London, Ontario
Organisée par Powerhouse avec l'aide
financière de la Fondation Molson

14 avril – 2 mai
Beach Flash
Ronnie Tessler
Photographie

Transparences
Kay Aubanel
Photo-construction

15 avril
Sharon Nelson
Lecture de poésie

25 avril
Lancement d'un livre de Lucien
Francœur traduit par
Susanne de Lotbinière-Harwood
Organisé en collaboration avec
Véhicule Press

14 avril au 9 mai
Powerhouse at Washington Women's Arts Center
Kay Aubanel, Lyne Bastien,
Lonny Baumholz, Elise Bernatchez,
Beverley Bolsius, Margaret Bremner,
Sharon Cole, Anne-Marie Cosgrove,
Linda Covit, Susan Dubrofsky,
Renée Fredette, Freda Guttman,
Chery Holmes, Doreen Lindsay,
Jill Livermore, Dierdre McCay,
Rosemary Miller, Mary Milne,
Pauline Morier, Joanna Nash,
Eva Nebeska, Ann Pearson, Diane
Quackenbush, Kina Reusch, Joanna Roy,
Claire Salzberg, Stella Sasseville,
Sigrun Schrœder, Anita Shapiro,
Nell Tenhaaf, Esther Williams
et Annebet Zwartsenberg
Exposition-échange entre Powerhouse
et le Washington Women's Arts Centre,
artistes montréalaises présentées
à Washington.

9 mai
Sixième vente aux enchères
Activité de levée de fonds

11 mai
Sharron Corne et Jane Martin
Projection de diapositives et discussion
sur le statut des femmes-artistes

12 mai – 30 mai
Uterus et Phallus/Wombs and Phallus
Sharron Corne

Dessin et peinture
Recent Paintings
Mary Milne
Peinture

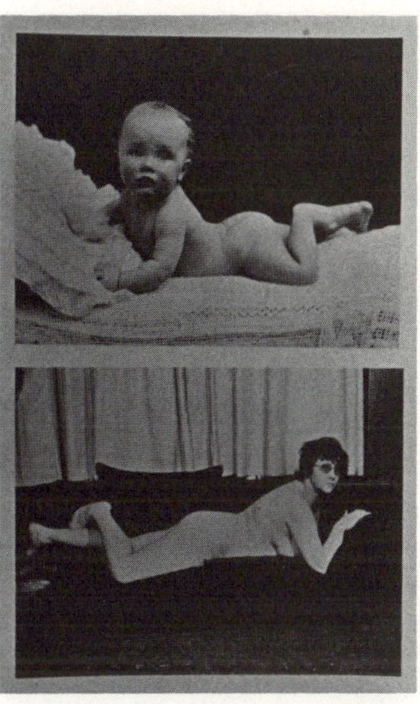

1981
Jo Spence
Beyond the Family Album…
Public and Private Images

2 juin – 20 juin
Washington Women's Arts Center à Powerhouse
Kathleen Bahnsen, Maryse DeJean,
Louisa M. Dugan, Aline Feldman,
Prudence Fenton, Lillie J. Fetter,
Elise Fischer, Jeanne Garant,
Leslie A. Garcia, Franchon Gerstenberg,
Henry Gerstenberg, Tazuko Ichikawa,
Ai-wen Wu Kratz, Taina Litwak,
Ann R. Langdon, Sally Loyd,
Carolyn Martin, Anne McConville,
Anne Salemme, Daphne Shuttleworth,
Lyndia Terre, M.L. Van Nice et Ann Zahn
Exposition-échange entre Powerhouse
et le Washington Women's Arts Centre,
artistes américaines présentées à Montréal.

Il était une fois/Once upon a time
Rosemary Miller
Dessin et collage

8 septembre – 26 septembre
Trois expositions de peinture
Amy Ainbinder, Denyse Dumas,
Ginger Legato et Eva Nebeska
Peinture

Lyne Bastien
Dessin et lithographie

27 septembre – 17 octobre
Jill Livermore
Peinture

Le monde fuyant/The Floating World
Freda Guttman
Photographie polaroïd

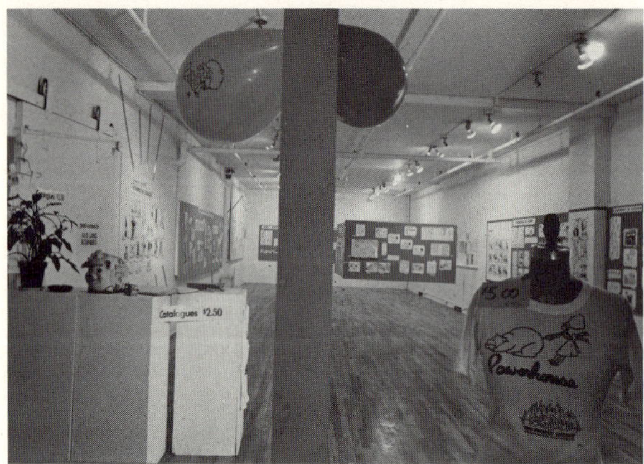

14 octobre
Nicole Brossard
Lecture de poésie

20 octobre – 7 novembre
Témoignage
Kittie Bruneau
Peinture

Plantes exotiques et autres images
Anita Shapiro
Peinture

10 novembre – 28 novembre
Reproduction / Art
27 artistes de xérographie

Copy Art
Lonny Baumholz, Doreen Lindsay,
Anita Shapiro et Nell Tenhaaf

10 novembre
Sarah Jackson
Discussion et présentation de diapositives,
présentées dans le cadre de l'exposition
Reproduction / Art

20 novembre
Barbara Astman
Discussion et présentation de diapositives

21 novembre
Barbara Astman
Atelier sur les techniques de xérographie-
couleur, présenté à Motivation V dans le
cadre de l'exposition *Reproduction / Art*

21 novembre
Leona Gom
Lecture de poésie

24 novembre
Sonia Landy Sheridan
Discussion et présentation de diapositives,
dans le cadre de l'exposition
Reproduction / Art

27 novembre
Hazel Ramage
Film présenté dans le cadre de l'exposition
Reproduction/Art

1er décembre – 19 décembre
Pork Roasts
250 bandes dessinées féministes
européennes, canadiennes et américaines
Conservatrice : Avis Lang Rosenberg
Exposition itinérante avec catalogue

Peintures récentes
Joanna Nash
Aquarelle et dessin

1982

1982
Louise Mercille
Parade pour une nuit blanche
photo: Robert Bourdeau

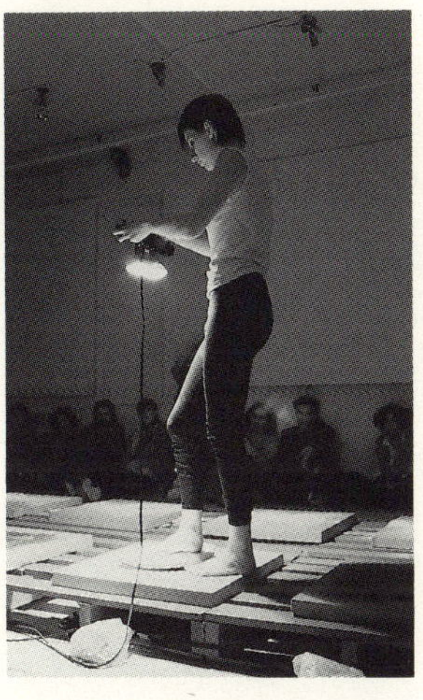

18 janvier
Martha Rosler
Présentation vidéo
Organisée en collaboration avec Artexte,
le Musée d'art contemporain de Montréal
et la Fondation Saidye Bronfman

19 janvier
Lancement du calendrier 1982
des Éditions du Remue-ménage

19 janvier – 6 février
Louisette Gauthier-Mitchell
Exposition de 14 dessins commentés
par 14 écrivaines québécoises et réunis
dans le calendrier 1982 des Éditions
du Remue-ménage

Dessin et aquarelle
Sigrun Schroeter
Dessin et aquarelle

27 janvier
France Théoret
Lecture de poésie

9 février – 27 février
Wargames
Marcia Pitch
Peinture et sculpture

Retour de la lune / The Moon Returns
Lonny Baumholz
Xérographie

2 mars – 7 mars
Trine
Donna Lytle
Diaporama sur les œuvres
des artistes de la galerie

2 mars – 20 mars
Célébration I
Programmation spéciale organisée
à l'occasion de la venue à Montréal
de l'exposition *The Dinner Party*,
de Judy Chicago, présentée au
Musée d'art contemporain de Montréal :

5 mars
Les femmes artistes au Québec depuis 1970
Thérèse St-Gelais
Conférence et diaporama

9 mars
Maud Lewis, A World Without Shadows,
de Diane Beaudry-Cowling
Women and Violence, de Kate Millet
de Women in Focus à Vancouver,
Thriller, de Sally Potter
Damage et *Make it Strange*, de Lisa Steele
Just a Lady, de Susan Trow
Présentation de films et vidéos

10 mars
Lettre de Louise Guay à Nietzsche,
de Louise Guay
*The Miniature Theater : Notes from an Unknown
Source; A Science- Fiction*, de Nancy Nicol
Vital Statistics of a Citizen, Simply Obtained,
de Martha Rosler
Présentation de vidéos

10 et 17 mars
Qui a été invité au Dinner Party ?
Quatre entretiens sur les femmes célèbres
dans l'œuvre de Judy Chicago, organisé en
collaboration avec le YWCA et le Canadian
Congress for Learning Opportunities for
Women (CCLOW)

10 mars
*Women Philosophers : Hypatia, Hildegard
of Binden and Anna Von Schuman*
Christine Allen
Conférence présentée dans le cadre de
Qui a été invité au Dinner Party?

1982
Coordonnatrices du centre de
documentation : Anne-Marie
Cosgrove et Dominique
Morel.

1982
Carol Conde & Karl Beveridge
Work in Progress
photo : Kay Aubanel

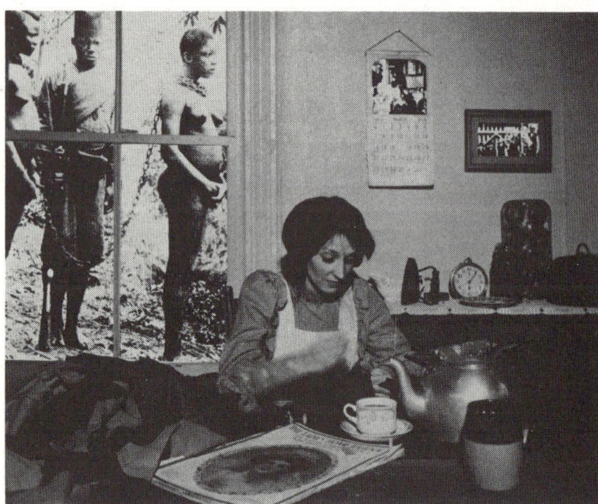

13 mars
Political Documentary and the Narrative.
Louise Guay, Nancy Nicol et Lisa Steele
Atelier présenté dans le cadre de
l'événement *Un art engagé* (visionnement,
conférence et atelier)
Organisé en collaboration avec Articule,
Optica et Dazibao

18 mars
Parade pour une nuit blanche
Louise Mercille
Performance-installation

17 mars
*Two Women Writers :
Christine De Pisan and Virginia Woolf*
Maureen Slattery Durley et Frances Davis
Conférence présenté dans le cadre de
Qui a été invité au Dinner Party ?

19 mars
Yolande Villemaire
Lecture de textes

20 mars
Peinture sur un corps nu en mouvement
Nickie Hamilton
Performance mytho-maquillage

2 mars – 20 mars
Claire Salzberg
Céramique

23 mars – 10 avril
Célébration II : Juxtaposition
Anne Billy, Faye Fayerman,
Harriet Friefield, Rose-Marie Goulet,
Freda Guttman, Brigitte Radecki,
Nell Tenhaaf et Badanna Zack
Exposition spéciale organisée à l'occasion
de la présentation *The Dinner Party*
Conservatrice : Françoise Sullivan

Places to Be
Esther Williams
Bas-relief xérox

24 mars
Female Spirituality
Johanna Stuckey
Conférence présentée au YWCA, dans le
cadre de *Qui a été invité au Dinner Party ?*

31 mars
Women and Political Activism
Deborah Gorham
Conférence présentée au YWCA, dans le
cadre de *Qui a été invité au Dinner Party ?*

13 avril – 1er mai
Wists of Gaspé
Gloria Sullivan Lambert,
Carol Lee Weston et Enid Legros
Porcelaine, sculpture, acrylique et aquarelle

Art de recyclage / Garba Jart
Sharon Cole
Techniques mixtes

14 avril
Julie Bruck, Helen Kosacky,
Robin Potte et Joan Ruvinsky
Lecture de poésie

16 avril
Liz Magor
Conférence et présentation de diapositives
Présentées à Articule en collaboration
avec Powerhouse

4 mai – 8 mai
Septième vente aux enchères
Activité de levée de fonds

11 mai – 29 mai
Work in Progress and *Standing Up*
Carol Conde et Karl Beveridge
Photo-montage
Premier volet de *Hommes et femmes
travaillent ensemble*

Échos de passages
Elise Bernatchez
Installation

20 mai
The Woman Behind the Image,
de Judy Date et John A. Stewart

Woven in Time : Evelyn Roth,
de Tony Westman
Présentation de films

1er juin – 19 juin
Etienne et Isabelle Ozan-Groulx
Installation
Second volet de *Hommes et femmes
travaillent ensemble*

Pauline Morier
Dessin

7 septembre – 25 septembre
Fiberous
Susan Beniston, France Bergeron,
Louise Lemieux-Bérubé, K. Reith Blake,
En Burk, Lyn Carter, Micheline Couture-
Calvé, Louise Jamet, Jean Kamins,
Shirley Kassman, Lise Landry,
Dawn MacNutt, Lise Melhorn
et Guilda Outremont
Conservatrice : Khadejha McCall

Sans nom
Khadejha McCall
Fibres

28 septembre – 17 octobre
Hélène Gagnon
Peinture

Johanne Roy
Collage et dessin

13 octobre
Mais qui donc es-tu ?
Genesse Letarte
Poésie et performance

15 octobre
An Whitlock
Discussion et présentation de diapositives

19 octobre – 6 novembre
Cruising
Pamela Hori
Peinture

Profile for an Artist
Susan Dubrofsky
Peinture

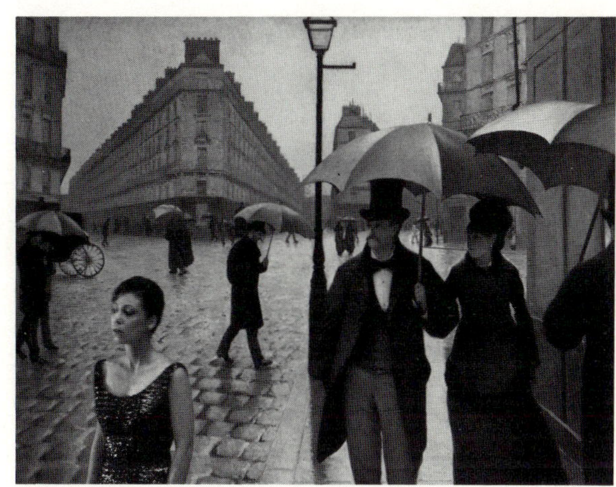

1982
Sandra Binion
The Green Dress

9 novembre – 27 novembre
Suite for Bass and Ironing Bored
Sandra Binion
Documentation sur sa performance

Peintures récentes
Dierdre McCay
Peinture

12, 13 et 14 novembre
Les femmes refondent le cinéma
Festival de films de femmes
Présentation de films et ateliers
Organisés en collaboration avec plusieurs
organismes et individu-e-s : Jackie Levitin,
Brenda Longfellow et Petra Valier

27 novembre
Suite for Bass and Ironing Bored
Sandra Binion
Performance

30 novembre – 18 décembre
Portraits
Judith Crawley, Moyra Davey,
Sheila Greenberg, Genesse Letarte
et Noreen Spruling
Techniques mixtes

Dessins récents / Recent Drawings
Heather Hancheruk
Dessin

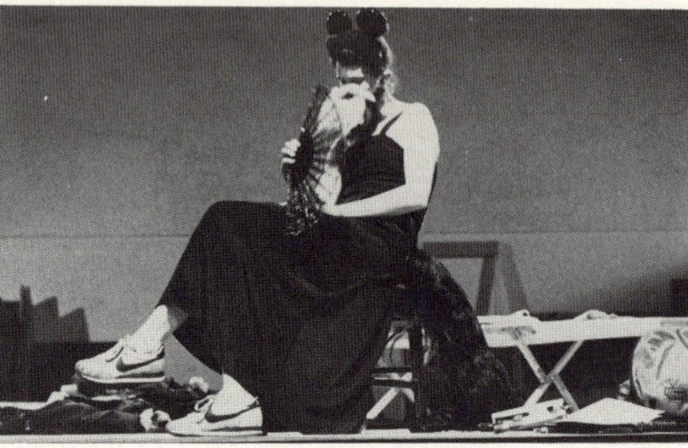

1983

18 Janvier – 5 février
Painting
Anne-Marie Cosgrove
Peinture et dessin

Marché de poissons
Ilana Isehayek
Sculpture

Nonie O'Neil Keitner
Gravure sur bois

22 janvier
Vera Frenkel
Discussion et présentation vidéo
Invitée par Prim et présentée à Powerhouse

2 février
Fran Davis et Mary Melfi
Lecture de poésie

20 février
Gertrude Stein's Gertrude Stein
Nancy Cole
Poésie

8 février – 26 février
Réflections/Mirrorings
Laura Burke, Karen Leigh Casselman, Chander Chopra-Parashar, Renate Deppe, Nancy Edell, Susan Gibson, Sheena Gourlay, Catherine Hale, Charlotte Wilson Hammond, Kathy Hooper, Sarah Jackson, Susanne Mackay, Anne C. Morrell, Barbara Sternberg et Hilda Woolnough
Conservatrice : Avis Lang Rosenberg
Exposition itinérante d'œuvres multi-média de femmes artistes des Maritimes, organisée par Art Gallery Mount St-Vincent University, Halifax. Avec catalogue.

Portraits de quelques amies âgées/Introducing Some Residents of St-Margaret's Home
Margaret Thomas
Photographie et photo-gravure

1er mars – 19 mars
The Home
Susan McEachern
Photographie et texte

Margaret White
Peinture

2 mars
Susan McEachern
Discussion et présentation de diapositives

9 mars
Artificial Intelligence,
Always in Space and Others
Pat Hearn
Présentation vidéo
Organisée en collaboration avec Articule

21 mars – 9 avril
Petits formats
Elise Bernatchez, Joyce Blair, Linda Covit, Francine Richard, Renée Van Halm et Annebet Zwartsenberg

Patterns
Ann Pearson
Photographie

12 avril – 30 avril
Dorothy Caldwell et Fran Dorsey
Exposition-échange avec la galerie Artspace de Peterborough, Ontario

Œuvres récentes
Stella Sasseville
Peinture

18 avril
Graffiti ou l'envie d'écrire grand
Susanne de Lotbinière-Harwood
Performance-poésie

1er mai – 8 mai
Huitième vente aux enchères
Activité de levée de fonds

5, 6 et 7 mai
Marshalore
Installation présentée par Powerhouse à la Plaza Alexis-Nihon

10 mai – 28 mai
Françoise Boulet
Dessin et sculpture

I Always Wanted to Be a Dancer
Ruth Secunda
Installation

On Sexuality
Nancy Johnson
Dessin

Repeat : 1983
Diane Poirier
Photographie et construction

21 mai
I Always Wanted to Be a Dancer
Ruth Secunda
Performance multi-média

26 mai – 27 mai
24 Postcards of Rage,
Part 1 : No Man's Land
Rina Fraticelli et Tanya Mars
Performance
Organisée en collaboration avec
Tangente, présentée à Tangente

31 mai – 18 juin
Understanding
Cynthia Short
Installation et sculpture

10ᵉ anniversaire
Documentation : 10 years
of Powerhouse, 1973-1983
Exposition de documents sur
l'histoire de Powerhouse

2 juin
Changing Scale
Silvy Panet-Raymond
Multi-média danse-performance
Organisée en collaboration avec
Tangente, présentée à Tangente

10 septembre – 1ᵉʳ octobre
Les réfugiés indochinois
et deux familles vietnamiennes
Claire Beaugrand-Champagne
Documentaire photographique commenté
par Paule Beaugrand-Champagne

8 octobre – 29 octobre
Pénélope Driving Through Happiness
Thérèse Chabot
Installation

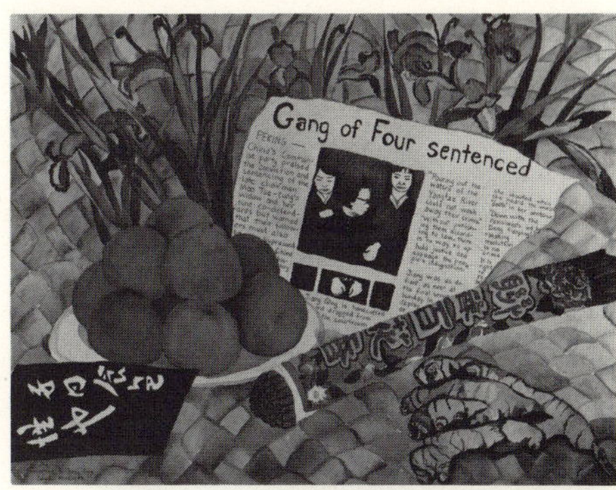

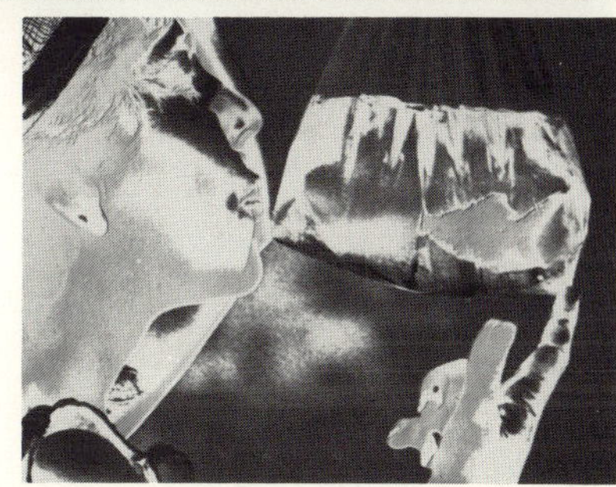

L'expression d'une intériorité de la forme évoquée
par des éléments relevant de son aspect extérieur
Sylvie Bouchard
Installation

4 novembre
Adventure or Revenge : Part II
Rose English
Performance

5 novembre – 26 novembre
Harriet Freifield
Peinture

Lebonese Tiles / Tuiles libanaises
Jamelie Hassan
Installation

6 novembre
Jamelie Hassan
Conférence avec diapositives,
présentée dans le cadre de *L'art qui parle*

3 décembre – 23 décembre
Mad Dogs and (English) Men
Lynne Fernie
Dessin, graphite, huile, pastel et texte

3 décembre
Repeat : 1983
Diane Poirier
Vidéo

8 décembre
Gail Scott
Lecture de textes

1981
Jamelie Hassan
Dedication to Jiang Qing

1983
Silvy Panet-Raymond
Changing Scales
photo: Denis Farley

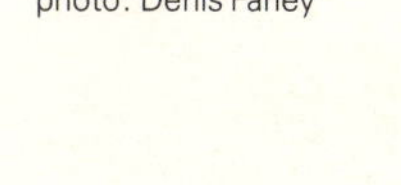

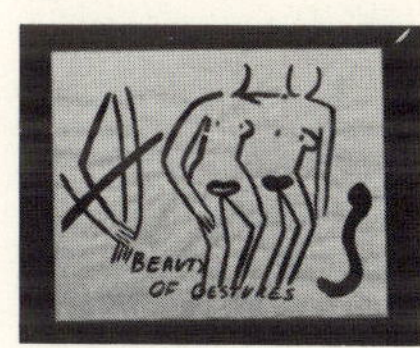

1983
Nancy Johnson
On Sexuality
photo: Kay Aubanel

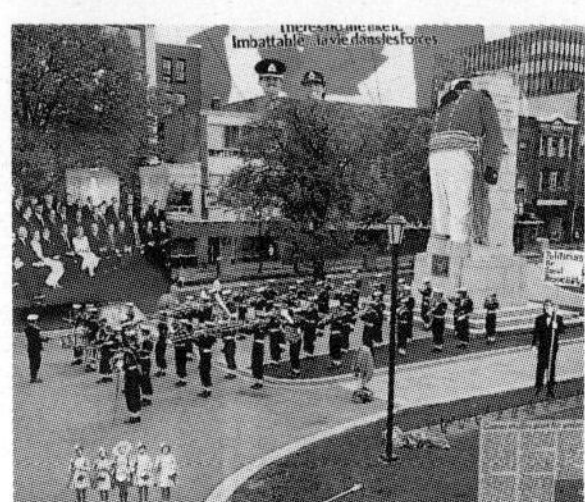

1984

21 janvier – 11 février

Le monde mis à rançon / The World At Ransom
Wiesia Pikula
Installation

La ruelle de la rue Milton : thèmes du paysage urbain : série #2 / The Milton Street Alleyway : Urban Landscape Themes : Series #2
Jill Livermore
Peinture sur papier

21 janvier

Wiesia Pikula
Conférence

18 février – 8 mars

Frontières parallèles / Parallels and Boundaries
Perry Bard, Diana Gubbay,
Wendy Knox-Leet, Bobbie Oliver,
Christianne Stathacos.
Exposition et série de conférences d'artistes
canadiennes vivant à New York, organisées
avec l'aide financière du Conseil
des Arts du Canada
Conservatrice : Ardele Lister

18 février

Ardele Lister
Conférence présentée dans le cadre
de *L'art qui parle*

11 mars

Neuvième vente aux enchères
Activité de levée de fonds

17 mars – 7 avril

Drawings and Paintings
Pauline Choi
Peinture et dessin

Parc Baldwin, été 1983
Céline Boucher
Peinture

21 mars – 22 mars

Vital Statistics de Martha Rosler
Pour qui tourne la roue ?
Présentation de vidéos féministes
Organisée en collaboration avec
le Groupe d'Intervention Vidéo (GIV)

28 mars

Un concert bénévole
Vidéo-clip et musique
Présenté au Spectrum de Montréal
Activité de levée de fonds

4 avril – 8 avril

Cinémama
Festival de films de femmes
et conférences
Présentés à la Cinémathèque québécoise
Coordonnatrice invitée : Susan Stewart

14 avril – 5 mai

Lynn Hughes
Peinture et dessin

13 mai

Micheline Lévesque et Louise Dupré
Lecture de poésie

12 mai – 2 juin

Face à face : auto-portraits
Une exposition d'une soixantaine
d'autoportraits de femmes et d'hommes
Conservatrice : Joss MacLennon

17 mai

Louise Desjardins et Elise Turcotte
Lecture de poésie

25 mai

Denise Desautels et Louise Cotnoir
Lecture de poésie

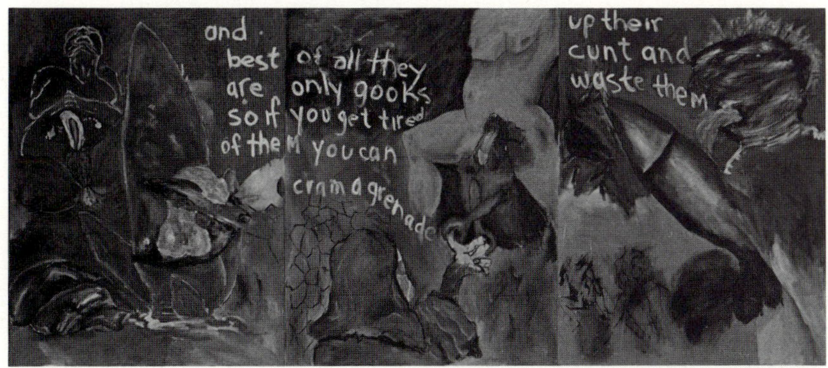

1984
Marilyn Burgess
There's Plenty of Loose Ass Over There Men

5 septembre – 22 septembre
Derrière le voile : image de l'Irlande ancienne/
Behind the Viel
Char Davies
Peinture

Lettre/Brief/Letter
Annebet Zwartsenberg
Installation multi-média

19 septembre
Derrière le voile/Behind the Veil
Margaret Westcott
Avant-première, présentation du film

29 septembre – 20 octobre
La dernière tragédie/A las cinco de la tarde,
de Marie-Jo Lafontaine (Belgique)

La vidéo, je m'en balance,
de Muriel Olesen (Suisse)
Installations vidéo
Présentées dans le cadre de Vidéo 84,
Rencontre Vidéo Internationale
de Montréal
Conservatrice : Andrée Duchaine

27 octobre – 17 novembre
Anti-Nuke/Anti-Nuke Show
Jerri Allyn, Robert Bean et
Barbara Lounder, Marilyn Burgess,
Judith Crawley, Lynne Fernie,
Sandra Gregson, Laura Hackett,
Edward Hillel, Dean Mitchell,
Carla Murray et Jane Northey,
Nancy Nicol, Michel Perron,
Catherine Pley et Ian Ross,
Robert Rayher, Jayce Salloum,
Peter Sandmark, Erosetta Stone,
Nell Tenhaaf, Carol Wainio,
Daniel Werger, Zach Winestine,
Peter Wintonick, Peter Wronski
et Kathleen Ann Yearwood
Œuvres multi-médias
Exposition itinérante présentée à
Powerhouse, Langage Plus, Centre for Art
Tapes, A Space, Plug-in, Open Space,
Western Front, Centre Eye et AKA

29 octobre
Centre d'information sur la protection civile/
Animation of the Installation
Daniel Werger
Conférence

31 octobre
Let Poland be Poland
Nancy Nicol
Vidéo
Présenté par Intervention Productions

1er novembre
Robert Rayher, Peter Sandmark,
Erosetta Stone, Zach Winestine,
Peter Wintinick et Peter Wronski
Présentation de vidéos et de films

11 novembre
Sisters of Survival
Jerri Allyn
Film

24 novembre – 15 décembre
Œuvres récentes
An Whitlock
Fil de lin et fil de fer

19 décembre – 22 décembre
À la carte
88 artistes
Vente de cartes de Noël.
Activité de levée de fonds

1984
Carol Wainio
The Moment
photo: S.L. Simpson Gallery

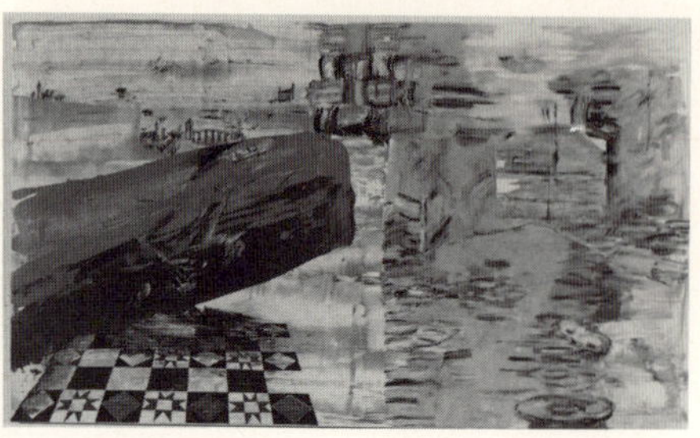

1985

1984-1985
Danielle Sauvé
La ville inversée
photo: Daniele Sauvé

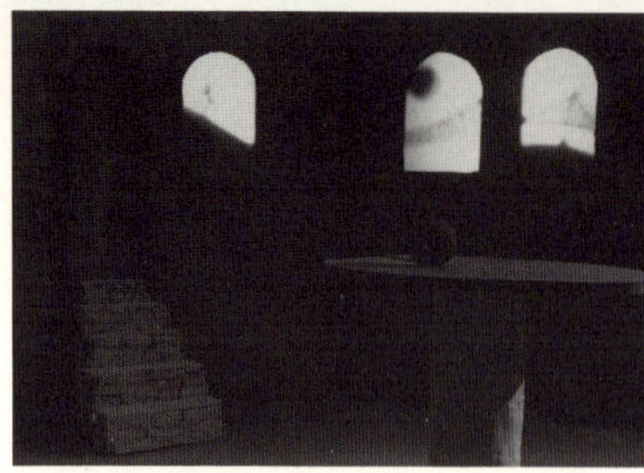

1985

Coordonnatrices : Francine Papineau et Johanne Desjardins 1985-1987.

1983
Nancy Spero
The Black and the Red
photo : David Reynolds

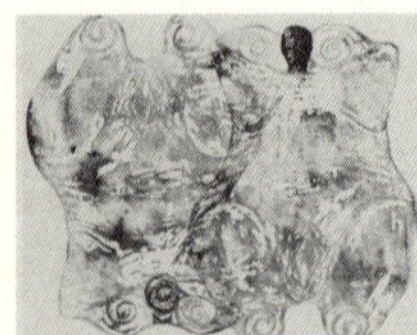

12 janvier – 2 février
Jeunes artistes québécoises
Anne Ardouin, Claire Beaulieu, Anne Côté, Marie-Claude Leclerc et Claire Savoie

9 février – 9 mars
Peintures
Carol Wainio
Peinture

Objets peints
Danielle Fillion
Techniques mixtes

13 février
Louky Bersianik
Lecture de poésie

20 février
Lise Bégin
Conférence avec diapositives, présentée dans le cadre de *L'art qui parle*

12 mars – 16 mars
Encan-mystère
Dixième vente aux enchères
73 artistes
Activité de levée de fonds

16 mars
Musique avec Ray Condo and the Hard Rock Goners
Présenté lors de l'*encan-mystère*

23 mars – 13 avril
Descent to Unknowing
Joyce Blair
Sculpture-installation

La ville inversée
Danielle Sauvé
Installation

20 avril – 18 mai
Site
Nancy Spero
Cette exposition est organisée avec l'aide financière du programme d'Aide aux expositions du Conseil des Arts du Canada, du Secrétariat d'État : programme promotion de la femme, et du Musée des beaux-arts de Montréal. Conjointement à cette exposition, la galerie publie la traduction par Susanne de Lotbinière-Harwood du texte "From Existence to Essence : Nancy Spero" de Donald B. Kuspit, publié dans *Art in America*.

20 avril
Permissivité et politique en art /
Permissivity and Politics in Art
Table-ronde avec Leon Golub, Jamelie Hassan, Jo-Anna Issak, John Scott, Nancy Spero et Lisa Steele
Modératrice : Reesa Greenberg
Organisée avec la participation de *L'art qui parle*, en collaboration avec Artexte et Articule

21 avril
Protagonists, Victims & Sexual Difference
Conférence de Nancy Spero présentée au Musée des beaux-arts de Montréal

25 mai – 15 juin
Charcot : deux concepts de nature
Nicole Jolicoeur
Dessin et livre d'artiste

Silence is a Monument
Nell Tenhaaf
Bas-relief, techniques mixtes

29 mai
Les belles infidèles : stratégies de traduction féministes
Susanne de Lotbinière-Harwood
Conférence

17 juin
Projet des ombres
Alan Gussow

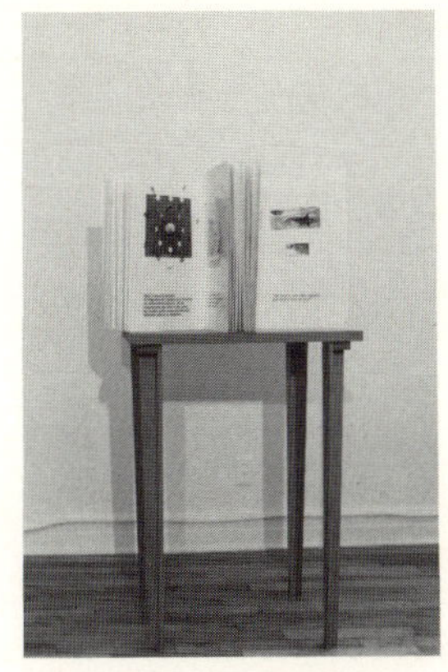

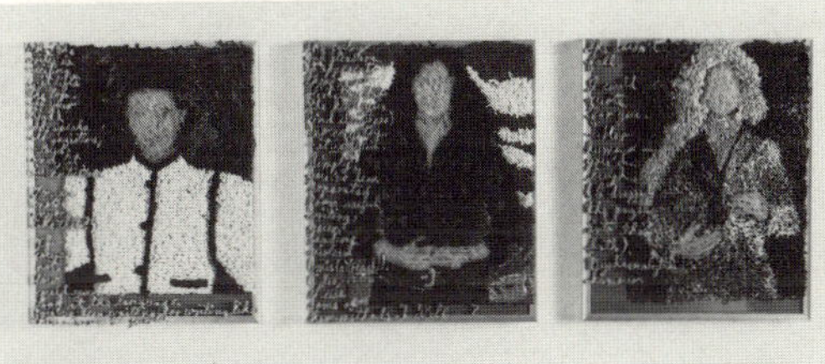

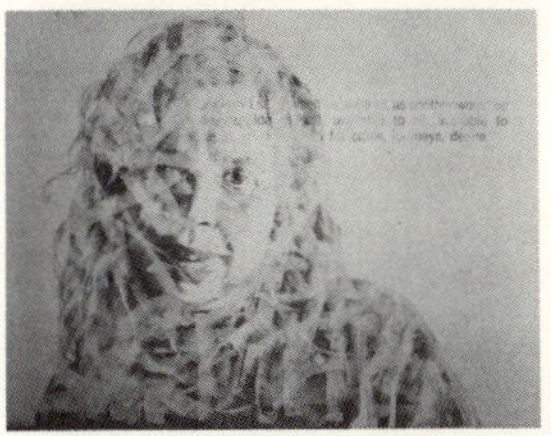

1985
Nicole Jolicœur
Charcot : deux concepts de nature
photo : Simon Levin

1983
Mary Scott
What she writes...
photo : John Dean

1986
Janice Gurney & Elizabeth Mackenzie
Study for Materia

1986

1986

La galerie devient membre du Regroupement des centres d'artistes autogérés du Québec (RCAAQ).

15 mars – 5 avril
*Les femmes du Québec dans les années 80 :
un portrait*
Louise Abbott, Marik Boudreau,
Claire Beaugrand-Champagne,
Alain Chagnon, Lyne Charlebois,
Ginette Clément, Lucia Contrino,
Denyse Coutu, Judith Crawley,
Louise Degrosbois, Suzanne Girard,
Sheila Greenberg, Linda Dawn Hamond,
Doreen Lindsay, Camille Maheux,
Suzanne Paquet, Ann Pearson,
Lynn Phaneuf, Charlotte Rosshandler,
Linda Rutenberg, Aubrey Schirmer,
Sylvia Spring et François Truchon
Photographie
Conservatrice : Annebet Zwartsenberg
Livre publié par les Éditions du
Remue-ménage

Requiem pour un rêve / Requiem for a Dream
Ola Van Schoonhoven
Assemblage

19, 26 mars et 3 avril
L'œil féminin
La femme et la photographie 1839–1986
Série de conférences :

19 mars
Gertrude Kaseibier, de Sheila Greenberg
Anna Atkins, de Doreen Lindsay
Julia Margaret Cameron, de Aneta Sperber

26 mars
Imogen Cunningham, de Ann Pearson
Florence Henry, Lucia Moholy-Nagy,
de Linda Rutenberg
Dorothea Lange, de Aneta Sperber

3 avril
Diane Arbus, de Louise Abbott
Postmodern Photography, de Cheryl Simon
Montreal Women Photographers,
de Cheryl Sourkes

20 mars
Micheline Lévesque
Lecture de textes de fiction

2 avril
*Limites ou stimulations idéologiques
et travail professionnel : fin de parcours*
Jacqueline Fry
Conférence dans le cadre de *L'art qui parle*

12 avril – 3 mai
Brouillage éventuel / Eventuel Blur
Carole Pilon
Installation

Dress for Georgia O'Keefe
Lyn Carter
Installation

10 mai – 31 mai
War Series
France Ferdinands-Forbes
Peinture

Helga Schlitter
Multi-médias

3 septembre – 20 septembre
Fantasmagorie
Diane Tremblay
Installation, avec la participation textuelle
de Micheline Lévesque

*Le théâtre se montrait sans être vu / The Theater
was Showing Itself Without Being Seen*
Mireille Perron
Installation

27 septembre – 18 octobre
Je, tu, elle
Janice Gurney, Elizabeth MacKenzie
et Arlene Stamp
Multi-médias

28 septembre
Janice Gurney, Elizabeth Mackenzie
et Arlene Stamp
Rencontre et discussion

25 octobre – 15 novembre
Mary Scott, Tableaux 1978–1985
Mary Scott
Exposition rétrospective et itinérante
organisée par la Dunlop Art Gallery
Conservateur : Peter White

26 octobre
Mary Scott
Conférence présentée dans
le cadre de *L'art qui parle*

22 novembre – 13 décembre
Perception / Paradoxe
Adrienne Trent
Installation

Transitions
Louise Abbott, Sheila Greenberg,
Ann Pearson, Charlotte Rosshandler,
Linda Rutenberg, Cheryl Sourkes
et Aneta Sperber
Photographie
Exposition des membres du groupe Oculus

18 décembre – 21 décembre
Onzième vente aux enchères
85 artistes
Activité de levée de fonds

1987

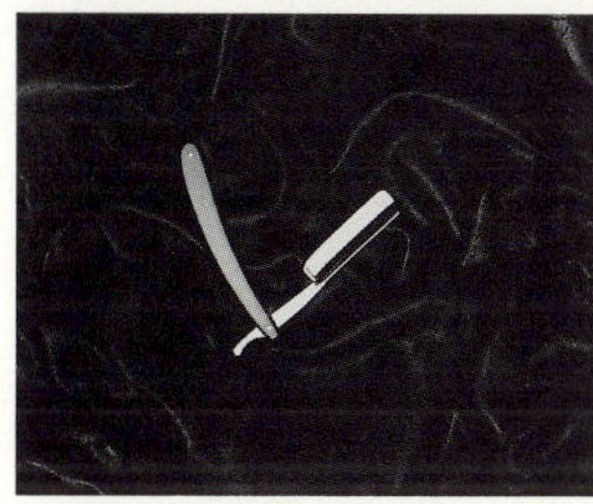

1987
Alison Rossiter
Black Leather Jacket Series
photo : Yvan Boulerice

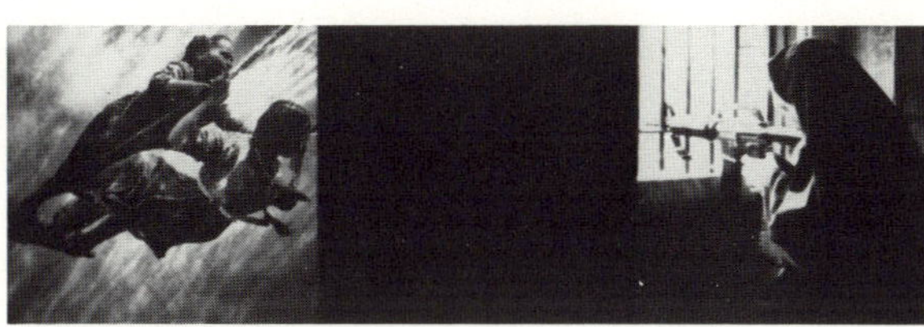

10 janvier – 31 janvier
Choir of Rattles
Carole Itter
Installation

Sacred Hearts
Sheila Hall
Panneau photographique
Ces deux expositions sont présentées dans
le cadre de l'exposition *Vancouver Now*
Conservatrice Manon Blanchette

7 février
Féministe toi-même, féministe quand même
Lancement du catalogue publié par
la Chambre Blanche sous la coordination
de Isabelle Bernier et Nicole Jolicoeur

7 février – 28 février
Texte/Image
May Chan, Cathy Daley et Doreen D. May
Peinture et dessin

Black Leather Jacket series
Alison Rossiter
Photographie

18 février
*If a Northwest Coast Indian Mask was
an Art Object to the Modernist, what is it
to Postmodernist*
Charlotte Townsend-Gault
Conférence présentée dans le cadre
de *L'art qui parle*

7 mars – 28 mars
*Guatémala : Le chemin de la guerre/
The Road of War*
Freda Guttman
Installation multi-média

*Le projet reconstruction/
The Reconstruction Project*
Emma Amos, Frances Buschke,
Camille Billops, Josely Carvalho,
Catherine Correa, Christine Costan,
Colleen Cutschall, Sharon Gilbert,
Kathy Grove, Marina Gutiérrez,
Virginia Jaramille Kasuko, Helen Oji,
Catalina Parra, Linda Peer, Liliana
Porter, Jane Quick-to-see Smith,
Nancy Spero et Holly Zox
Multi-médias
Cette exposition fait partie d'un projet
culturel de solidarité Guatémala.
Conservatrice : Sabra Moore

7 mars
Freda Guttman et Sabra Moore
Conférence

4 avril
Tirage/Drawing
Tirage de trois œuvres : Mireille Perron,
Astri Reusch et Nancy Spero
Activité de levée de fonds

4 avril – 25 avril
Dessins et constructions en bois
Anne Ardouin
Dessin et construction

Sculptures-objets au mur et au sol
Lucie Robert
Sculpture

Constructions au plancher
Joan Rzadkiewicz
Sculpture

Dictionnary Series
Laurel Woodcock
Photographie

1987

Les expositions de Georgiana
Chappell et de Lisa Keedwell,
présentées du 2 au 23 mai,
rendent hommage à la
galerie; elles sont les
dernières présentées au 3738
rue St-Dominique.
En juillet, la galerie
déménage au 4060 Boul.
St-Laurent, suite 205, dans un
espace d'une superficie de
1600 pi.ca.. *Québec en région*,
présentée du 5 au 27
septembre, marque
l'ouverture de ce nouvel
espace.
En septembre, à la première
assemblée générale de la
saison, par un souci de
francisation, l'appellation
Powerhouse devient Galerie
Powerhouse.
Coordonnatrices : Marie
Fraser et Noreen Gobeille
1987-1989.

1987
Freda Guttman
Guatemala ! The Road of War
photo : Justin Wonnacott

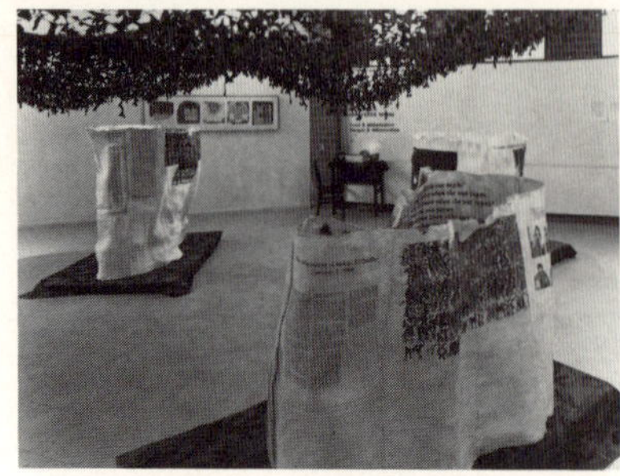

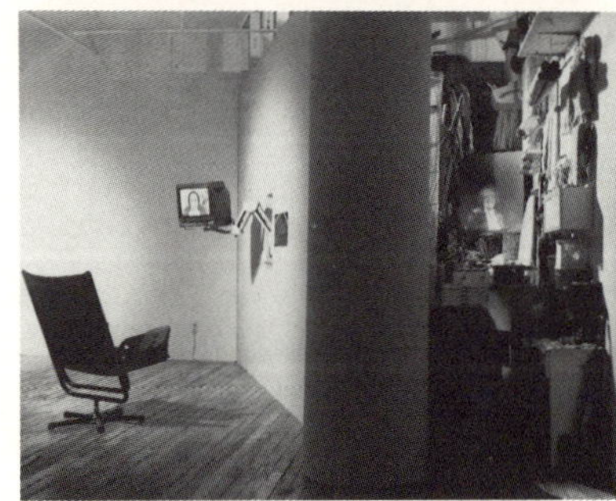

2 mai – 23 mai
Voyons voir / Looking into it
Georgiana Chappell
Installation *in situ*

Persona / Anima
Lisa Keedwell
Sculpture

5 mai
Georgiana Chappell
Conférence présentée dans
le cadre de *L'art qui parle*

5 septembre – 27 septembre
Québec en région
Diane Génier, Pamela Landry
et Carla Whiteside
Exposition présentée dans le cadre de
Québec en région, organisée par le
regroupement des centres d'artistes du
Québec, Artexte, Articule, Dazibao, Skol,
Oboro, Optica et Powerhouse
Coordination : Bernard Bilodeau
et Marie Perrault

3 octobre – 24 octobre
Consanguinity / Polarity
Annalee Koehn
Installation
L'exposition de cette artiste américaine
a été rendue possible grâce à une
subvention du Conseil des Arts du Canada,
programme Artistes étrangers invités.

7 octobre
Annalee Koehn
Conférence

24 novembre
Art Across Culture
Lucy Lippard
Conférence et présentation
de Reesa Greenberg
Organisée en collaboration avec
l'Université Concordia et Dazibao

1987
Corrine Corry
The Palace of the Queen
photo : Mark Ruwedel

31 octobre – 21 novembre
Pour les fous et les sages
Suzanne Gauthier
Photographie, multi-média

Espaces entrelacés
Char Davies
Peinture

28 novembre – 19 décembre
Vignettes / Short Stories
Cherie Moses
Peinture

The Palace of the Queen
Corrine Corry
Installation vidéo

28 novembre
Cherie Moses
Conférence présentée dans
le cadre de *L'art qui parle*

3 décembre
Corrine Corry
Conférence et présentation vidéo

1988

9 janvier – 31 janvier
Œuvres récentes / Recent Works
Laurie Walker
Sculpture

De 12hrs, le 6 février, à 12hrs, le 7 février
Untitled
Angelika Festa
Performance
Cet événement est présenté grâce
à l'aide financière du Conseil des
Arts du Canada.

10 février – 21 février
Effets personnels
Céline Boucher, Gail Bourgeois,
Laura Cyr, Noreen Gobeille,
Sheila Greenberg, Nancy Hatch,
Karen Hill, Renée Lavaillante,
Susan Lee, Janet Logan, Moy Mah,
Ashley Miller, Pauline Morier,
Josée Pellerin, Marie Perrault
(texte du communiqué de presse),
Lucie Robert, Johanne Roy,
Kathleen Smith, Dyana Werden,
Laurel Woodcock et Kitty Scott
Exposition des membres de
la Galerie Powerhouse

28 février
Douzième vente aux enchères
83 artistes
Activité de levée de fonds

5 mars – 27 mars
Le visage des choses
Ginette Legaré
Multi-média

Dessins / Drawings
Ashley Miller
Dessin

2 avril – 24 avril
The Venus Grail
Cynthia Jennifer Smith
Photographie

Anne Ballester
Photographie

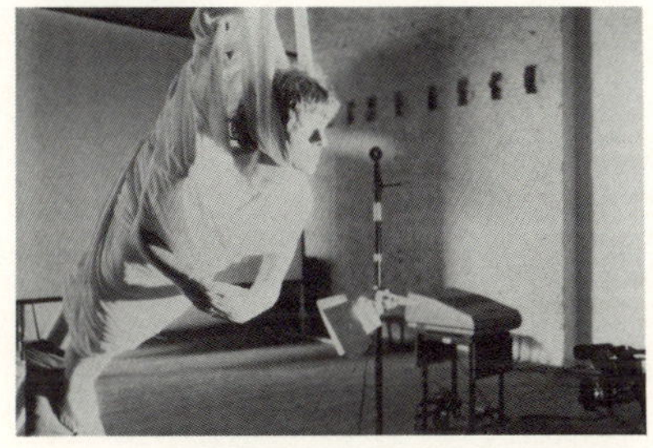

1988
Angelika Festa
Untitled Dance with Fish and Others
photo : Hubert Hohn

1988

En juin, l'espace de la Galerie
Powerhouse agrandit à 2000
pi.ca..

21 avril
La vidéo via l'espace féminin :
Pure Virtue, de Tanya Mars
Madame Salomé, de Ewa Turska
Présentation de vidéos
et conférence des artistes.
Organisées en collaboration avec
le Vidéographe et subventionnées par
le Conseil des Arts du Canada
Conservatrices : Marie Fraser
et Lise Lachapelle

23 avril
*Images of War and Conflict
in the Visual Arts*
Sheila Butler
Conférence présentée dans
le cadre de *L'art qui parle*

30 avril – 22 mai
*There is no Other Way to Say This;
a Work about Guatemala*
Wilma Needman
Installation

Cuarto de los recuerdos
Amanda Hale et Lynn Hutchinson
Installation
Conférence et discussion le jour
du vernissage

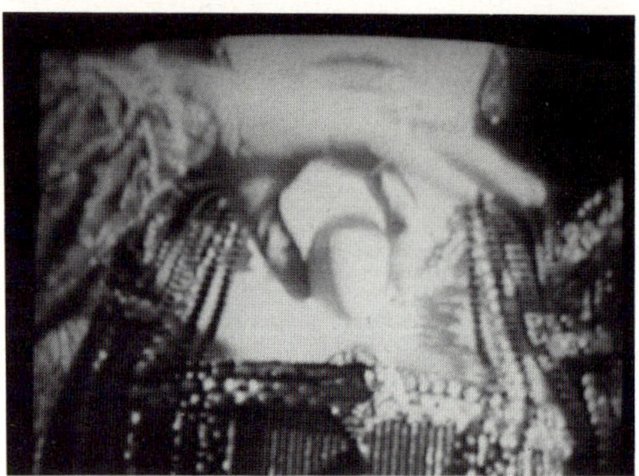

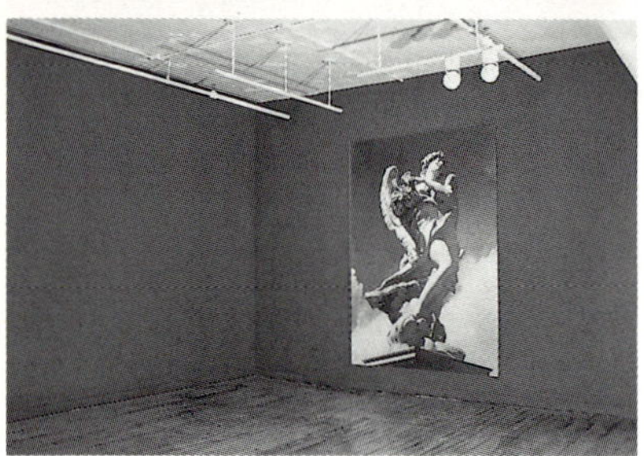

1985
Tanya Mars
Pure Virtue
photo : Joanna Kotkowska

1987
Christine Davis
Cleave
photo : Yvan Boulerice

5 mai
Enriqué Torrés
Conférence et présentation du film :
When the mountains tremble
Organisées par le comité d'appui
au peuple du Guatémala

9 mai
Roberto Goday
Diaporama sur le Guatémala
Organisé par le comité d'appui
au peuple du Guatémala

11 mai
Under the gun
Pat Gutuis
Présentation du film
Organisé par le comité d'appui
au peuple du Guatémala

19 mai
Peter Golden
Diaporama sur le Guatémala
Organisé par le comité d'appui
au peuple du Guatémala

3 septembre – 25 septembre
Cleave
Christine Davis
Installation

25 septembre
Christine Davis
Café-rencontre

1 octobre – 23 octobre
*Screen, Searching Black Miners for
Hidden Diamonds, The Surface of Behavior*
Janice Gurney
Peinture et techniques mixtes

Colette Whiten
Techniques mixtes

29 octobre – 20 novembre
The Environmental Unconscious
Cheryl Sourkes
Photographie

2 novembre
Anne Dandurand et Lola Lemire Tostevin
Soirée littéraire (fiction)

16 novembre
Jane Brierly et Elizabeth Vonarburg
Soirée littéraire (traduction)

30 novembre
Louise Dupré et Marlene Nourbese Philip
Soirée littéraire (poésie)

26 novembre – 18 décembre
Interim Part 1 : Corpus
Mary Kelly
Techniques mixtes

9 décembre
Mary Kelly
Conférence présentée
à l'Université Concordia
Organisée par le comité permanent
du Statut de la femme de l'Université
Concordia

1985
Mary Kelly
Interim Part 1 : Corpus
photo : Daniel Roussel

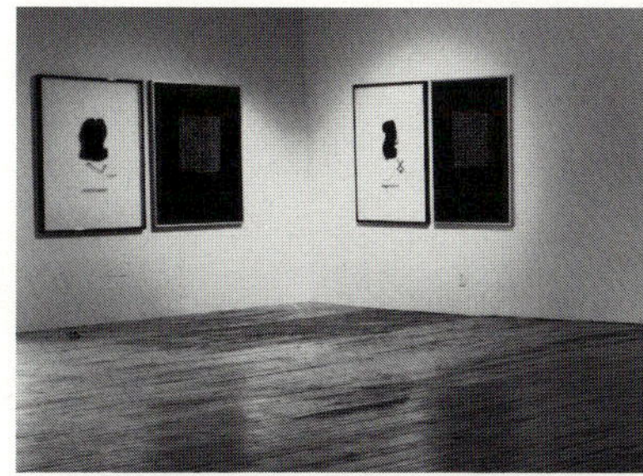

1989

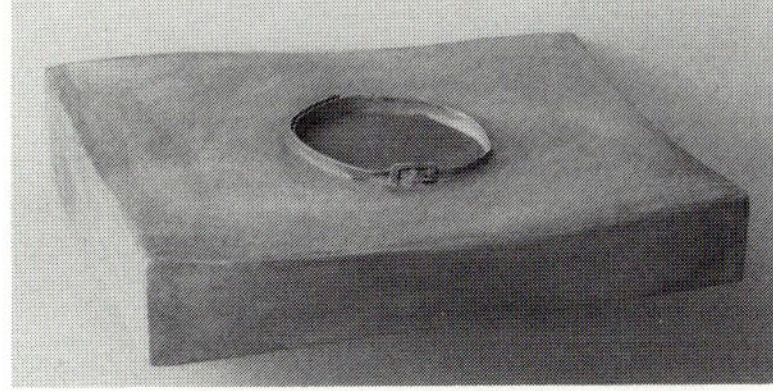

1988
Céline Surprenant
Sans titre
photo : David Bate

14 janvier – 5 février
La pudeur
Céline Surprenant
Sculpture-installation

11 février – 5 mars
Rassemblements
Michel Assal, Hélène Godbout
et Joan Rzadkiewicz
Sculpture

9 février
*40 ans de correspondances inédites
de Djuna Barnes à Natalie Barney*
Michèle Causse
Conférence

12 mars
Treizième vente aux enchères
62 artistes
Activité de levée de fonds

18 mars – 9 avril
Objectives
Lorraine Oades
Installation et photographie

Œuvres récentes / Recent Works
Karen Spencer
Peinture

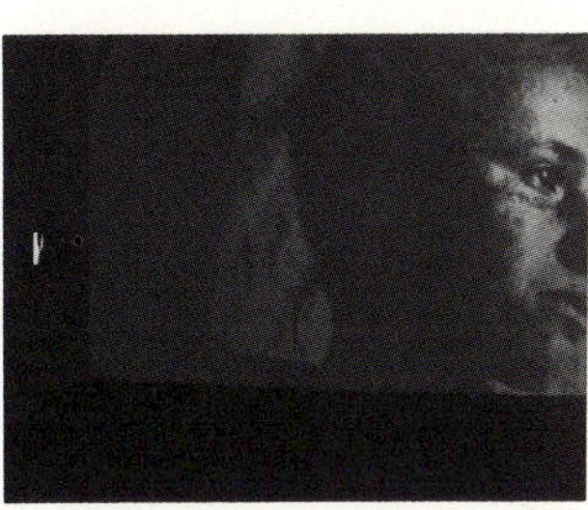

1989
Marysia Lewandowska
*Caisson lumineux et la
projection photographique*

13 avril
T.W.V. Tel , de Amelia Productions
Paradoxial Puzzle, de Marion Barling
Lee à Two Rivers, de Nicole Benoit
Losing : A conversation with the Parents,
de Martha Rosler
1932, de Susan Rynard
Mother of Waters, de Elisa Tesser
The Journey, de Ruby Truly et
The Paris Commune, de Women in Focus
Présentation vidéo et conférence
dans le cadre de *L'art qui parle*
Conservatrices : Margot Butler et Zainud
Vergee de Women in Focus à Vancouver

15 avril – 7 mai
Leslie Sampson
Techniques mixtes

Femmes 1989
Line Blouin
Photographie

Sandra Bleue
Techniques mixtes

13 mai – 4 juin
Living on the Edge
Sheila Ayearst
Peinture

*Caisson lumineux et la projection
photographique*
Marysia Lewandowska
Installation

10 juin – 2 juillet
Susurration
Gail Bourgeois
Installation

13 Men or Penelope in the Boardroom
Ruth Scheuing
Techniques mixtes

18 juin
Gail Bourgeois
Café-rencontre

5 septembre
Letizia Battaglia
Rencontre et discussion
Présentées en collaboration
avec le *Mois de la Photo à Montréal*

1989

Cette année marque le 16e anniversaire de la Galerie Powerhouse. Cet événement est souligné par diverses activités spéciales qui se sont déroulées à partir de septembre et qui ont bénéficié de l'appui financier d'Emploi et Immigration Canada, du Conseil des Arts du Canada, du ministère des Communications Canada, du ministère des Affaires culturelles du Québec et du Conseil des arts de la communauté urbaine de Montréal.
En juin, la Galerie Powerhouse effectue des changements importants dans sa structure avec la formation de deux nouveaux comités permanents : celui des membres et un comité multidisciplinaire. Les assemblées générales ont maintenant lieu quatre fois par année.
Coordonnatrices : Carole Brouillette et Suzanne Paquet
1989-

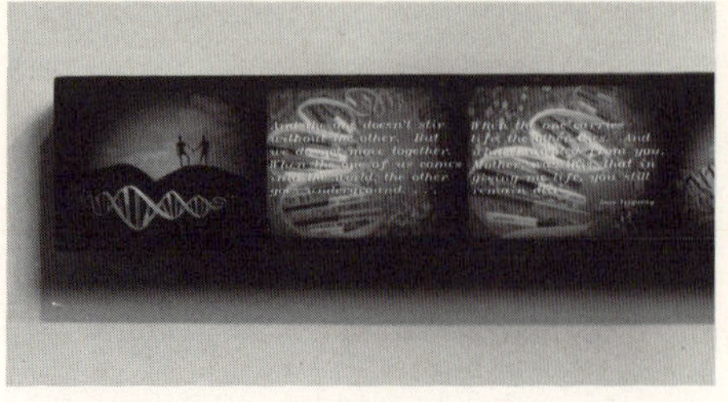

1989
Nell Tenhaaf
Species Life
photo : Denis Farley

6 septembre – 24 septembre
Barbara Spohr
Photographie
Exposition présentée dans
le cadre du *Mois de la Photo à Montréal*
Conservatrice : Martha Langford

28 septembre
Geneviève Letarte accompagnée
de Michel F. Côté
Performance
Présentée dans le cadre des
événements de musique et de
performance organisés pour célébrer
le 16ᵉ anniversaire de la galerie

29 septembre
Musique ambulante
Elaine Frigon

Le pays des ombres
Pascale Trudel
Présentées dans le cadre
des événements de musique et
de performance organisés pour célébrer
le 16ᵉ anniversaire de la galerie

30 septembre
Hahlala
Nitroglycérine
Présenté dans le cadre
des événements de musique et
de performance organisés pour célébrer
le 16ᵉ anniversaire de la galerie

5 octobre
Banquet 16ᵉ anniversaire
Coordonnatrice : Raymonde Jodoin

7 octobre – 29 octobre
Portrait d'une galerie / Galerie de portraits
Installation vidéo présentant 145 artistes
Coordination et réalisation :
Corrine Corry et Lisa Krupka
Exposition présentée dans le cadre
du 16ᵉ anniversaire de la galerie, grâce
à la contribution de plusieurs individus,
organismes et centres d'artistes au Canada

4 novembre – 26 novembre
Légitimation :
*Vitrine 448 : Le Cabinet du Docteur
Lévi-Strauss*, de Jamelie Hassan
Scent, de Anne Ramsden
Species Life, de Nell Tenhaaf
Conservatrice : Renee Baert
Exposition itinérante avec catalogue
organisée par la Galerie Powerhouse et
présentée à Contemporary Art Gallery
(Vancouver), Nickle Art Gallery (Calgary),
London Regional Art Gallery (London) et la
galerie Vu (Québec). Ce projet a bénéficié
de l'aide financière du Conseil des Arts du
Canada.

16 novembre
Le premier roman/First Novels :
Mona's Dance, de Ann Diamond
Tableaux d'Aurélie, de Louise Warren
Soirée littéraire

30 novembre
La traduction
Lise Gauvin : *Lettres d'une autre*
Susanne de Lotbinière Hartwood
(traductrice)
Soirée littéraire

2 décembre – 14 janvier
Métro d'Art
Michèle Assal (Jean-Talon), Céline Baird
(Lionel-Groulx), Carole Beaulieu
(Snowdon), Loly Darcel (Sherbrooke),
Marie Fraser (Laurier), Christina Horeau
(Jean-Talon), Raymonde Jodoin (Crémazie),
Khadejha (Sherbrooke), Renée Lavaillante
(Snowdon), Josée Pellerin (Lionel-Groulx),
Kitty Scott et Laurel Woodcock
(Lucien-L'Allier)
Œuvres présentées dans le métro
de Montréal
Coordination : Noreen Gobeille
et Renée Lavaillante
Événement présenté dans le cadre
du 16ᵉ anniversaire de la galerie,
organisé en collaboration avec la STCUM

2 décembre – 17 décembre
*Féminismes et représentations :
ce discours qui n'en est pas un*
(première partie)
Marilyn Burgess, Christine Carson,
Isabelle Roy et Anne Thibault
Conservatrice : Sheena Gourlay

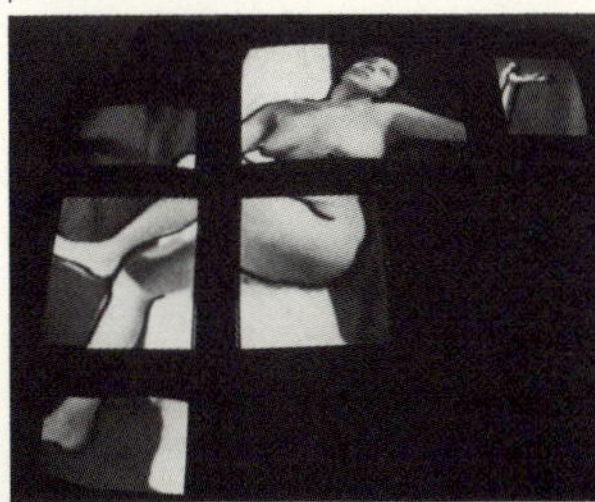

1990
Joanna Kotkowska
Au doigt et à l'œil
photo : Joanna Kotkowska

1990

6 janvier – 21 janvier
Féminismes et représentations : ce discours qui n'en est pas un (deuxième partie)
Isabelle Bernier, Suzanne Cloutier
et Diane Robertson
Conservatrice : Sheena Gourlay

18 janvier
Breathing Space
Anastasia Kaunda
Lecture présentée dans le cadre de
l'exposition *Féminismes et représentations :
ce discours qui n'en est pas un*

27 janvier – 18 février
Double vision / Twin Lives
Catherine Collins
Peinture

*Sinus pudoris, le voile de la honte /
Curtain of Shame*
Barbara McGill Balfour
Installation

15 février
Rebecca Belmore et Charlotte Childs
Conférence présentée dans le cadre
de *L'art qui parle*

24 février – 18 mars
Portraits élémentaires : feu, eau, terre, air
Claire Beaulieu
Peinture installation

25 mars
Quatorzième vente aux enchères
59 artistes
Activité de levée de fonds

27 mars
À posteriori
Les femmes et la photographie, 1839-1989
Un projet de cartes postales
du groupe Oculus
Rencontre-projection

4 avril – 22 avril
Prise de courants
Susan Balz, Gail Bourgeois,
Corrine Corry, Marie-Luce Forget,
Raymonde Jodoin, Nicole Joron,
Renée Lavaillante, Janet Logan,
Annie Martin, Louise McKissiek,
Lorna Mulligan, Marie Pedneault,
Josée Pellerin et Dyana Werden
Exposition des membres de la galerie

24 avril
Kim
Soirée littéraire

26 avril
Magda Mujica
Conférence présentée dans le cadre
de *L'art qui parle*

28 avril – 20 mai
Comme des îles
Josée Bernard
Installation multi-médias

L'enveloppe des choses
Lucie Robert
Sculpture-objet

20 mai
Josée Bernard et Lucie Robert
Café-rencontre

22 mai
Michelle Allen et Diane Cardinal
Soirée littéraire

24 mai
Table-ronde présentée dans le cadre
du 6ᵉ Festival International des Films
et Vidéo de Femmes avec : Jeanne Crépeau,
Loly Darcel, Sigrun Hardardottir,
Joanna Kotkowska et Margaret Raspé
Animatrice : Anne Golden
Organisée en collaboration avec Cinéma
femmes et le Goethe Institut de Montréal

30 mai – 17 juin
Déconfiture, de Jeanne Crépeau
Painted Conversation, de Sigrun Hardardottir
Vidéomiel, de Margaret Raspé
Installations vidéos présentées
à la galerie Powerhouse
Un bruit lointain, faible encore,
de Loly Darcel
Au doigt et à l'œil, de Joanna Kotkowska
Installations vidéos présentées au
Goethe Institut
Ces expositions sont présentées dans le
cadre du 6ᵉ Festival International des Films
et Vidéo de Femmes en collaboration avec
le Goethe Institut de Montréal.

12 juin
Bianca Côté
Soirée littéraire

1990

À l'assemblée générale
annuelle tenue en juin, la
Galerie Powerhouse devient
La Centrale.

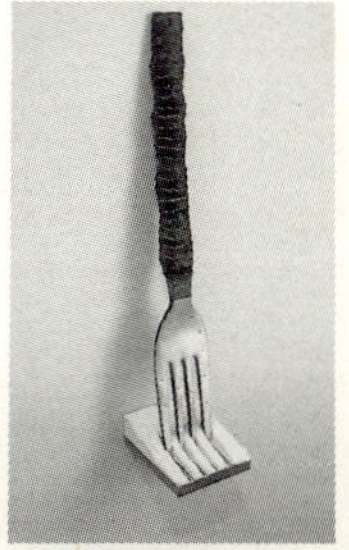

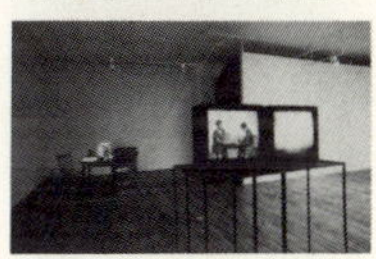

1990
Lucie Robert
Sans titre
photo : Daniel Roussel

1990
Jeanne Crépeau
Déconfiture
photo : Denis Farley

TRADUCTIONS | TRANSLATIONS

Christine Ross

Feminism and the Instability of its Subject

The body as a site of labour (*œuvre*) and its videographic labouring (*mise en œuvre*) within and through the aegis of the landscape: such is the stop-and-start tension of *Corps d'œuvres* (1988) by Chantal DuPont, a video of a performance by Lynda Gaudreau. From the initial sequences, the industrial images dissolve amidst images of a deserted landscape; nature is thus immediately designated as memory, as a site which inexorably preserves traces of the city. These dissolutions are developed into a *body-to-come*: the photographically fixed industrial image is gradually superimposed onto the landscape (the photo-industrial association is certainly not fortuitous in that these notions are both carriers of a certain morbidity). It is at this moment that the body appears… semi-transparent – allowing the landscape to pass through it – bounding, on a slight incline, in slow motion. Following the second dissolution, the body is illuminated to white as if x-rayed, an extension of the morbid effect of the photographic. The way the body leaps reinforces this effect. While it presents itself as an innocent, almost child-like dance, it gradually begins to read as a mechanical movement from high to low, much like the rhythm of a pick as it labours and colonizes the soil. This reading is enforced by the metallic sounds and the gesture of the hand that mimes that of bearing the tool.

Like the landscape passing through it, the body is equally memory. In five instances, pictorial bodies from paintings

An artificial or living system is defined as **AUTO-ORGANIZATIONAL** when its behavior appears to be unforeseen and when an element of **CHANCE** seems to be at play. The observer acknowledges his/her inability to describe the system, to explain the course of its successive events, to measure the unpredictability of its behavior. It is **AS IF** (from the observer's point of view) the system had become complex by itself in a totally arbitrary manner.[1] Chance, *noise* and uncertainty therefore become apt descriptions of our knowledge; these are theoretical notions which allow us to explain the behaviour and transformation of a system which to us (and not to the system capable of integrating them into its structure) seem incoherent and unpredictable, having no relation whatsoever to the system.[2]

Contradiction, inversion, uncertainty, incompleteness, disorder, instability and destabilization are terms which form integral parts of **COMPLEX THOUGHT**.

As the bio-physician Henri Atlan has pointed out, the unpredictability of behaviour is higher in natural systems, which are in constant interaction with the eco-environment, than in artificial systems, programmed to produce events according to their own interior codes.[3] The complexity of a system (Georges Klir: "there is no complexity of objects; only complexity of systems emitted by objects"[4]) is proportional to the quantity of data necessary to describe the system; our **CAPACITY TO DESCRIBE** tends to diminish by Piero della Francesca and Caravaggio emerge from within, like surfacing mental images, while the dancer's silhouette assumes that of a pictorial body. The body is thus portrayed in its discursive determination as a representational effect. The first Piero della Francesa is *inundated* with light and gradually becomes petrified, recalling the industrial images and the x-rayed body shown previously. Thus representation does not escape the *medusa effect* of industrial technology.

Further on, Henri Rousseau's oneiric and luxuriant landscapes entirely replace the desert landscape. This constitutes a life-and-death opposition, but it also functions as a pretext for a tale. Certain painted elements (flowers, foliage, a wolf, a tiger) are introduced into an arid natural setting while a struggle looms between the wolf and the tiger, locked into a combat for survival. The former eventually defeats the latter, like the city defeats nature or the ecosystem defeats the body. When the body next surfaces, it is in a state of complete disorganization, structurally modifying itself, while its limits are dissolved in the landscape moving through the body and through which it moves. What is manifest here is the permeability of the corporal surface where exterior and interior are interchangeable. The body, in a process of *unbeing*, fuses with the ruined landscape which re-embodies it, finding in nature its own image and adhering to its own reflection. This body to body relationship with death implies the loss of Rousseau's ideal and suggests that subjective memory lacks the alternity to oppose the environment. Disorganization occurs through a veiling, an enshrouding of the body. Through a series of incrustations and superimpositions, the body is portrayed as rolling on itself, first in an upright position and then flat out on the ground. The almost

with an increase in the number of elements at play and the variety of their interactions. Furthermore, this complexity is proportional to the quantity of data required to resolve the uncertainty and unpredictability of a system; behaviour can not be **ANALYSED** in a sufficiently **ELEMENTARY** fashion to predict results.[5] The impossibility of apprehending the multitude of elements that form a system presupposes that the former, comprised of chance reactions and encounters, is prepared for more non-linear interactions which could **DESTROY** it or make it even more **COMPLEX**. Chance factors can therefore cause either the **DISORGANIZATION** or **REORGANIZATION** of a system and, when the living machine reacts creatively to the noise (an unknown factor), it becomes disorganized only to reorganize itself, thus augmenting its complexity (and also diminishing its redundancy). Henri Atlan defines noise as a distortion which occurs at the level of the transmission of messages: for the observer of the system this noise consists of an **ERROR**, but when the system integrates it,[6] it loses this erroneous quality. The primordial property of auto-organizational systems lies in their capacity to use noise and transform it into an organizational factor. The auto-organizational system can therefore, in exactly the same way as an ecosystem, **PRODUCE AN UNCERTAINTY** and modify its properties. According to Edgar Morin's hypothesis, this production occurs either at a synchronic or diachronic level.[7] With the former, the **PHENOMENAL** part of a system modifies itself if it produces genetically programmed, effective (programmed but also virtual behaviour made actual by exterior stimulation) or learned events. An example is the brain, which is nourished by its **COMPUTATIONAL** activity, by the processing of external and internal data. On the diachronic level, it is the **GENERA-**

complete veiling of the body, both by fabric and by superimposed images conceals and distances the *(im)propre* of the female body, as one would hide a plague or Aids victim in order to instill the shame of the flesh that incarnates the misery of the world. The body rolls itself in this landscape of sand, constantly entwined, marked and stigmatized by it, as by a rape, which completes the work of colonizing the body.

The only witness to this scene is a red-painted bird... a sort of anachronistic residue.

TIVE mechanism which is affected; what we witness here is a **MUTATION** of a system by the creation of novel properties which modify the system's fundamental structure.

■ ■ ■

The complexity of the subject and its interactions with the environment cannot be measured, deducted or anticipated. The body is at work, but so is the eco-system; theirs is a fragile exchange whose outcome cannot be predicted. It will either lead to the subject's destruction or to a more complex state. The question thus reads: How does one account for it?

The notion of *a* feminist standpoint that is truer than previous (male) ones seems to rest upon many problematic and unexamined assumptions. These include an optimistic belief that people act rationally in their own interests and that reality has a structure that perfect reason (once perfected) can discover... Furthermore, the notion of such a standpoint also assumes that the oppressed are not in fundamental ways damaged by their social experience. On the contrary, this position assumes that the oppressed have a privileged (and not just different) relation to and ability to comprehend a reality that is *out there* waiting for our representation. It also presupposes gendered social relations in which there is a category of beings who are fundamentally like each other by virtue of their sex – that is, it assumes that women, unlike men, can be free of determination from their own participation in relations of domination such as those rooted in the social relations of race, class, or homophobia. I believe, on the contrary, that there is no force or reality *outside* our social relations and activity (e.g., history, reason, progress, science, some transcendental essence) that will rescue us from partiality and differences. Our lives and alliances belong with those who seek to further decenter the world... Feminist theories, like other forms of postmodernism, should encourage us to tolerate and interpret ambivalence, ambiguity, and multiplicity as well as to expose the roots of our needs for imposing order and structure no matter how arbitrary and oppressive these needs may be. If we do our work well, *reality* will appear even more unstable, complex, and disorderly than it does now.[8]

Jane Flax defines what, in my opinion, is the difficulty of feminist theory; this applies to any theory because there is necessarily an inherent desire for a knowledge of the Real. This tendency is problematic because of the constant risk of reducing the complexity of the subject and of veiling, by the conviction that it possesses **THE** privileged point of view, the fact that there is always another which escapes nomenclature. This is also the case within the feminist framework of sexual difference. Teresa de Lauretis maintains that whether this difference is designated in biological or in discursive terms (as being constructed by the entirety of signifying practices of a given society) sexual difference consolidates what has already been established by the patriarchal framework of conceptual opposition which prevents one from thinking otherwise about sex:

> The problem is… that most of available theories… are bound by the heterosexual contract, narratives which persistently tend to re-produce themselves in feminist theories… which is why the critique of all discourses concerning gender, including those produced or promoted as feminist, continues to be as vital a part of feminism as the ongoing effort to create a new space of discourse, to rewrite cultural narrative, and to define the terms of another perspective – a view from *elsewhere*.[9]

The *elsewhere* of the point of view de Lauretis proposes is the inscription of feminist theory in a dynamic of stabilization and destabilization of desire which could approach the subject at the very heart of its complexity, taking into account chance, uncertainty, incompleteness, disorder and the multi-dimensional disorganization-reorganization of its behaviour in terms of the environment. This elsewhere, produced by women and by feminists, is described by de Lauretis as a fold, a blindspot, an interstice and as a space which has not been represented or articulated in the dominant discourses.[10] There can be no confusion – this elsewhere is not the site of the Real which has been finally rediscovered, neither is it a non-symbolic space located beyond discourse; rather its site is that which representation leaves out. As such, the elsewhere is the subject *engendered* by feminism, a social and discursive space which takes into account the level of subjectivity and the representation of the self, which fissures the space of the official discourses that constitute the subject in its sexual, socio-economic, racial, ethnic or any other differences.[11]

■ ■ ■

The interpenetration of the reflection and the blur, this process which we find in recent work by women artists, is not without the possibility of the *(im)propre*, to paraphrase Kristeva: it is a process according to which the limit that assures and inscribes difference augments in fluidity, incites distancing and initiates the interstice. Instituting reflection and at the same time keeping it slightly at a distance… does not entail a denial or condemnation of the reflection, but rather (and on the contrary) makes it fully functional, of accepting its inevitability in the constitution of the subject, while inscribing it with a subjective mobility and temporality I can only qualify as mnemonic.

I am referring in particular to Geneviève Cadieux's installation, *Trou de mémoire, la beauté inattendue* (1988) composed of a colour photograph of a scar, reproduced on a very large scale and flanked on one edge by a mirror placed at an angle, advancing into space. The hirsuteness and skin indicate that it is in fact a body, but its quality as surface, derived from the flat presentation and large-scale framing, prevents an exact identification or its specific naming. The body is there, but its identity remains unresolved. Visual illegibility is a factor which often recurs in Cadieux's production. Hence *Hear Me With Your Eyes* (1989) redirects the eye towards listening rather than seeing. In *À fleur de peau* (1987), the gaze is seen as insufficient while other forms of interaction (touch and the imaginary) are privileged. In this diptych installation, a darkened mirror is juxtaposed with a sheet of lead on which is inscribed a phrase from St-Exupéry's *Le Petit Prince*, "This is the best portrait that, later, I was able to make of him." In a culture where the visual is predominant, Braille remains opaque to the gaze, but the mirror, as Cadieux explains, which can be read as a painting or a portrait is not more readable; it quite simply functions as a photographic plate, a sensitive plate which registers evanescent figures.[12]

The portrait/mirror as sensitive plate: in *Trou de mémoire*, the mirror annexed to the central panel registers an evanescence which in this context would be interpretive; the body is photographed in its irresolution, in its resolution always subject to change. Furthermore, if annexing the mirror initially appears to be a promise of a better vision of the body (through its pornographic dissemination and voyeuristic objectification), its reflection is not pure. Because of the clouded tint, the image has lost its definition. The mirror, then, makes manifest and above all intensifies the interpretive evanescence of that which it reflects. But is that not the *(im)propre* of memory, whose properties allow a recording of past experiences while retaining them as traces? The mirror **is** the body's memory which keeps a distance (and distances) photographic representation. While the scar has the effect of bringing the personal history of an injury to the surface, the corporeal vanishing produced by the mnemonic surface prevents any reactualization of this history. The distance separating the mirror from the photograph, the trace from the representation of the body, is above all a temporal distance; the signifier, the mark, remains but the memory forgets by virtue of its temporality, while the past is already inextricably linked to the present and the future.

One significant fact is that this mirror advances into our space. The photographic image, along with the double evanescence it deploys are projected into a physical site (through the mirror, they *lack* their space): ours, the museum through which we move, the space of spectator who looks, identifies with the wound and scrutinizes his/her own memory. Thus it is through the intermediary of the projection of this mnemonic *screen* into a specific site that the surface is truly marked, burrows, historicizes itself, becoming more profound and singular by the virtual inscription of our own memory upon it. It marks our site of interpretive difficulty which it mirrors and intensifies, indicating the putting-into-process (l'*en procès*), of the subject, the fluid temporality of our own mental images, perception and positioning. *Trou de mémoire* is the fold of an elsewhere in which a tension develops between our mnemonic reception and the omnipotent visual and objective realism of the photographic and museological discourses. The possibility of this subjective fold derives from the specular screen, which has the power to both reflect and project a disappearing memory/body, to produce an aperture by which the spectator *invests* in a mnemonic position which contradicts the socio-cultural visuality erected by the dominant discourses.

■ ■ ■

What such a work suggests and implies is the investment of the subject as agent, in other words, the multiplicity and multidimensionality of the subject's position in relation to discourse, its political power of resistance, criticism and contradiction. De Lauretis: to be in a constant slippage back and forth between the (homo) sexual outside and the subjective interior, between women as representation, "as the object and very condition of representation," and woman as historical beings: "the construction of gender is the product and the process of both representation and self-representation."[13] It is, no doubt, the theory of structuration that most precisely describes this notion of the subject as historical agent. Rita Felski, drawing from the works of Anthony Giddens, explains the interdependence between structure and agent in these terms:

> The activities of social agents are necessarily situated and constrained, although the determinants of activity are multiple and often contradictory and cannot be subsumed under their function in sustaining the logic of a single, monolithic system. At the same time, however, it is necessary to recognize the *duality of structure*, that is, the fact that social structures are both constituted *by* human agency and yet at the same time are the very *medium* of this constitution.[14]

Existing structures are reproduced by human agents who modify them to varying degrees, while being fashioned by them. The structures are therefore not only "a barrier to action," they also incarnate the possibility for action as a "precondition for the possibility of meaningful choices."[15] As agents, we are therefore not free to choose our own position (we are determined by discourse), but we nevertheless invest in it. If sexual difference exists, it historically modifies itself and determines the possibilities and constraints of critical activity.

The photographs of Angela Grauerholz are also concerned with the reflective screen and its implicit acknowledgement of an elsewhere. *Sofa* (1988) incites and obliges the investment of our subjectivity. We are initially confronted by an image of a known site, a familiar scene which immediately strikes a culturally resonant chord in each of us. The photographic representation of the sofa eases our identification, summoning a process of reflection. But our reception is equally activated (as with Cadieux) by a derivation of the photographic process – the blur caused by a long time exposure. We are thus confronted by an image whose blurred quality betrays the eye's natural imprecision and perceptible lethargy, evincing the perceptual process as a retinal stimulus, which corresponds to concepts and mental images which have been stored in our memories throughout our lives. As such, the image singularizes us, setting into motion our sensations, our states of mind and our knowledge. There is a mobility of being and a mobility of meaning, but there is also a passage of time, time that shapes the blurred image and the traces of memory. For Grauerholz, it is a question of problematizing interpretive activity; as such, the images articulate a feminist resistance in terms of photographic authority and truth:

> I think it has something to do with the voice of authority that [women] don't have, and we're trying to have. In order to get it, we have found ways of circumventing and constructing realities. ... It's never a direct way, and so if you want to bring it back to the images – because they are not direct images, they don't assert anything in particular – they respond perfectly to that idea. They invite and yet simultaneously deny access. It's a resistance of some sort, which can be taken as a feminist stance – confounding interpretation.[16]

To account for the positions that women take is also to account for the elsewhere of their discourse, their subjectivity; it is to initiate reflection in order to temporalize it, to foresee the possibility of a heterogeneity that could checkmate theory as framing, as nomenclature, as difference. The subject, in its relationship to the world, is continually disorganizing itself in its positional investments, constantly adapting, criticizing and resisting... This disorganization could destroy it (that's where the drama lies in *Corps d'œuvres*), but it can also augment its complexity. In this case, the subject again escapes our knowledge, and we must once more conclude that what is being played out is the elsewhere, the unforeseen, chance, disorder and uncertainty.

■ ■ ■

Why are our sexes so immutable? Why aren't our sexes transformable? Why must they always be connected to the oldest story on earth? Why do we transform cities and not sexes?... Why can't sex be an independent object, self-sufficient, without the Barbie or G.I. Joe that goes along with it, something we could hold in our child's hands, something we could soil, something we could play in the sand with, like a shovel or barrows?[17]

There lies the necessity: to mark out the passages from sociability to subjectivity, from reflection to memory, from the object to the mental, from the work to the body; to complexify sex, desire and difference.

1.   Albert Jacquard, *L'héritage de la liberté: de l'animalité à l'humanitude* (Paris: Éditions du Seuil, coll. Science ouverte, 1986).

2.   Henri Atlan, *Entre le cristal et la fumée: essai sur l'organisation du vivant* (Paris: Éditions du Seuil, coll. Points science, 1979).

3.   Henri Atlan, "La complexité naturelle et l'auto-création du sens," in *Science et pratique de la complexité: actes du colloque de Montpellier*, May 1984, S. Aida, P.M. Allan, Atlan et al., (Paris: La documentation française, 1986), p. 218.

4.   Georges Klir, "Les multiples visages de la complexité," in *Science et pratique de la complexité, op.cit.*, p. 103.

5.   *Ibid*, pp. 106-108.

6.   Henri Atlan, *Entre le cristal et la fumée: essai sur l'organisation du vivant, op.cit.*

7.   Edgar Morin, *Science avec conscience* (Paris: Fayard, 1982).

8.   Jane Flax, "Postmodernism and Gender Relations in Feminist Theory," *Signs*, 12, no. 4, (1987), pp. 642-643.

9.   Teresa de Lauretis, *Technologies of Gender: Essays on Theory, Film, and Fiction* (Indianapolis: Indiana University Press, 1987), p. 25.

10.   *Ibid.*

11.   *Ibid.*

12.   Geneviève Cadieux, "Écrans de réflexion: une interview de Jean Papineau," *Parachute* 56 (October, November, December 1989), p. 22.

13.   De Lauretis, *op. cit.* pp. 9 et 10.

14.   Rita Felski, "Feminist Theory and Social Change," *Theory, Culture and Society*, 6, no. 2, (May 1989), p. 224. See also Anthony Giddens, *New Rules of Sociological Method: A Positive Critique of Interpretative Sociology* (London: Hutchison, 1976).

15.   Felski, *op. cit.*, p. 224.

16.   Angela Grauerholz, "Mundane Re-Membrances: an interview by Beth Seaton," *Parachute* 56 (October, November, December 1989), p. 25.

17.   Lise Vaillancourt, *Journal d'une obsédée* (Montréal: Les Herbes Rouges, 1989), p. 9.

Translated from the French by Robert McGee

Mary Kelly

Déjà paru dans *Wedge* no.6, hiver 1984.

Le désir des images / l'image du désir

«Dans cette matière du visible» disait Lacan, «tout est piège»[1]. Le champ de la vision est organisé par la fonction des images : à un premier niveau, tout simplement en reliant une surface à un point géométral par le biais d'une trajectoire lumineuse; mais à un autre niveau, cette fonction ressemble beaucoup plus à un labyrinthe. Puisque la fascination de voir est fondée sur la distance que l'on prend par rapport à la chose vue, le champ de la vision est aussi, et ce, bien pertinemment, le champ du désir. Ici, le-la regardant-e pénètre dans l'univers des objets perdus et des points de fuite définis, non pas par la géométrie, mais par ce qui est réel pour le sujet et reliés, non pas à une surface, mais à un lieu : l'inconscient, et non pas par le biais de la lumière, mais par les lois du processus primaire.

Ainsi, dans le cas de la figuration féminine, il semblerait que tout devienne doublement labyrinthique. Le désir est incarné par l'image qui représente la femme réduite à un corps, lequel est, à son tour, perçu comme le site de la sexualité et le lieu du désir... une élision bien connue, et, semblerait-il, presqu'irrésistible, si on se fie aux résultats des multiples conférences, tables rondes et numéros spéciaux consacrés à cette thématique. Néanmoins, il s'agit d'une logique bien dangereuse et détournée que celle qui occulte un certain *progrès* : une progression de stratégies et de définitions dont l'existence au sein du champ théorique féministe a été rendu possible par la contrainte d'un besoin politique impératif de formuler le *problème* des images des femmes comme une question : comment peut-on les changer ? L'héritage n'est pas une évidence, mais un désenchevêtrement de parcours qui nous montre plus clairement leurs points de croisement et souligne le fait qu'il n'est pas nécessaire de tout recommencer à neuf.

Les discours sur le corps et la sexualité, par exemple, ne coïncident pas nécessairement. À l'intérieur du paradigme moderniste, ce n'est pas le corps sexuel, mais le corps phénoménologique (husserlien) qui a préséance : ce qui m'appartient, mon corps, le corps du sujet en pleine possession de son moi et pour qui la caution de vérité artistique est fondée sur l'*expérience vécue*, et qui déploie très souvent l'*état de souffrance* en guise de signature pour cet objet éphémère. Ainsi, la contribution des féministes dans le champ de la performance a été, précisément, de poser la problématique de la sexualité à travers le corps de manière à souligner la construction du sujet sexué, et en même temps questionner la notion de l'artiste/auteur* . Le corps est décentré, radicalement dédoublé, positionné; pas seulement mon corps, mais le corps masculin et le corps féminin. Ici, aucun troisième terme ne surgit pour récupérer la *mêmeté* transcendentale et atteindre ainsi à la réflexion esthétique. Toutefois, ces artistes continuent de poser une forme visible en contrepartie à un contenu sous-jacent, pour fouiller un autre registre de la vérité : la *vérité* de la femme, celle de son identité féminine originelle. Bien que le corps ne soit pas perçu comme le dépositaire de cette vérité , il est vu comme une image herméneutique; l'énigme de la féminité est formulée comme un problème de déformation de l'image** qui est résolu par la suite en découvrant l'identité véritable qui se cache derrière la façade patriarcale.

L'énigme, toutefois, ne semble que résumer la difficulté de la sexualité en soi et ce qui en ressort est beaucoup plus de l'ordre d'une contradiction sous-jacente que d'un contenu fondamental. La femme artiste voit son expérience de femme surtout par rapport à un *positionnement féminin*, c'est-à-dire en tant qu'objet du regard. Mais il lui faut aussi rendre compte du *sentiment* qu'elle éprouve en tant qu'artiste, à partir de ce qu'on pourrait appeler le *positionnement masculin*, c'est-à-dire en tant que sujet du regard. Elle décrirait le premier cas comme le positionnement de la femme prescrit par la société et que l'on devrait remettre en question, exorciser et vaincre. Alors que ce que l'on sous-entend dans le dernier cas est qu'il ne peut y avoir qu'un seul positionnement possible en ce qui a trait au regard actif et qu'il ne peut être que masculin; on ne peut le reconnaître et on l'interprète plutôt comme une vérité psychique : une féminité naturelle, instinctive, pré-existante, et peut-être bien, imprésentable.[2] Très souvent, l'ambivalence du texte féministe semble renier son côté essentialiste; il témoigne plutôt du fait que les identités masculine et féminine ne sont jamais complètement statiques, mais sont continuellement modifiées à travers les formes que prend la représentation. Cette crise de positionnement, cette instabilité du sens dépend du phallus comme signifiant démarquant le dédoublement sexuel du sujet dans le langage. D'une manière signifiante, Lacan décrit la relation de la femme au signifiant phallique comme un déguisement, une mascarade.[3] En occupant la place du phallus pour l'autre, elle prend activement une attitude passive, elle devient un portrait d'elle-même, elle érige une façade. Derrière cette façade, il n'y a pas de *vraie* femme à découvrir. Mais il y a un dilemme, l'impossibilité d'être à la fois sujet et objet du désir.

De toute évidence, une réponse (soi-disant post-féministe) à cette impasse est d'adopter une stratégie de dénégation. Celle-ci apparaît sous la forme d'une métaphore visuelle bien connue : l'androgyne. Elle EST une image; une combinatoire expressionniste de *looks* et de gestes qui rend évidente l'incertitude du positionnement sexuel. Elle refuse le manque, mais demeure l'objet du regard. D'une certaine façon, les conséquences fétichistes de ce refus de savoir ne font qu'accroître l'attrait de l'image, subjugant le regard, plutôt que d'en provoquer une dé-construction. Une autre tactique (peut-être plus politiquement motivée) a été d'adopter la *façade patriarcale*, en étant pleinement conscient de celle-ci, et d'en faire un geste d'affirmation presque abrasif et cynique. En produisant une représentation de la féminité qui dépasse les codes conventionnels, elle fait éclater la structure narcissique qui fait que la femme perçoit sa propre image comme un moment de complétude. Ceci peut provoquer le sentiment aliénant d'un manque de reconnaissance, mais la question demeure : comment peut-elle se représenter comme sujet de désir?

L'alternative (néo-)féministe est de refuser la figuration littérale du corps de la femme, en créant du sens à partir de son absence. Mais ceci ne représente pas une nouvelle forme d'iconoclasme. L'artiste ne proteste pas contre le *leurre* de l'image. D'une autre manière, toutefois, sa pratique pourrait être perçue comme blasphématoire, dans la mesure où elle cherche à s'approprier le regard qui se cache derrière (la place de Dieu, de l'auteur et du mauvais œil). Dans son champ de vision, la féminité n'est pas perçue comme une entité pré-acquise, mais plutôt comme la cartographie de la différence sexuelle dans un territoire défini, un moment du discours, un fragment de l'histoire. En ce qui concerne le-la regardant-e, il s'agit d'une tactique de revirement qui tente de présenter la femme, par le biais d'une forme différente d'identification avec l'image, comme sujet du regard.

Une autre conséquence de ce revirement est qu'elle met en doute la tendance de la théorie psychanalytique à renforcer la division du champ visuel en positionnements prescrits selon le sexe, en faisant rimer répression/perversion, hystérie/obsession, corps/mot… avec le couple hétérosexuel regardant/regardée. Mais, ce dédoublement ne semble pas être maintenu dans le travail de Freud. Selon Freud, l'identité sexuelle serait le résultat d'un passage précaire appelé le complexe d'Œdipe; un passage qui, dans un certain sens, est résolu par l'acceptation de la castration symbolique. Mais la castration est aussi inscrite au niveau de l'imaginaire, c'est-à-dire du fantasme, et c'est de là que provient le scénario fétichiste qui se rejoue sans cesse. La reconnaissance chez l'enfant de la différence entre la mère et le père est avant tout un aveu que la mère ne possède pas de phallus. Dans ce cas, voir n'est pas nécessairement croire, car ce qui est en jeu pour l'enfant c'est vraiment la question de sa propre relation à l'avoir ou à l'être. Aussi le fétichiste, qui selon la convention est un homme, reporte à plus tard le moment de reconnaissance, bien qu'il ait certes fait ce passage : il connaît la différence, mais la nie. En terme de représentation, cette dénégation s'associe à un type particulier d'iconographie de l'image pornographique où l'homme est rassuré soit parce que la femme possède une sorte de substitut phallique, ou soit dans l'alternative, par la forme, la disposition complète, de son corps.

La question des perversions masculines est très importante. Mais ce serait une erreur de confiner les femmes à l'univers de la répression, en excluant la possibilité, par exemple, d'un fétichisme féminin. Car la femme, dans la mesure où le résultat de l'Œdipe a entraîné à un certain moment un choix objectal hétérosexuel (c'est-à-dire qu'elle s'est identifiée à sa mère et a pris son père pour l'objet de son amour), va aussi remettre à plus tard la reconnaissance du manque en regard de la promesse d'avoir l'enfant. En enfantant, elle obtient en quelque sorte le phallus. Alors, la perte de l'enfant est la perte de cette plénitude symbolique et plus précisément de la capacité de représenter le manque. [4]

Lorsque Freud décrit l'angoisse de castration chez la femme, ce scénario imaginaire est incarné par la perte de ses objets aimés, tout spécialement ses enfants; l'enfant doit grandir, la quitter, la rejeter, voire même mourir. Afin de remettre cela à plus tard, de désavouer la séparation qu'elle a déjà d'une certaine façon admise, la femme tend à fétichiser l'enfant: en l'habillant, en continuant à le nourrir si grand soit-il, ou simplement, en ayant un autre petit. Alors peut-être, au lieu de la notion traditionnelle de pornographie, serait-il possible de parler de *memorabilia* chez la mère, de sa façon de conserver les choses: les premières chaussures, les photographies, les mèches de cheveux, les bulletins scolaires. Une trace, un cadeau, un fragment de récit: toutes ces choses peuvent être perçues comme des objets transitionnels; non pas dans le sens où Winnicott l'entend: comme succédané, mais plutôt comme Lacan le conçoit: comme emblèmes du désir. L'écriture féministe découle de ce lieu; non pas pour valoriser le fétichisme potentiel de la femme, mais pour créer une distance critique par rapport à celui-ci. Ce qui n'a pas été possible jusqu'à maintenant puisqu'en général on n'en reconnaît pas l'existence.[5] Ici, la question des images de la femme peut être re-formulée de façon différente: comment peut-on obtenir un positionnement radical, critique **ET** agréable?

Le désir n'est pas causé par les objets, mais par l'inconscient, selon la singulière structure du fantasme. Le désir est répétitif, il résiste à la normalisation, ne reconnaît pas le biologique, il disperse le corps. Il est certain que le désir n'est pas un synonyme d'images de femmes désirables; mais qu'est-ce que cela veut dire au juste que les féministes aient refusé l'**IMAGE** de la femme? Premièrement, ceci implique un refus de réduire le concept de l'image à un concept de ressemblance, à la figuration, ou même à la catégorie générale du signe iconique. Cela suppose que l'image, telle qu'elle est organisée dans l'espace appelé tableau, peut se référer à un système hétérogène de signes: indexiques, symboliques, et iconiques. Et qu'il est ainsi possible d'invoquer le non-spéculaire, le sensoriel, le somatique, à partir du champ visuel; d'invoquer spécialement le registre des pulsions invocatrices (lesquelles, selon Lacan, sont du même ordre que les pulsions scopiques, mais qui se rapprocheraient de l'expérience de l'inconscient), par **L'ÉCRITURE**. Deuxièmement, il est important de noter qu'il ne s'agit pas d'une version hybride de l'*hiéroglyphe* déguisé en *une hétérogénéité de signes*. L'enjeu n'est pas de replacer le *féminin* dans le domaine de l'énoncé pré-linguistique; mais plutôt, de mobiliser un système de **MISE EN IMAGE DU DISCOURS** capable de réfuter une certaine forme de *scopophilie* surdéterminée sur le plan culturel. Mais pourquoi? Cela suffirait-il vraiment à dégager *la spectatrice* de son identification hystérique au voyeur masculin?

Encore une fois, la suggestion que les femmes aient une relation privilégiée avec le narcissisme ou que le fétichisme soit une perversion exclusivement masculine devrait être ré-examinée. De toute évidence, le rapport entre le narcissisme et le fétichisme est la castration. Pour l'homme autant que pour la femme, il s'agit de la condition pour accéder à l'ordre symbolique, au langage, à la culture; il ne peut pas y avoir un rapport privilégié à la folie. Et pourtant, il **Y A** une différence. Il y a toujours cette asymétrie agaçante du moment œdipal. Il y a la continuelle insistance de Freud sur l'importance de l'affection de la fille pour sa mère. Et il y a Dora.[6] Qu'a-t-elle trouvé de si fascinant dans cette image de la Madone Sixtine? Peut-être et avant tout, était-ce la possibilité de voir la femme comme sujet du désir sans transgresser la définition socialement acceptable de la femme dans son rôle de mère. En possédant l'enfant en tant que phallus, en étant la mère phallique, en éprouvant le plaisir du corps de l'enfant, en éprouvant le plaisir du corps maternel vécu à travers lui; peut-être y avait-il dans la figure de la Madone, une duplication de l'identification et du désir que seul le corps d'une autre femme pouvait supporter?

Pour l'homme autant que pour la femme, le corps maternel tapisse la surface séductrice de l'image, mais le corps qu'**IL** perçoit n'est pas le même corps que celui qu'**ELLE** regarde. La relation de la femme au corps de la mère est une source constante d'anxiété. Michèle Montrelay affirme que cette relation est très souvent censurée plutôt que réprimée. Par conséquent, la femme s'accroche à une *féminité précoce*, une organisation archaïque orale/anale/vaginale ou *concentrique* des pulsions qui l'empêche d'en arriver au plaisir sublimé (la jouissance phallique).[7] Aussi, en ce qui a trait au texte artistique, si on comprend le plaisir dans le sens où Barthes l'entend, comme une perte de son identité préconçue plutôt que comme exemple de satiété , alors **EST**-il possible de proposer une nouvelle forme de plaisir pour la femme: en représentant une perte spécifique, la perte d'un rapport étroit imaginé avec le corps de la mère. Un sentiment critique et peut-être même inquiétant, de la séparation s'opère par la visualisation de ce qu'on a justement présumé être en dehors du voir, précoce, innommable, non-représentable. Dans le registre scopique, elle n'est plus au niveau du concentrique, de l'exigence répétitive, mais du désir. Comme Lacan nous le fait remarquer, même l'œil appartient à cette structure archaïque puisqu'il fonctionne dans le champ visuel comme un objet perdu.[8] Ainsi, la même activité qui détermine l'émergence du sujet dans le langage, c'est-à-dire la castration symbolique, mène aussi au regard. Et au domaine de la mise en image du discours.

Jusqu'ici la femme, dans son rôle de spectatrice, est restée épinglée à la surface de l'image, prisonnière d'une trajectoire lumineuse qui la réduit aux caractéristiques d'un visage voilé. Il est important de reconnaître la mascarade qui a depuis toujours été intériorisée, reliée à une organisation particulière des pulsions, représentée par une variété de buts et d'objets; mais en même temps, il est important d'éviter d'être pris-e au piège de chercher une vérité psychique sous le voile. Pour voir cette image de façon critique, le-la regardant-e ne devrait être ni trop rapproché-e ni trop éloigné-e.

1.   Jacques Lacan, «La ligne et la lumière», in *Le Séminaire, livre XI, Les quatre concepts fondamentaux de la psychanalyse*, éd. par Jacques-Alain Miller, Éditions du Seuil, Paris, 1973, p. 86.

2.   Mary Kelly, "Re-Viewing Modernist Criticism", *Screen 22*, no. 3, 1981, pp. 53-56.

3.   Jacques Lacan, «La Signification du phallus», (Die Bedeutung des Phallus), 1958, in *Écrits II*, Éditions du Seuil, Paris, 1971, p. 113.

4.   Voir Sigmund Freud, "The Dissolution of the Œdipus Complex", 1924, *Standard Edition*, vol. 19, trans. James Strachey, Hogarth Press, London, 1968.

5.   Voir Mary Kelly, *Post-Partum Document*, Routledge & Kegan Paul, London, 1983.

6.   Sigmund Freud, «Fragment d'une analyse d'hystérie», 1901, *Cinq psychanalyses*, traduit par Marie Bonaparte et Rudolph M. Loewenstein, Presses Universitaires de France, Paris, 1988, pp. 1-91.

7.   Michèle Montrelay, "Inquiry into Feminity", *m/f*, no. 1, 1978, pp. 86-99.

8.   Jacques Lacan, «Qu'est-ce qu'un tableau», *Le Séminaire, livre XI, Les quatre concepts fondamentaux de la psychanalyse*, Éditions du Seuil, Paris, 1973, p. 118

* Note de la traductrice: le mot auteur est employé en français dans le texte original et se réfère à la différence entre le scripteur et le narrateur.

** Note de la traductrice: *imagistic*

Traduit de l'anglais par Francine Dagenais

Thérèse St-Gelais

On the Point of View

In most texts about women artists, or at least those which address the history of women artists, self-portraiture emerges as a recurring motif. This recurrence has often been noted, in particular the technical and sociological aspects which incited women to privilege this genre over another. It is possible to discern a certain rapport that women entertain with the subject they are representing – either real or painted – and to note how the question of self-representation has been addressed in recent work by women artists.

From the end of the nineteenth century to the close of Modernism, there was a will to push the subject aside, even to liquidate it so that it no longer appeared on the surface of the painting; nor could it be discerned through the canvas. Art could only speak of itself. The subject as literal and rhetorical figure resurfaced, among other factors, during the 1970s because of the women's movement and demands. Women wanted to be recognized as subject, revealing themselves in their differences and in their private lives. As a consequence, art was marked by their desires and demands. They reacted strongly and in large numbers against everything within the sphere of the object in an effort to disengage themselves from its confines; they led a movement whose priority was to give the subject a voice and expose it from all angles. An increasing interest in performance arose precisely because it allowed women to speak differently on the feminine subject, with a direct means of expression: the body. Thus, a growing number of women, in reaction to Formalism (and the masculine world), developed the notion of subject, allowing us to learn about the artist and the work she produced.

This work on the subject came about at the beginning of what we have come to call postmodernism. It has since changed considerably. Originally, there was the will to circumscribe the subject without barricading it; they wanted it supple and polyvalent. Psychoanalysis, sociology and history all contributed to the search for a definition – absorbing here, rejecting there – which resulted in blurring its contours. We spoke, and still speak, of a fragmented subject, whose centre has been displaced and is in a state of flux; it was, in fact, a subject in constant definition. It was a subject in motion, a fluid subject with as many links to the past (hence the idea of constructing its history) as to the clarification of its constitution.

One aspect of Raymonde April's work is concordant with this blur, this apparition of a barely recognizable figure. Her photography is one part *memento*, but there is also an element of dream in her work, a poetics which further pushes the limits of the subject. Thus, in *De l'autre côté des baisers* (1985-1986), the artist appears at several points in such a way that her image is vague and imprecise in almost every instance. In a suite of characters one imagines to be friends or relations (these are more identifiable), her self-image becomes an apparition of one who remembers, or, rather, is in the process of remembering; it is an image caught in the moment and motion of recollection.

There is a similar blur in Sorel Cohen's work, more precisely in *An Extended and Continuous Metaphor* (1986), with the difference that it is not the entire site of the photograph that is affected, but only one part. To my eye, it is significant. In this precise area, Sorel Cohen is at once artist and model, as the painting she's working on appears in the photograph. Were it accurate, the painting would show a representation of the model as the artist conceives it, in other words, a representation where the artist and model are confounded. What we see instead is a blurred painting where only trails of colour are evident. Why does her image appear in this manner? In a certain sense, the artist and model are of the order of reality; the two of them are clearly distinct in the work. The canvas, on the contrary, is seen merely as coloured material, a traced gesture. This is because it is a representation of the model as seen by the artist, as an image of a certain association. It is as if the constituent elements of the painting held sway over the subject represented, implying the difficult conciliation of both realities.

Cohen and Cohen, artist and model respectively: this is a self-portrait exhibiting a **MELTING** of who is represented. It is a self-portrait which we recognize as such by the dual figure of Sorel Cohen, as well as by the unrepresentable evoked by the blur of the canvas. It is a self-representation which has difficulty taking shape and which, when everything is taken into account, is understood precisely through a focusing on the person's proper identity. It is a sort of fine-tuning, an unceasing focusing which mimes an always shifting definition of man, of woman. This continual **DEFINITION** is at once concerned with the history of painting and the history of the artist – in this case, Sorel Cohen.

In this sense, it is significant that it should be the artist's own image which appears as a figure of memory in Raymonde April's work, since it is she who determines the direction of the suite of images, despite its shifting and blurred nature. She is proposing her own invested reality. One is perhaps able to state that the work in question is a self-portrait. And one would not be wrong. We can consider Cohen's work in the same light. It is important to nuance this type of self-portrait, to qualify and associate it with other female self-portraits which all seem to have a tendency to re-work self-representation. What is it about a work in which the principal figure is the artist herself, concealed within the medium?

These were self-portraits where the subject found itself in constant motion, at the limits, in fact, of a definition. A similar movement can be found in the works of Eleanor Antin and Cindy Sherman, works nuanced by the fact that the movement in question was itself inscribed within a transformation.

Eleanor Antin never, to my knowledge, made self-portraits, or perhaps it is fairer to say that she never designated any of her works as such. In each, Antin transforms herself, she invests herself in representations of characters who at times resemble her, but who always force her into contexts in which she is called upon to interrogate and transform herself as woman, as artist. Her transformation is an autobiographical gesture.

What she presents to us as autobiography is an imaginative reconstitution of the self in a new temporal context, a transformation of identity through and into art; to achieve this she has fabricated a system of fictional lives which, by paralleling her own life, has been incorporated into it.[1]

Playing on **LIMITS** of reality and fiction, of what is true and false, of the characters she portrays, and of herself, she melts herself into her characters, just as they become her. Telling tales, both hers and others', both true and false, Antin plays at rendering the authentic.

In 1973, Eleanor Antin became Eleanora Antinova, ballerina. Her first appearance as a dancer occurred as one part of a three-part exhibition, which included drawings of her (imaginary) experience as a member of the Diaghilev dance company, photographs of the artist in traditional ballerina poses and a video entitled *Caught in the Act* in which we see her learning ballet techniques. In 1979, Antin a.k.a. Antinova, performed a choreography entitled *Before the Revolution* at the Ronald Feldman Gallery; one of the five choreographies she would later describe in her memoirs. A year later, in October 1980, Antin went to New York for three weeks to recount her memoirs: *Recollections of my Life with Diaghilev.* For this performance, the artist invited a small group of people to a gallery to share some of her better moments with Diaghilev's Russian Ballet. Photographs, illustrations and texts extracted from the memoirs Antinova had written were exhibited on the gallery walls alongside photos of choreographies which she had created and performed.

Eleanora Antinova was more than a character. In her final appearance, not only did she recount her memoirs, but she also lived as Antinova for her entire stay in New York. New York knew her as that identity up to the last minute of her stay. She wanted people to believe in Antinova; to appear otherwise would risk the credibility and meaning of her transformation. The life of Antinova is, among other things, a collection of fabrications, but it is also her personal experience as she prepared the performance. From meetings with friends, eating and drinking as Antinova, a number of facts emerged which were of use to Antin. On the surface, it was only the body which appeared to change, but after three weeks lived as Antinova, the transformation was more profoundly rooted. After this experience she felt as though she were Antinova. From that moment on, Eleanor Antin was no longer the same.

This transformation progressed in time and in writing; day in, day out, Antin would take note of her impressions, of what her conversion was allowing her to experience. The Antinova saga, having drawn her into the FACTURE of a character, allowed her to become eminently conscious of what she was and gave her the possibility of seeing herself in a way that only self-representation permits. Antin is not only Antinova but the MAKING of Antinova. In becoming Antinova, she becomes Antin and, consequently, allows us to see not only Antinova represented but also Antin representing herself. Antin's reality confronts and is confronted by the fiction of Antinova.

Antin does not believe in a pure and whole self, as an easily definable object. She believes the self to be tangible and transformable by the individual, by others, as well as by history. According to Antin, the self who recounts always tells of fictional events because these no longer exist in Reality. The present moment is seen as the only reality, which, paradoxically, collapses as soon as we reflect upon it, for it no sooner becomes the past. Because it is selective and subjective, autobiography is fiction, and, if autobiography is fictional, identity is also brought into doubt. Antinova's autobiography is, among other things, the deployment of an unceasing gesture. Antin claims to have no history other than the one she fabricates and never stops making. For Antin each and every one of us is a narrative and thus we are all caught up in the endlessly repeated and necessary gesture of self-representation.

There is at once the same distancing of and approach to reality and fiction in Cindy Sherman's work, with the considerable difference that Sherman manipulates another register of images, compromising in another way both the artist and the **SUBJECT** she is representing. Her first photos, in black and white, look like stills from films. Sherman, made up, appears in poses and settings which suggest precise and recognizable moments in 1960s B-movies, especially those accenting the female as sex-symbol. Then representations of the female stereotypical model followed, this time from the 1950s, representations in which identity prevails over the image. In fact, in these last photos as with all her work, atmosphere is more important than authenticity; it is less a matter of believing in the representation than in perceiving it.

From 1980 on, Sherman began using colour in her photography and, in the same stride, modified the perspective which constructed them; her work assumed a contortion which played on relationships between background and foreground. Previously, she had in a sense played a role, figuring in a decor that was appropriate to the degree that it participated in supporting any of her given characters. Morever, in her colour photographs of the 1980s, she significantly places the setting behind her, giving it a blurred quality. Her image in the foreground is clearly cut out, to the point that it seems to be a collage. There is a clearing out of the setting, a certain distancing, but there is an attempt to indicate the artifice of the setting. This is a transformed Cindy Sherman, with clean contours, taking her place in the foreground of an imprecise image which only suggests the site where the scene unfolds; as in film, where focusing privileges the foreground, as in fiction which allows one to see the mechanisms at work.

This relationship to the decor was modified in the photographs of 1981; while not eliminating it, in a sense, she absorbed it. The setting becomes an intrinsic part of her persona which, curiously enough, is Sherman's contemporary and at the same time closer to what she could be. The photographs are horizontal (a remake of the centre-fold of magazines) and the artist is close up, taking up most of the framed space. In some cases, she is stretched out, accommodating herself to (or profiting from) the width of the format (perhaps the format adapts itself to Sherman). In others she is crouched, kneeling or seated. In these photos, the body cannot take up as much place as it does in the previous work; it seems so magnified that it cannot be entirely contained within the space of the photograph. This presence allows it to magnificently invade the site of the photograph. What the body cannot have in terms of space, it compensates for in effect, by giving the impression of forcing the frame to contain it.[2]

In short, what prevails in this type of representation, and what also explains the near-disappearance of the decor, is the very image of the woman represented; in this series she is lost in her thoughts, at times anxious. Through what remains of the decor and the dominant presence of the body, a psychologically **LOADED PORTRAIT**, of a certain woman emerges, here an adolescent rather than an adult. It is a portrait where the vulnerability of the character provokes and reaches the outside gaze, because it renders it a voyeur of the situation, compromising its indifference.

Cindy Sherman very rarely confronts the camera. Her gaze always seems absorbed or fixed on an exterior object or subject. This is one of the reasons we take in the scene in such a *voyeuristic* fashion; it all seems to be *none of our business.* Sherman's detachment help to lend the scene a theatrical cast which she has interrogated (and still interrogates) in her photographic production. She works on appearances, not afraid of filling the entire surface of the setting to make the character of her persona stand out. The being is there, to the limit of excess, but so is the making of it, because at the same time she exhibits its composition. In *Untitled No. 96* (1981), the (calculated) pose the character assumes, her (singular) clothes, her (voluntarily) withheld gaze which is at the same time abandoned (also voluntarily), the crumpled paper she holds (points to) in her hand, combined with the omnipresent orange hue all contribute to emphasizing the theatricality of the scene. This is a palpable construction, no stranger to the malaise it awakens in the spectator; a malaise which is more evident in her most recent work where the horrific, the disgusting and the pathetic take a predominant place.

This theatrical effect is to be found in and is relevant to the work of all these artists. In Eleanor Antin's work, it functions in much the same way as in Sherman's. In other words, Antin's work also possesses an overflow of iconography. Antinova's pose is stereotypical, the dancer's smile implying a grace of movement and an ease of execution. In short, the cliché indicates what is inauthentic in Antin's settings and allows one to recognize what is fictional. With Sorel Cohen, theatricality is played out in a site where the actresses (interchangeable) demarcate the setting's space: model, decor and curtains are elements which highlight the arrangement and composition of the piece. Raymonde April's work also uses poses and expressions which the artist draws from the gazes of her characters, hers as well as others'. Absent or staring at the camera, the person photographed always seems conscious of being watched and subsequently poses. The composition of a suite from these photographs (*De l'autre côté des baisers*) and the creation of a narrative link between them confers a form of theatricality upon them; it is because there is a story and a setting for this story that a distance is singled out and reworked. Comparing these suites with *romans-photos* is, in this sense, evocative. This distance, which I associate with theatricality, is evident in *Jour de Verre* (1983) where the figure appears to recede from the decor, which is either in front of or behind her. The silhouette left by the character on the film is blurred, leaving us doubting its position. Yet the photographic subject never melts into the background. The subject's site, linked to the surface of the film, occupies an important space in the photograph, signifying the space of the photographer's point of view. It is a point of view (necessarily the artist's because it is **HER** photograph) where retreat is shown. There are concordances here which, in my opinion, are not innocent, all the more so because they also appear in the works of Sorel Cohen, Eleanor Antin and Cindy Sherman.

In their individual works, a principal subject appears, the artist: Raymonde April, Sorel Cohen, Eleanor Antin or Cindy Sherman. The work is developed in relation to the presence of the subject in the piece (the artists' self-representation), a subject questioned with respect to its relationship with reality and to its rapport with integrity. Raymonde April elaborates fictions, using real characters (including her own) as a source. Sorel Cohen puts forth a subject (at once model, artist and woman) which, because it is such a blur, exists on the boundaries of the representable. Eleanor Antin and Cindy Sherman are in search of perpetual **DEFINITIONS** of the subject. The fluidity, inscribed within Antin's persona (by Antinova), makes the subject difficult to grasp. Antin obscures the limits of the subject she is and the subject she is representing, pointing out the tenuity of these limits. In a similar fashion, Sherman exposes the fragile limits of the individual by appearing behind (or through) the characters she constructs – constructions which above all else are founded on appearance – and because her characters display a great vulnerability.

In each of these productions, the self-representation of the artist figures in a frame whose limits are precarious. There is either a distancing or a desire to reveal the **OTHER** in one's own image. Raymonde April keeps a distance from photography, which presents itself as a site of the real. Sorel Cohen, by evincing the interchangeability of roles, evokes a circulation where one **IN** the other (or vice-versa) can occur. With Antin and Sherman, it is a matter of the other in one's self, not so much of the one who hides behind the artist's self but of the many the artist creates in an attempt to emphasize the permeability of the individual (Antin). One also finds an awareness of the tenuous links existing between the same and the different; not only does Sherman play multiple others, she is also the site where the other is projected.

Whether it is a question of distancing or disengagement from one's own identity, it nonetheless constitutes a desire to reveal differences, a desire awakened in the 1970s when many women artists felt it necessary to question the traditional notion of the feminine subject by which they had been confined. Raymonde April, Sorel Cohen, Eleanor Antin and Cindy Sherman question this notion of the subject, its instability and its relation to the other. It is a quest aimed at extending rather than restraining the limits of the subject, at questioning the relationship between **ONE** and the **OTHER**, rather than merely discerning the difference.

1.   Jonathan Crary, "Eleanor Antin," *Artsmagazine* 50 (March 1976), p. 8.

2.   See Lisa Phillips, "Cindy Sherman's Cindy Sherman," *Cindy Sherman* (New York: The Whitney Museum of American Art, 1987).

Translated from the French by Robert McGee

Liz Magor

Auto Portrait

Peu après le décès de Samuel Beckett, j'ai réentendu l'histoire qui dit comment Suzanne Deschevaux-Dumesnil sauta de son vélo pour secourir l'écrivain gisant dans une rue de Paris. Et comment, après avoir soigné sa grave blessure, elle voua sa vie à son œuvre en s'occupant de tout, des diètes homéopathiques aux contrats d'édition. Comme il s'agissait d'un coup de poignard au thorax, on aurait pu prétendre que Beckett devait d'abord la vie à son pardessus et ensuite à Suzanne. Le manteau, par la vertu de son épaisseur, empêcha le poignard d'atteindre le cœur; épinglé à la poitrine, il offrait une enveloppe de feutre qui garda le couteau à l'extérieur. Pendant que ses jambes maigres se dérobaient sous lui, Beckett s'écroula sur le sol.

La scène: une ruelle éclairée par des lampadaires. L'agresseure court dans l'ombre, du type demi-monde, cheveux gras, boniche éméchée, talons hauts. La bicyclette fait son entrée, pneus ballons, cadre tubulaire et courbé, guidon large. Elle tombe sur le sol. Une femme se précipite auprès de Beckett. Ses souliers martèlent-ils le pavé mouillé? Sa jupe s'étale-t-elle autour d'elle lorsqu'elle se baisse? Ses cheveux sont-ils dénoués? (Blonds? noirs?) Retombent-ils quand elle se penche sur lui? Est-elle une infirmière, une *Nightingale*? Est-elle déjà Estragon, un *pote* irlandais dans un grand manteau?

Elle **ÉTAIT** quelque chose, je crois. En voie d'**ÊTRE** quelque chose. Rentrant de quelque part. Elle porte une robe à mi-jambes et une paire de souliers plats, soignés, sur ses pieds parfaits de danseuse. Ou bien est-elle peintre, en pantalon noir? Était-ce avant ou après la guerre? Ses cheveux étaient sûrement courts. Elle pourrait bien être écrivaine; tailleur gris ajusté, chemise blanche. Elle se serait alors approchée en poussant son vélo, gardant une main libre pour tenir sa cigarette. Mais c'est plutôt Beckett. Maintenant, les costumes sociaux s'embrouillent, laissant place à une image plus étrange: un capuchon, une tunique, un habit, un cilice. Enrobée de vêtements, elle saute de son vélo. Mais c'est Squeaky Fromme.

Pour clarifier les choses, j'ai fouillé des biographies, espérant y trouver des photographies de cette assistante dévouée. J'espérais même un cliché du sauvetage lui-même, un tableau avec tous les acteurs: le vélo, le poignard, le maquereau, le pardessus, l'écrivain et la sauveuse. Mais il n'y avait de photographie ni de cette nuit-là, ni de Suzanne. Pourtant Beckett est partout. Un splendide oiseau blessé. Une touche de douleur crispée sur chaque portrait. Je scrute les photographies de groupe pour dénicher un équivalent féminin, sachant qu'ils feraient ensemble une trace sombre parmi les gaillards. Elle n'est pas là. Je trouve un seul cliché où elle figure, une photographie d'amateur, en fait, de trois petits personnages flous dans un jardin. Elle a été prise à Ussé en 1952. Le frère de Beckett, Frank, est au centre. Son bras droit encercle Sam par derrière, le serre sous le bras et au-dessus de la poitrine. Il retient Sam, le tire littéralement dans la photographie. Suzanne assiste à cette tentative, debout, de l'autre côté de Frank. Avec son corps près du sien, ils font ensemble un contrepoids à l'inclinaison *entropique* de Sam sur la gauche. Elle porte un costume composé d'une jupe plissée et d'un veston ajusté. Elle a une broche sur son veston et un sac de cuir accroché à son épaule gauche. Ses cheveux sont blonds et ondulés. Elle a du rouge à lèvres. Elle sourit. Elle n'est pas un spectre. Elle semble normale.

Je suis surprise par sa substance. Je m'attendais à un fantôme. Ou peut-être, cette photographie de trois personnes dans un jardin m'en rappelle-t-elle plutôt une autre : Virginia Woolf, T. S. Eliot et sa première femme, Vivienne, sont dans un jardin à l'été 1932. Virginia est au centre. Elle semble tout à fait à l'aise, tant avec eux que dans ses vêtements ; elle porte un cardigan et une blouse, une jupe, un chapeau de soleil, des perles et des souliers plats lacés. S'écartant de Vivienne, elle se penche vers Tom. Son bras droit enlasse le bras de Tom pendant que celui de gauche, poing sur la hanche, pousse Vivienne du coude, la conduisant vers les limites du cadre. Dans l'esprit de Virginia, il s'agit d'un portrait de deux écrivains. Vivienne, alors bannie, colle ses pieds ensemble, cache ses bras derrière elle et disparaît en offrant son corps comme un support sans vie pour ses vêtements. Son ensemble est coordonné : robe d'été, bas et souliers, tout en blanc et comme encadré par un chapeau orné, à large bord. L'intention, clairement, est de présenter une image douce évoquant l'enfance et l'innocence, avec peut-être un soupçon de l'univers d'Alice. À côté de la géante, Vivienne apparaît si petite qu'elle pourrait évoquer cette image. Mais, son *pays des merveilles* doit être une horreur, si il peut la figer dans une telle posture anxieuse. Son propre corps trahit son déguisement et le costume, soigneusement choisi, devient un voile pour un moi évanescent.

Du côté opposé, Tom, bien entendu, ne perçoit rien de tout cela, tout comme il semble inconscient de la température. Contrastant avec la robe d'été à manches courtes de sa femme, il porte un costume épais, en tweed, et une veste. Cette inaptitude à percevoir les choses explique peut-être le fait qu'il soit photographié sans épouse au cours des vingt-cinq prochaines années. En tout cas, une seconde femme n'apparaîtra qu'en 1957 et on verra, par ses vêtements, qu'elle lui convient beaucoup mieux.

Tout comme Suzanne sauta de son vélo pour ramasser Samuel Beckett, Valérie Fletcher sauta aussi du sien pour ramasser des papiers étalés. À quatorze ans, elle avouait son intention de devenir secrétaire d'un écrivain célèbre et elle réalisa cette ambition en 1950 lorsqu'elle arriva à la table de travail de T.S. Eliot. Au cours de son service de secrétaire, elle se hissa au rang d'épouse, puis à celui d'exécutrice littéraire, jusqu'à prolonger ses soins après sa mort. Valérie était fréquemment photographiée : à côté d'Eliot, de son vivant ; et en qualité de représentante, après son décès. Comme une femme de politicien, elle s'habille en fonction de sa responsabilité publique. Elle est déguisée mais ne semble pas l'être, car elle se conforme étroitement à la mode de l'époque. Comme celles qui attirent la confiance du public, elle utilise la mode pour présenter le paradoxe d'être prête aux changements tout en restant conservatrice. Ses préférences et ses ornements restent toujours discrets: la robe du soir, qui plane à la courbe de l'épaule, n'a pas l'audace d'une robe sans bretelles; l'étole et la toque de renard argenté ne deviendront jamais un manteau de fourrure.

Mais les vêtements de Valérie se distinguent de ceux portés par un personnage public; si ce n'est par leur apparence, du moins par leur fonction. On pourrait dire qu'elle offrait la confiance au lieu de la solliciter, car son électorat n'était formé que d'une seule personne : Tom Eliot, de qui elle détenait un mandat à vie. Autant son moi privé et public était chargé de soutenir l'œuvre de l'écrivain; autant sa garde-robe, elle, remplissait un double rôle. La longueur impeccable de sa robe disait au monde que le génie se portait bien et inversement, sa maîtrise des codes de la mode assurait à son poète mélancolique que tout allait bien dans le monde.

Une tâche plus difficile incombait à Nora Joyce lorsqu'il s'agissait de garantir la normalité, et il semble qu'elle se soit dirigée vers la mode pour le plaisir plutôt que pour le devoir. Elle s'est montrée extravagante quand les ressources familiales le permettaient: de la tête aux pieds, elle habillait toute sa famille à la dernière mode. Mais curieusement, l'élégance attribué à James, à Lucia et à Giorgio ne s'appliquait pas à Nora. Dans ses portraits, l'élégance merveilleuse de Joyce lui semble inhérente mais sa vanité caractéristique déteint rarement sur sa femme. Peut-être est-ce là ce qui les différenciait: il était cultivé et elle non; il était intellectuel et elle non; il était frêle et elle non; il était coquet et elle non. Cette idée se trouve renforcée par la fusion de l'identité de Nora et de celle de Molly Bloom – peinte comme un grand corps de femme avec une bouche, pas plus capable d'intégrer la mode à son apparence que les silences à sa conversation. D'ailleurs, a-t-on besoin de vêtements lorsque l'on est toujours au lit?

Les aspects de l'identité de sa femme qui obsédaient James Joyce n'incluaient certainement pas tout ce qu'elle incarnait, ce qui n'a pas empêché que les récits racontant sa vie relevaient plus du portrait littéraire que de la réalité historique. Les photographies, les anecdotes et les lettres concernant les Joyce forment une documentation limitée parce que sujette à diverses adaptations. Par exemple, la biographie de Joyce par Richard Ellman, parue en 1959, ne comporte qu'une photographie de Nora, posée seule. Elle porte un costume de scène – jouant *À cheval vers la mer*, de Synge et par conséquent, elle est pieds nus, vêtue d'une jupe paysanne et d'une blouse fleurie. Sa blouse est froissée et les poignets sont détachés. L'effet est rural, dégagé, naturel, négligé. Dans ce livre, aucune autre photographie ne montre Nora sans chapeau; jamais on ne voit ses cheveux ni ses mains. Elle est généralement perdue dans la foule, ou effacée par le rendu trop sombre de l'émulsion. Comme Vivienne Eliot, elle est tellement près du bord, de la marge, du néant de la photographie qu'elle risque à tout moment de sortir à la fois du champ et de la mémoire. Elle prend l'une des caractéristiques des photographies et semble indistincte et oubliable. Mais le remaniement de documents qu'a fait Helen Maddox, en 1988, est plus révélateur, incluant un magnifique portrait par Berenice Abbott qui révèle une Nora assortie à Joyce – quant à son estime d'elle-même, du moins. Au pommeau de canne de James, elle oppose sa mise en plis; à ses bagues, des épingles; à ses rayures, un tissu à pois; à son nœud papillon, un col en dentelle. Encore plus surprenant est ce portrait professionnel de 1935, dont l'éclat doit autant à la posture royale de Nora qu'à l'éclairage du studio. L'élégance de l'image vient du sujet lui-même, qui souligne son teint pâle et ses cheveux argentés avec une robe noire et une étole de renard blanc. Cette photographie confond l'image de Nora au pieds nus de Galway, en lui substituant une élégante Parisienne, habillée par le même couturier que Marlène Dietrich.

On peut se demander si les modèles réels qui nourrissent les histoires s'en tirent mieux que ceux qui posent pour des images, en considérant la qualité de leur représentation, du moins. Les personnes qui aboutissent dans les livres sont ordinairement saisies globalement; un nom, un contexte, un rôle. Elles sont souvent décrites si fidèlement qu'on reconnaît en elles l'inspiration du personnage. La fonction du modèle littéraire est sûrement plus discrète et plus durable puisque son efficacité comme sujet dépendra de la lente cristallisation d'une figure psychologique. Par contre, les muses et les modèles en arts visuels peuvent être plus en mesure de protéger leur identité puisqu'ils peuvent limiter leur contribution à une forme physique; ils prêtent un *corps féminin* à l'œuvre, mais restent dépositaires de leur statut de sujet.

Dans l'atelier, la nudité et les vêtements du modèle sont abstraits et ils camouflent la personne. Le personnage ne réfère pas à une psyché, pas plus qu'il ne réfère à la lumière ou à comment elle joue sur les surfaces du corps. Néanmoins, quand on regarde des photographies de modèles en train de poser, on cherche un nom, un moi sous la peau. Les cheveux sont porteurs d'un style, la figure d'un fond de teint, le corps de traits qui peuvent susciter l'empathie. Mais dans l'atelier, le corps est toujours un générique, il n'est pas un corps, il est plutôt un personnage qu'aucune personne spécifique n'habite.

Prenons Teha'amana. Laissée seule dans la noirceur de la hutte de Paul Gauguin, elle est prise de frayeur et se jette sur le lit où le peintre la trouve à son retour. Il est touché par l'intensité de sa peur et par sa vision primitive de ce qui l'entoure dans l'obscurité. Il décide de peindre la scène. Mais, ce qu'il peint est un beau motif avec un personnage brun au milieu d'un arrangement de couleurs. Ce n'est pas ce que Zelda Fitzgerald a subi. Teha'amana peut se relever d'un bond, laisser le corps brun derrière elle et raconter sa propre histoire sur ce qu'elle a vécu cette nuit-là. Nous n'entendrons peut-être jamais sa version, mais si nous l'entendions, nous la distinguerions de l'autre.

En fait Teha'amana a bondi sur ses pieds et a parlé d'elle. Elle a posé pour un photographe. Elle est assise, et non couchée sur un lit ou sur une plage. Ses cheveux sont très brillants, piqués de deux fleurs au-dessus de l'oreille droite, à la tahitienne. Elle porte une robe de coton blanc, de celles que les missionnaires ont distribuées pour voiler les grandes étendues de peau païenne qu'ils croisaient et pour implanter une notion de modestie chrétienne. Ça ressemble à une jaquette, ample, au corsage froncé et à haute encolure. Prises isolément, les fleurs et la robe sont des signes contradictoires qui situent Teha'amana à un point tournant de la culture de son peuple. On peut au moins supposer que les choix qui constituent son apparence sur cette photographie reflètent ses impressions ou ses opinions sur le problème crucial de son identité.

Soit, **CHOIX** peut être un grand mot. Non seulement pour Teha'amana, mais aussi pour Nora, Valérie et Suzanne. S'habiller est un acte social qui négocie entre le désir et ce qui est permis. Porter des vêtements, c'est parler un langage public sur son statut, ses sensibilités et ses attentes. Un choix, en ce qui concerne l'apparence, est guetté de tous les côtés par la contrainte et semble souvent résulter d'une coercition plus que d'une délibération. Peut-être que tous les choix ont déjà été faits. Il n'y aurait plus rien d'autre à porter que des conventions.

Mais, ce que les conventions ont de bien, toutefois, c'est d'être innombrables. Si l'habillement est un langage, les conventions vestimentaires en sont les unités, et elles abondent. Dans l'inépuisable combinatoire des éléments de la mode se trouve un potentiel expressif. Non pas une expression qui tende vers la profondeur, mais une exquise superficialité. Les caractéristiques de la mode s'énumèrent mieux en une sorte de liste-repoussoir de ce qu'est l'art moderne; la mode **N'EST PAS** privée, elle **EST** substantielle et représentative, et sa trajectoire est **TOUJOURS** bien connue du public.

Pour plusieurs, l'extraversion vestimentaire est une sublimation du caché ou de l'invisible. Pour d'autres, soumis-es à des doses massives d'introspection dans leur service aux arts et aux artistes, l'habillement devient une alternative critique, un parallèle à la production personnelle. C'est la négociation d'une identité séparée de l'œuvre. C'est la composition d'une apparence synchronisée avec l'organisation d'un environnement propice à la réflexion. Ça devient une déclaration du réel de ceux et celles qui servent l'abstraction.

Lorsque Nora quitta Dublin en 1904, elle n'était pas seulement la compagne de Joyce allant vers l'exil. Dans une large mesure, elle s'embarquait pour un voyage solitaire, ayant à naviguer dans l'épais brouillard de l'introversion de James, risquant constamment d'être ensevelie par son œuvre et son intériorité. Les photographies ont consigné ces trente-cinq années de mariage et décrit la survivance de Nora dans ce qu'elle pouvait maîtriser. Pour Nora, et pour d'autres comme elle, chaque perle, chaque bouton, chaque boucle est une victoire de la représentation de soi. Tout ce qu'elle a porté est un jalon planté dans le paysage submergé qu'était sa vie; et ses vêtements, ses bijoux, parviennent à flotter comme des bouées, défiant le vaste océan d'obscurité qui l'entoure.

Description des photographies se trouvant aux pages 38 et 41.

Anna Freud Cardigan de cachemire sombre. Boutons d'écaille. Jupe plissée en laine grise. Double collier de jade. Montre ronde au bracelet de cuir brun. Cheveux courts et sans style.

Chiang Ch'ing Lourd manteau de coton à larges revers. Pantalon de coton et chemise, amples. Poches de poitrine boutonnées et poches safari aux hanches. Cheveux écourtés, séparés au milieu.

Alma Mahler Robe d'alpaga à haut col. Épaulettes froncées. Corsage ample, ramassé à la taille par une ceinture à nœud. Camée d'écaille au cou. Chaîne en or et médaillon. Cheveux relevés en chignon.

Nora Joyce Chemisier de jersey froncé à l'épaule et ceinture à la hanche. Col étroit et contrastant. Jupe à volants, à pois, en crêpe de Chine. Onyx monté au centre d'une épingle d'argent. Long collier d'onyx. Cheveux ondulés festonnant les contours du visage.

Teha'amana Robe missionnaire en coton, couvrant la cheville. Corsage froncé avec empiècement. Foulard de batiste noué à l'épaule gauche. Fleurs sur l'oreille droite. Cheveux longs et flottants. Une mèche bouclée sur le front.

Coretta King Robe de laine noire à encolure carrée. Manches trois-quarts, rapportées. Corsage ample orné de tulle et d'une boucle de ruban. Montre en or. Pendants d'oreilles blancs. Cheveux flottants, gonflés sur le dessus, front dégagé.

Traduit de l'anglais par André Paul

Catherine Bédard

Women's Art, an Entrapped Difference?

> It is even better to equivocate,
> allude to, imply or speak in parables...
> Even if asked to be precise.
> If assured that we don't understand.
> In any case...
>
> Luce Irigaray, *Speculum de l'autre femme.*

How to attack the subject? Surprisingly enough, this would have been the first question we asked ourselves, engaged as we are in a strategy of combat, constrained by *one versus the other* dichotomy and trapped as we often are by words.

Examining a woman's event is a delicate undertaking these days, not so much because we wish to discuss its legitimacy – this still falls within the realm of demands – but because we are subject to allegiances which are too trenchant or facile, where the complexity or ruse of what is at stake becomes obscured. When the question of subject is posed by women, one cannot remain indifferent to the repressive power of the **AIM** (the privileged mechanism of the weapon) where the targeted subject becomes nothing more than a clearly circumscribed lure, transformed into an object in the lens. Taking aim presupposes an exercise in control. Thus the problem lies in the dual point of view of the work and its analysis – an interpretation which pretends to grasp and deliver the message. To **GRASP** and to **DELIVER**... There are many terms for subjection, rhetorical tools in a discourse which seeks to evade meandering and contradiction (a whim of logic).

We could, from the start, choose to resist the polarities of a mechanism within which we feel constrained, confronting what is definitive about it by concentrating on strategies for immobilizing... the subject of/in the work, the subject of/in writing.

This process is of interest only in the *aftermath* of feminist protests of a sociological tenor, from which many became involved in researching, expressing and defending a specifically female identity. Following the theory of airtight modernist autoreferentiality (an often revealed dead-end), the emergence of the subject, the autobiographical and the private in art by women have often been associated. The height of indiscretion – all the more perverse because committed by a woman – is that we have to turn our attention, after the outbursts of discourse, to the female underpinnings of free expression. To turn our attention away from the duel for a moment – meant here in its double resonance, its radical dual sense, its binarity – and see to our armour... We must beware of the pernicious ascendancy of the corset where a women can become her own victim.

If the formula of positive discrimination was necessary for the visibility and distribution of a controversial women's art, we must now question the grip this framework holds. While gender distinction quite easily contributes to instilling doubt, it is evident that *art by women* does not constitute a movement promulgating a political project;[1] it appears equally obvious that to exhibit under this banner polarizes, beyond any declaration of intent, the scope of a work and the expression of a critical discourse.

Having responded to a real need for mobilization, this type of context must resist an inverse (and insidious) form of immobilization. It must resist the force of an implicit, permanent command which would bring us back to a *closed-shop* aesthetic. The challenge is not to have this site become an ideological yoke, embedded with correct productions which, having taken positions as **OTHERS**, cannot be defined as **THE SAME**. There is much to be drawn from this paradoxical situation once a vigilant critical position is assumed.

One immediately sees the interest of the *Métro-d'art* and *Portrait d'une galerie/ Galerie de portraits* exhibitions, both organized by Galerie Powerhouse to mark its 16th anniversary.

At first glance, the *rapprochement* of these two exhibitions, apart from their maternity, appears as forced as it is legitimate. This resistance has much potential – perhaps it is even fertile. It exacts a not so obvious, more subterranean path in the depths of a reading whose known stakes converge on a demonstrative mode and a mastered perspective. Yes, **MASTERED**... yet again. Let us remember our enterprise (upon which we've embarked step by step): to **MONITOR** the strategies of immobilization of the subject. This *rapprochement* puts both the emancipatory modalities of partitioning and the positioning of difference to the test. Can we really seek to remain on the margins of the debate?

Women's art also has the right to be destabilized by the fragility of questions relative to its status. To deny this is to posit the definitive character of a situation one claims in the name of change. Ironically, this would be to believe in the lack of impact of work by women artists since the beginning of their accession to the art world. It would mean denying a historical recognition to the re-questioning of aesthetic and theoretical aims. The subject that **DELIVERS ITSELF** to the perilous exercise of announcing the precarious nature of its positions and its uncertainties, the subject that doubts the cause, that is the subject which concerns us, the subject in question.

Métro-d'art and *Portrait d'une galerie/Galerie de portraits*: the first featured projects by 12 artists in various stations along line two of the Montréal subway system and the other featured 145 artists in an *anonymous* video-installation.[2]

Billed as a *document* tracing the history of Galerie Powerhouse, the videotape *Portrait d'une galerie* presents the opinions of people who participated in the gallery's activities since it was founded in 1973; this work explicitly responds to a self-gratifying need, under the astute cover of a forum. The document is all the more intriguing in that it involved a North-American production network which suggests more than just a local consensus. By its recourse to a tactic which employs the economical use of televisual logic, the video turns broadcasting against itself. The televisual approach seems to have been favoured for its power of concentration and gathering, rather than of distribution.

Therefore, what we are left with in this site charged with a feminist past which is at present flying the colours of the much more general category of art by women, is something akin to a (therapeutic?) **INFUSION**. Galerie Powerhouse constitutes the active raw material from which the ferment is extracted. The idea behind a gallery of portraits presented in succession according to the uniform formula, "La Galerie Powerhouse est..."/"Powerhouse Gallery is ...", makes *Portrait d'une galerie* a project concerned with the question of identity. The impersonal and playful reversibility of the title responds significantly to the choice of retaining the anonymity of the faces, which are then infused with a common identity through the words. The exhibition makes Powerhouse independent of the endlessly repeated identification (somewhere between a litany and an advertisement) on the soundtrack. This excessive presence conceals the absence of the subject at the same time that the gallery fulfills its mandate to ensure the visibility of the (female) artist. Therefore this is an *anonymous* work. It remains difficult to object by pointing out faces without inferring that the gallery represents women before it represents art by women. Here the artists are not on the side of the production but instead constitute a dual representation. This is the interest of the position of a work that presents itself as *signed and nameless*.

The choice of presenting a dual exhibition of *genre** through the portrait gives *Métro-d'art*, and it is an obligatory comparison, an androgynous look. This is a disturbing realization which solves nothing of this re-questioning of the evident codes of gender advocated on the one hand by feminist art and on the other by feminine art. So if this exhibition proves, with a few significant exceptions, the anonymity of gender, it certainly does not come about by chance, indifference or, for that matter, simple strategy.[3] This would be tantamount to allowing little space for the autonomy of the works and little time for deploying their effects.

This path reveals the pitfalls of a process which is directed in terms of meaning. While the exhibition is limited to one line (line two), to one lane, it does not demarcate any privileged feature between the works that are dispersed throughout the stations, left alone and linked more readily to the sites than to the abstract totality of the exhibition. The necessarily fragmented experience – except for the spectator's – consists of being hooked as one passes by and has little in common with the protected enclosures of art sanctuaries, from galleries to exceptional sites, which are propitious to contemplation. In this labyrinth or desert, the gaze is furtive, surreptitious; spectators are themselves exposed to the obscene gaze of others.

More preoccupied by what is there and attentive to the virtualities and stories apt to unfold, I will avoid defining the site in terms of specificity.[4] It would be as easy, through a simple rhetorical pirouette, to declare it obsolete and to extol the absence of specificity, atopia and the non-site. There is no site… as is the case with the question which we attempt, perhaps despite ourselves, to answer: What are we seeking to acknowledge as specific to art by women? Unburdened of the *a priori* unifier implicitly imposed by *in situ* practice in such a distension of the exhibition site, the spectator is at liberty to interest her/himself with confluences which confirm not a homogeneity but an attraction.

In this subterranean network, we are witnessing the most short-lived of flirtations, legitimized by the sinister expectations lurking nearby. Therein resides a subject which no sooner becomes enamoured than it violently disturbs its intimacy, feigns indifference or allows itself to be assaulted. It seems difficult to question the investiture of such a site in terms of a simple displacement of the object (being analysed) in the theoretical amnesia of resistance and withdrawal suffered by those we so strangely describe as users of public transit. In addition, what we retain of these works is of the order of a sensibility to this state, this stifling condition. This is not an occasion to point out the double cliché of an *exasperating* female sensibity and a desire for enfranchisement. Therein resides the interest in ambiguity, its critical function, if you will. All these manifestations of a difficulty in expanding – mechanisms for seizing and incarcerating a subject, from which we can only make out ghostly reminders of presence – proceed from a reflection fashioned by the experience of the site, an ongoing reference with symbolic repercussions.

Christina Horeau's metallic cages, through their play on scale and fragile construction, reduce the objects to signs which trace an itinerary in three moments: a chair, a corridor full of blue shoes, and a building, having in common transparent grillwork which conceals only a void enclosed in a network of depersonalized structures. As a counterpoint, Michèle Assal's installation, several feet away, includes the most neutral and readily identifiable signs of the home on a concrete rampart. Perhaps this is an imaginary refuge, but it is, above all, a sinister indicator of solitude with its overexposed, primary colours. Loly Darcel's video box proposes to substitute one brief instant of wandering reverie for lethargy, in an astounding transfiguration of the transfer ticket dispenser into a telescope which, like some nostalgic lifebuoy, displays maritime landscapes. A soundtrack of crashing surf recalls, according to the artist's statement, "the crowd the métro endlessly washes onto its platforms, the comings-and-goings of life and death." The outside is encapsulated in an observation post which imposes its desire to see onto the subject. Therein resides the violence of this (transfer) mechanism, apparently earmarked as a leisurely escape.

The photographic reproductions of *Symétrie* derive from a field of reference which concerns the exercising of control of the body and of nature. Kitty Scott's and Laurel Woodcock's intervention has an emblematic value, in a context which seeks to transmit, attentive to the ascendency of strategies for immobilizing the subject, the weight of a perceptible attraction between the pieces. Placed side by side, corset and pergola echo each other as a dual reminder of a confinement which the site itself, along with the entire system, accentuates through its vaulted architecture – all the more oppressive, because it makes the access zone to the subterranean regions an even greater void. Presented as a cold illustration of the "inventory of instruments of torture," the corset embodies the absence of the body and its introversion in a discomfort of which it is the victim. The pergola invades the entire surface with an undulatory effect – a motif in sharp contrast to the corset's aggressive lacing – and, by its funnel-like construction, reproduces a perspectival model, as well as the photographic mechanism of the view-finder. This is an image whose charm is neutralized in a sinister fashion by a condensation of the cage-effect; she or he seeking temporary refuge here is turned away, back to the corridors and tunnels of the station. We must also take up the parallel between the immobilization of the body… and the fixity of the gaze reduced to a single point of view, and the rigours of the focusing.[5] And yet the astuteness of this work resides in its indirect and highly pertinent subject, which concerns the clichés about the feminine condition, salvaged by a shifting of the modalities of subjection which everyone passing through these sites experiences.

Khadejha's silkscreened banners are at the opposite end of this condensation of oppressive effects; she explicitly plays on the feminist question through her choice of political imagery which she reworks in a decorative mode, to perform the role of standard. In a similar way, Josée Pellerin, by opting for the metaphor of a surprising family portrait, suggests, through a *rapprochement* between humans and domestic animals, the submission resulting from the uniform phenomenon of social insertion. Close by, a large banner of metallic plaques featuring the word CON-SCIENCE startles one like a slap in the face. This intervention by Cécile Baird is provocative in its silent brutality, in the expression of a categorical imperative wholly concentrated in the A of Anarchie (encircled by the O in CONSCIENCE); it stuns the commuter from her/his lethargy, the viral coma of urban transit.

Provoked by a dizziness which begets the loss of self-control, where the subject abandons itself to a paralysis and blends into mass solitude, this secondary state appears to be propitious to the creation of spectral forms. On the sombre, unused fronts of plexiglas panels indicating subway directions, organic silhouettes emerge, chiaroscuro cut-outs recalling the textured surfaces of rocky vestiges which one sees occasionally behind shop-windows that incite contemplation. Renée Lavaillante's intervention is certainly more discreet and has the fragile quality of an apparition.

These pale, territorial figures are certainly there, but there are also the dismal deposits left by passers-by, the traces of their passage on the walls of the station. Marie Fraser is the only artist to have focused on the physical intervention of the passers-by, through a minimal proposition of framing the space reserved for several seats, aligned according to their alternating heights. The indexical nature of the site appears marked by corporeal emanations which, by appending themselves, trace the melting silhouettes of beings into each other until little difference between them remains. This constitutes a demarcation of the always mobile space represented, retaining only the traces of the passage of intermittent figures; the frame circumscribes and highlights provisional and fugitive subjects. It is a classical frame suggestive of a gaze held in check by a constantly differing representation, outmanoeuvring **FROM THE INSIDE** the hermetic power to which Poussin alluded in 1639 in a letter to Chantelou:

> When you receive [your painting] I beg thee, should it please thee, to slightly ornament the cornice for it hath need of it, so that, whilst considering it in all its parts, the rays of the eye be held and not escape by the introduction of neighbouring objects...

This work manifestly reflects the capitulation of the frame in exercising control; the lightness and transparency of the proposition is as much at play as the opacification directly linked to the subject. Perhaps this is the lightest of the works, which are, for the most part, introverted and address issues of isolation and solitude; Carole Beaulieu's sculpture works in a similar fashion. It is a sinuous configuration of monoliths, set apart in the only garden in the system; it is an invitation to silence and meditation, an enclave in a bustling complex.

And yet there is a glaring exception which comes to disturb the introverted and anonymously singular identity concealed by the works gathered under the seal of an institution which is normally ostentatious in proclaiming its difference. Suddenly an excessively mocking visage, twisted into a vast grimace, testifies to a dual exhibition of genre/gender: the female portrait. The impact of this work by Raymonde Jodoin, apart from the undeniable element of surprise it produces in an apathetic context, no doubt derives from the obscenity of an "overflow of sex in the face – a sort of monstrous extraversion," as Baudrillard would say. It has the effect of an ironic response to the *lack* in psychoanalytical terms. Masculinized, brutally thwarting the conventional strategies of fetishism or voyeurism which according to theories on the subject reduce it to an object of the male gaze, this woman sticking out her tongue is playing a virile exhibitionism which requires no epilogue.

This grimace constitutes an interesting distortion of the feminist point of view which was difficult to forget when I saw the *Portrait d'une galerie/Galerie de portraits* video-installation one last time. It obliges us to cast doubt on the over-emphasizing of the signifying face, **SPEAKING OF FACE-VALUE** as a site of privileged expression. Filmed along the lines of the dominant rules governing televisual language, the participants, in speaking (a few preferred silence or the accent of a symbolic gesture), intensified the illusion of a direct and private manner of address which guarantees an authentic and clear message. However, there is an inherent, fundamental paradox in this project, whose aim was to focus on the gallery's image through the images of these women: the impossibility of capturing that which is always in the process of being made. I am referring to the specific vibration and mobility which defines it by the temporality of its formation.[6] We are thus faced with a work which posits, despite itself, the fragility of its position and, consequently, the problem of identity in the alterity and *différance* inextricably bound to the very principle of its achievement. We are witnessing the affirmation of a feminine force, subverted at the exact instant of its transmission by the fractioning of its representation.

Galerie Powerhouse intended to come into contact with a larger public with *Métro-d'art*, and hence to disseminate art by women concerned with establishing a direct link with a social reality. The works themselves, however, resist this expansionism due to their reflection upon conditions surrounding the incarceration of the subject which is embodied in works portraying retreat and introversion. With *Portrait d'une galerie*, Galerie Powerhouse has proclaimed that it is explicitly devoted to the question of its own representation. This deft rerouting of the expression of the subject has recourse to a form of insidious subjection which audaciously puts into play both its identity (by the use of videographic procedures), and its singularity (by exalting a collective project). Let me suggest that, by virtue of the monstrosity of a body-in-waiting, manifesting its anxiety by various wandering glances or by an excessive fixity of the lens which precedes the official recording of its expression, the work out-manoeuvres its oppressive structure and raises the question of identity in another fashion. Not yet ready for the shot, these bodies reveal, for a brief instant, their resistance to the game of representation and the ascendancy of the view-finder.

In the final analysis, these events were meritorious in that they reiterated the topicality of **STRATEGIES OF DIFFERENCE**... through a tour, which combined physical and meditative experiences, of the underground corridors of certain known sites (*lieux communs*).

1.   Concerning this question, see the following texts which served as inspiration for my reflections: Lucy R. Lippard, *From the Center: Feminist Essays on Women's Art* (New York: E.P. Dutton, 1976); Estella Lauter, *Women as Mythmakers, Poetry and Visual Art by Twentieth-Century Women* (Bloomington: Indiana University Press, 1984); Nicole Dubreuil-Blondin, "Les femmes dans la nature ou l'immanence du contenu," and Thérese St-Gelais, "Remarques sur l'art féminin et l'art féministe," in *Art et féminisme* (Montréal: ministère des Affaires culturelles du Québec et Musée d'art contemporain de Montréal, 1982); *Trois*, spécial *Femmes international* vol. 5, nos 1-2 (automne 1989).

2.   Note that Corrine Corry and Lisa Krupka realized the video. For details, refer to the credits.

3.   I would like to note that the curators had very limited powers in a context where the Société de transport (SCTUM) made a selection based on security regulations and ease of execution from among the artists' projects submitted. The projects which were selected had to conform to métro network regulations in addition to fulfilling the requirements of the integral concept.

4.   The notion of specificity comes from the dual connotation of the *aura*, that proper to the site itself, and the *transcendance* of both reality and of the subject in the ideal modernist work.

5.   See Florence de Mèredieu's article, "La photographie et ses prothèses," *Parachute*, no. 34 (March, April, May 1984).

6.   For an in-depth reflection on the subject, see René Payant's text, "La frénésie de l'image, vers une esthétique selon la vidéo," in *Revue d'Esthétique*, spécial *Vidéo-Vidéo*, nouvelle série, no. 10, (1986), reproduced in *Vedute, Pièces détachées sur l'art 1976-1987*, (Laval: Éditions Trois, 1987), pp. 569-577. See also *Vidéo*, ed. René Payant (Montréal: Artextes and Vidéo 84, 1986).

* Translator's note: the French term *genre* refers to both gender and art historical genres.

Translated from the French by Robert McGee

Nell Tenhaaf

Une histoire ou une façon de connaître

Que serait une histoire sans date et sans nom ? Alors que les féministes commencent à construire une histoire, nous découvrons qu'il y a du plaisir à suivre une continuité temporelle d'événements et à reconnaître des figures exceptionnelles. Considérons cet exemple :

> Une lignée complexe du féminisme français prend naissance dans les salons des XVIe et XVIIe siècles, et va des *précieuses* et des *femmes savantes* aux écrivaines connues sous le nom de *Sapho 1900*, aux lycées des femmes, puis au *Politique et psychanalyse* contemporain, et elle reçoit un appui généalogique tout aussi significatif de la part de Jeanne d'Arc («Hé, quel honneur au féminin/Sexe», écrit Christine de Pisan à propos des victoires de Jeanne), de la part des *sorcières*, des aristocrates rebelles de la Fronde, des *tricoteuses* de la Révolution française, des journalistes et des militantes des années 1830 et 1840, des *pétroleuses* de la Commune et des héroïnes de la Résistance menée durant la Seconde Guerre mondiale. Même si l'action politique des femmes a provoqué, comme on pouvait le prévoir, une violente ré-action anti-féministe, c'est encore la combinaison du militantisme au niveau du langage et des politiques qui caractérise le mieux les féminismes français.[1]

L'impact du féminisme français s'est toutefois développé, dans les années 80, au-delà des domaines linguistique et politique pour s'introduire dans les arts visuels et ainsi revitaliser le sens du militantisme féministe. Par conséquent, les femmes que nous venons de citer comptent parmi les ancêtres des artistes féministes contemporaines; elles forment un chaînon très ancien de ce qui, autrement, ne serait qu'histoire récente. Ce n'est que depuis le début des années 70 qu'on perçoit, chez les femmes artistes, une résistance culturelle organisée.

En seize ans d'expositions et d'activités parallèles, Powerhouse a réussi à dresser une liste d'héroïnes féministes, aussi longue que variée, sinon prestigieuse. Depuis ses débuts dans les temps forts de la libération des femmes au commencement des années 70, c'est vers le milieu de cette décennie que Powerhouse s'est taillé une place importante . De plus en plus visible et de mieux en mieux financée, surmontant les lacunes de l'art féministe au tournant des années 70, la galerie a pris sa place comme un lieu d'exposition convoité dans les années 80.[2] Voilà une description de sa trajectoire jusqu'à aujourd'hui. Mais quels détails choisir de manière à constituer le survol historique de ce projet féministe ? Dans la texture dense que présente la chronologie de ses événements, comment peut-on extraire les éléments signifiants ou, en fait, devrait-on vraiment les extraire ?

Une petite histoire de Powerhouse serait probablement plus appropriée : cataloguer les événements discrets et retentissants, énumérer les vedettes lancées par la galerie, les talents plus modestes et oubliés ainsi que les membres qui ont travaillé fidèlement et bénévolement durant des années. La perspective historique la plus pertinente consisterait à identifier les lignes de continuité entre les premières années de Powerhouse et les débats actuels autour du féminisme et de la culture. Ou peut-être, un témoignage fragmenté serait-il préférable, écartant raisonnement et linéarité pour recueillir, au hasard, quelques événements qui constitueraient une histoire *ad hoc*.

On pourrait considérer comme point de départ le fait que le problème majeur de l'histoire des femmes, mais aussi paradoxalement son intérêt, est que celle-ci n'a jamais été compatible avec l'histoire officielle. Malgré l'absence des femmes dans les livres d'histoire, il ne m'est jamais apparu qu'il était possible de faire une histoire non-officielle, alternative. Aujourd'hui je suis plutôt fascinée par cette absence d'informations sur notre passé à la fois lointain et proche; et une question me vient à l'esprit: les femmes devraient-elles, elles aussi, instituer une histoire officielle de manière à ne pas perdre le sens de leurs pratiques politiques et culturelles?

Une tautologie est ici en jeu, et elle n'est pas due à la *fin de l'histoire* décrétée par le postmodernisme. Même si elles le voulaient, les femmes ne pourraient pas écrire l'histoire officielle de leurs vies et de leurs œuvres, car la prémisse épistémologique nécessaire à la réalisation d'un tel projet n'existe pas. Même s'il existe plusieurs modèles théoriques ayant mis de l'avant une manière propre aux femmes d'utiliser le langage et de chercher la connaissance, il n'y a aucun de ces modèles qui supplante les autres. De plus, écrire une histoire officielle exige (au même titre que la recherche scientifique) des points de vue objectifs, sans jugements de valeur et qui ne soient pas, au moins ostensiblement, tributaires de parti pris politiques. L'objectif de ces grands discours est de rendre à la fois le sujet parlant et le sujet singulier, autoritaires et universels. Ainsi, l'idée de créer une version féministe de l'histoire, qui soit approuvable et qui contrebalancerait la version phallocentrique, est très problématique, sinon impossible. Dans ces conditions, une question soulevant certains défis se pose à nous: «Selon quels fondements les (nos) revendications féministes devraient-elles être justifiées?»[3] En d'autres termes, quelles sont les façons de connaître qui soient spécifiques aux femmes et comment les traduire en méthodologies, en théories, en pratiques ou en histoires féministes?

Dans plusieurs domaines différents, les discours féministes se sont dramatiquement développés depuis le début des années 70. Les objectifs demeurent essentiellement les mêmes, mais leur articulation est devenue plus sophistiquée. Notre façon d'approcher ce qui constitue un des plus important projet du féminisme, lequel trouve sa contrepartie dans le domaine de l'art contemporain, tient à la théorisation et à l'actualisation des bouleversements dans les sémiotiques de la différence sexuelle. Elle examine comment cette stratification est faite afin de changer la dynamique de pouvoir qu'elle génère. Par exemple, le discours psychanalytique, en instituant des différences entre les sexes, est couramment utilisé pour analyser le rôle des représentations, particulièrement dans le langage. Filtrée par la théorie féministe française, la psychanalyse est devenue, pour les artistes féministes des années 80, un outil important pour exposer les fondements idéologiques des structures de l'identité sexuelle et de la pathologie, telles qu'appliqué aux femmes. Ceci signifie un saut en avant dans la compréhension des mécanismes de contrôle du patriarcat. Mais, à partir de là, le fait d'aller plus loin et de proposer, en tant qu'alternative, des discours orientés sur les femmes, impose un très lourd agenda; surtout si les féministes sont continuellement sur la défensive et ont à justifier chacune de leurs prétentions au savoir, y compris celle de la connaissance de soi, qui est différente, sinon contraire, à ce qui constitue le savoir officiel. Entre féministes, les critères pour définir les épistémologies propres aux femmes et, par extension, nos pratiques culturelles, sont vivement débattus; encore que cela puisse sembler souhaitable, étant donné que la machine culturelle tend à s'approprier et à transformer les discours féministes au même rythme où ils sont portés à l'attention du public.[4]

Si on garde en tête le fait que nous relevons d'un *domaine distinct*[5] et l'ambivalence que cette situation nous inspire depuis fort longtemps, le féminisme des années 70 et sa manifestation dans les arts visuels peuvent être perçus, rétroactivement, comme un mélange stratégique de *nous sommes aussi bien* et de *nous sommes fondamentalement différentes*. Depuis que notre différence est, à moins de preuve contraire, toujours implicitement dévaluée, plusieurs artistes féministes du début d'une deuxième vague ont tenté de s'inscrire dans les courants dominants, en ne mettant plus l'accent sur leur féminitude. D'autres se sont regroupées sous la bannière féministe. Ces choix trouvent leurs justifications à des niveaux personnels, multiples et indéchiffrables. C'est dans cette matrice que s'est formé le mouvement des femmes artistes et dans ce contexte que la galerie Powerhouse a ouvert ses portes.

C'est la quasi-absence de femmes dans les expositions présentées dans les galeries et les musées, qui incita d'abord les femmes artistes à introduire le féminisme dans les arts visuels. C'est pour cette même raison qu'un groupe de femmes mit Powerhouse sur pied en 1973 : une petite salle d'exposition uniquement consacrée aux femmes et située dans l'ouest de Montréal. Le début des années 70 fut également marqué, à Montréal et partout au Canada, par la naissance de galeries parallèles gérées par des artistes, dont les portes étaient largement ouvertes aux femmes comparativement aux institutions commerciales ou publiques. Pourquoi alors un groupe de femmes, faisant partie des *Flaming Apron*, est-il à l'origine de Powerhouse ? Parce que la conscientisation dans un contexte de groupe était le modèle socio-politique du féminisme en même temps qu'une stratégie efficace pour poser, et éventuellement répondre, à certaines questions fondamentales telles que : de quelle nature serait le lien entre les revendications féministes et les pratiques artistiques, et comment faire en sorte qu'un plus grand nombre d'œuvres de femmes soit publiquement reconnu alors que leur qualité est constamment remise en question ?

Le développement des centres alternatifs a rassemblé une communauté d'artistes intéressée par des idées d'avant-garde, particulièrement par l'art conceptuel et les nouveaux médias. Simultanément, les cercles américains d'art féministe questionnaient la prétendue neutralité (et sa forme plus insidieuse : l'universalité) de l'art moderniste, particulièrement en peinture et en sculpture. Des comptes rendus sur les nouvelles pratiques culturelles féministes, parmi lesquelles la revalorisation de l'artisanat, le développement d'une *forme féminine*[6] et la performance basée sur le rituel et l'art corporel, commençaient à franchir les frontières entre les États-Unis, le Canada et l'Europe. De plus, les femmes qui utilisaient des médias non traditionnels, comme la vidéo, affluaient dans les centres alternatifs canadiens. Puisque ces pratiques ont souvent été abordées et approfondies, je les passerai ici sous silence.[7]

Dans ce réseau d'influences, Powerhouse oscillait à l'intérieur de son propre positionnement féministe : pour certaines, elle était trop séparatiste; elle excluait donc les hommes, elle était radicalement lesbienne. Pour d'autres, c'était simplement un autre centre alternatif, ayant un mandat uniquement consacré aux femmes; mandat qui se justifiait plus ou moins par des statistiques prouvant la présence moindre des femmes dans le système.

Au cours des années 70, Powerhouse bénéficiait de deux salles d'exposition. Dans la plus grande, on reconnaissait l'importance d'exposer des œuvres qui pouvaient se justifier face aux perceptions du milieu des arts. Par contre, les portes de la petite salle étaient ouvertes aux œuvres des membres actives : artistes souvent moins expérimentées, luttant contre le manque de confiance en elles-mêmes. La programmation des deux salles reflétait les portées virtuellement impossibles d'un mandat visant à représenter les tendances reconnues de l'art contemporain en même temps que le territoire inconnu de la spécificité féminine, qui commençait alors à émerger.

Powerhouse connut souvent de fortes tensions internes, causées non pas par la perception extérieure de ses politiques et de sa position, mais par le rapport entre la qualité et la différence sexuelle. Cette question paraissait irrésoluble et, en fait, elle l'était. Comment pouvait-on affirmer la qualité des œuvres des femmes, particulièrement celles des jeunes artistes, et en même temps rencontrer les exigences du professionnalisme lorsque le message provenant des débats américains (en particulier) sur l'art féministe déclarait que les critères eux-mêmes étaient flous, contestables et sujets à une constante révision ?

À ceci s'ajoutait l'idée de tremplin, qu'on a fini par reconnaître comme étant la fonction de tous les centres alternatifs. Pour Powerhouse, être un tremplin permettait à un plus grand nombre de femmes artistes d'obtenir une reconnaissance de l'ensemble du milieu des arts. Mais cette idée soulève une question délicate se manifestant sous la forme d'une contradiction fondamentale qui a tourmenté plusieurs critiques féministes du secteur culturel : l'effort pour faire reconnaître, en arts, l'égalité professionnelle de plus de femmes peut aller aussi à l'encontre d'une critique du phallocentrisme et de l'hégémonie du système des arts. La façon la plus évidente pour faire face à ce dilemme est de promouvoir des femmes artistes dont le travail a une intention clairement féministe, contribuant à critiquer le pouvoir institutionnalisé, dont celui du milieu des arts. Mais, au Québec et dans le reste du Canada, le lien entre les pratiques culturelles des femmes et les actions féministes était plus précaire, comparativement au modèle américain, et cela fut parfois lourd à porter. Dès ses débuts, le mouvement féministe américain dans le domaine des arts s'est articulé autour de problèmes sociaux, de revendications et un certain élan de cet esprit révolutionnaire féministe persiste encore aujourd'hui. Les conditions présentes à Powerhouse étaient beaucoup plus compliquées, car ses fondements s'appuyaient sur un idéal féministe anglophone nord-américain, se combinant au contexte culturel québécois majoritairement francophone et engagé dans la question complexe de sa propre identité.[8]

À la fin des années 70, toutes ces tensions étaient devenues plus évidentes; l'ensemble du mouvement féministe était dans une période de retranchement, réévaluant son impact et ses visées. Le moment le plus marquant de la rencontre entre l'art et le féminisme dans les années 70 et l'engagement de Powerhouse dans cette voie furent marqués par deux phénomènes contradictoires : d'une part, par d'importantes expositions faisant un survol de l'art des femmes et, d'autre part, par la croisade d'art féministe de Judy Chicago.[9] À la fin de cette décennie, on s'inquiétait beaucoup du sens et de l'impact qu'avait *l'art issu de l'expérience vécue* –

tendance encore marginale soutenue par les femmes – et par la position de Judy Chicago dont la revendication est devenue célèbre grâce au cri de guerre : «inscrivons-nous dans les livres d'histoire!».

Au début des années 80, une déprimante atmosphère anti-féministe régnait. Elle persiste encore et, à l'intérieur des manifestations culturelles au sens large, on en parle souvent comme du post-féminisme. Les principaux médias, en particulier, s'appliquent à recycler les marques superficielles du féminisme en présentant, surtout si elles tremblent sans raison apparente, des professionnelles qui ont réussi et qui soutiennent candidement que toutes les portes sont maintenant ouvertes aux femmes.[10] À cette situation, Powerhouse a délibérément opposé une stratégie consistant à élever le niveau de la galerie en invitant des artistes plus connues, privilégiant les artistes féministes qui ne supportaient plus le sentiment de marginalité et qui, particulièrement à Toronto au début des années 80, se sont regroupées pour former une communauté militante. Powerhouse est ainsi devenue un lieu d'exposition plus attrayant et, ironiquement (si on considère l'atmosphère de l'époque), elle a profité, au milieu des années 80, du fort appui de tout un réseau, tant au niveau local que national. Aujourd'hui, Powerhouse est reconnue dans toute l'Amérique du Nord à la fois comme galerie féministe et comme centre alternatif.

Le doute harcellant que je ressens comme le seul obstacle à cette stratégie voulant rehausser le niveau artistique, et qui je l'espère ne relève pas de la nostalgie, se réfère au dilemme des années 70 examinant les pour et les contre d'être ou de ne pas être dans les courants dominants. Mon doute fait aussi référence à l'observation de *New French Feminisms* : l'action politique (et ici nous pouvons ajouter culturelle) des femmes provoque immanquablement une ré-action anti-féministe. Et même si cette situation est historiquement confirmée, elle demeure à peu près invisible. L'un des plus insidieux symptômes de cette ré-action anti-féministe consiste à interpréter l'augmentation du nombre et du niveau des artistes reconnues, comme étant la preuve que les voies des femmes sont davantage entendues et écoutées au cœur des courants dominants.[11] Historiquement, la seule langue que les femmes pouvaient parler, même entre elles, était celle du colonisateur. Dans les années 80, les artistes féministes ont attaqué de front ce paradoxe et ont virtuellement dominé le champ des pratiques artistiques contemporaines, qui mettent l'accent sur la connaissance, la théorie et leur fonctionnement, en brisant les codes de représentation et en exposant les tromperies des discours phallocentriques. Dans ce contexte, il est tentant de supposer que le féminisme est un discours ayant un statut et un impact équivalents à ceux des discours officiels qu'il critique. C'est peut-être vrai dans le milieu des arts, mais ce n'est guère le cas dans un contexte social et politique plus large.

Ce qui semble sous-représenté dans le mouvement des années 80 des femmes artistes parlant à la suite des pères, des artistes féministes assumant le discours parental de la psychanalyse et de la philosophie et préférant le logocentrique au corporel, ce sont les dimensions émotive et politique de la colonisation des femmes, particulièrement en ce qui a trait à l'identité sexuelle. Les artistes féministes des années 70 se sont engagées sur des voies fascinantes, même lorsqu'il s'agissait de culs-de-sac, en abordant la question de l'identité sexuelle et d'un langage qui lui est propre. L'exemple le plus contesté de cette démarche est encore la représentation axée sur un centre fondamental (*central-core imaging*). La colonisation sexuelle fait des différences de races ou de classes sous le couvert d'un *statu quo* imperceptible mais profondément enraciné. D'où vient l'énergie nécessaire à l'aberration, à la dérogation de ce *statu quo*, chez des êtres déjà blessés? Sinon du dévoilement de nos blessures comme une dimension de la connaissance des femmes?[12] La pensée post-féministe nous demande de couvrir à nouveau ces blessures, de réprimer de nouveau la réalité et la complexité des innombrables espèces de colonisations. Les nombreuses histoires du militantisme féministe nous indique qu'on devrait examiner et utiliser l'inter-relation de la connaissance de soi, des nouvelles épistémologies et de l'expertise durement acquise pour fonder notre action.

Powerhouse a exposé les œuvres de maintes artistes majeures, tant au niveau local qu'international, reflètant les préoccupations centrales de l'action féministe des années 70 et 80. La programmation de la galerie fait encore une place aux artistes montantes, via la performance, la vidéo, les conférences et les lectures. Il ne devrait jamais incomber à Powerhouse de mettre de l'avant un énoncé définitif sur les pratiques artistiques féministes pour les mêmes raisons qui rendent son histoire impossible à écrire. Ce qu'offre Powerhouse, c'est un lieu pour la continuité des multiples discours sur l'art contemporain et le féminisme. Et en tant que telle, la galerie continue de s'engager activement dans l'irrésistible quête féministe de la connaissance des femmes.

1.   *New French Feminisms*, Elaine Marks et Isabelle de Courtivron, eds. New York, Schoken, 1981, p. 6.

2.   On reconnaît généralement à *Codpieces: Phallic Paraphernalia*, exposition de Tanya Mars présentée en octobre 1974, le mérite d'avoir accentué la présence de Powerhouse, première galerie canadienne gérée par des femmes, sur le très marginal boulevard Saint-Laurent de l'époque. Les coordinatrices/directrices de la galerie ont été: Tanya Mars (Rosenberg), 1974-1976; Kina Reush, 1976-1977; Linda Covit, 1977-1980; Nell Tenhaaf, 1979-1983; Susanne de Lotbinière-Harwood, 1981-1983; Barbara Steinman, 1983-1985; Élise Bernatchez, 1983-1985; Francine Papineau, 1985-1987; Joanne Desjardins, 1985-1987; Noreen Gobeille, 1987-1989; Marie Fraser, 1987-1989; Carole Brouillette de 1989 à ce jour et Suzanne Paquet, de 1989 à ce jour. J'aimerais rendre hommage, ici, à l'artiste et organisatrice Kina Reusch (1940-1988).

3.   Sandra Harding, *The Science Question in Feminism*, Ithaca and London, Cornell University Press, 1986, p. 24. L'auteure souligne trois positions épistémologiques féministes que le domaine des sciences a développées: l'empirisme féministe, le point de vue féministe et le postmodernisme féministe.

4.   Voir *Gynesis: Configurations of Woman and Modernity*, Ithaca and London, Cornell University Press, 1985. Alice Jardine y expose comment ce phénomène s'est manifesté dans le domaine de la théorie, particulièrement dans la féminisation du discours et dans la circulation d'images de la «femme différemment pareille» ("differently same woman") chez les philosophes français: «Quand un homme dit: «Je suis femme, moi aussi», il le fait avec assurance.» (p. 39)

5.   "Separate sphere". Voir Rozsika Parker and Griselda Pollock, *Old Mistresses: Women, Art and Ideology*, London and Henley, Routledge and Kegan Paul, 1981. Les auteures utilisent ces termes pour décrire l'institutionnalisation du non-pouvoir des femmes au XIXe siècle, ainsi que les inéluctables vision romantique et dénigrement de notre maîtrise du domaine domestique. Je le rappelle ici pour y rattacher la connaissance différente (féminine) que le féminisme engendre, et le problème parallèle de la valorisation et de la dévalorisation de cette connaissance.

6.   Voir Lucy Lippard, *From the Centre: Feminist Essays on Women's Art*, New York, E. P. Dutton, 1976, pp. 226-230.

7.   Voir Lucy Lippard; Moira Roth, *The Amazing Decade: Women and Performance Art in America 1970-1980*, Los Angeles, Astro Artz, 1983; Rhea Tregebov ed., *Work in Progress: Building Feminist Culture*, Toronto, The Women's Press, 1987.

8.   Rose-Marie Arbour résume le débat sur la position des artistes québécoises à l'endroit du féminisme nord-américain dans *Art et féminisme*, Montréal, Québec, ministère des Affaires culturelles du Québec et Musée d'art contemporain de Montréal, 1982, pp. 3-14.

9.   *Artfemme*, organisé par Powerhouse, le centre Saidye Bronfman et le Musée d'art contemporain de Montréal (1975) et *Des artistes canadiennes*, Galerie nationale du Canada (1975). On pourrait également ajouter, même si ces expositions ont eu lieu dans les années 80, *Art et féminisme*, Musée d'art contemporain (1982), et *Actuelles*, Place Ville-Marie (1983). Invitée par Powerhouse, Judy Chicago a prononcé une conférence à Montréal en février 1980.

10.   Cette anti-héroïne post-féministe notoire, Glenn Close dans *Fatal Attraction*. Elspeth Probyn, "Local Practices, or What's the Difference Between the New Traditionalism and Post-feminism?", article communiqué lors de la conférence "Cultural Studies and Communications: Convergences and Divergences", tenue à l'université Carleton, à Ottawa, en avril 1989.

11.   Voir mon article, "The Trough of the Wave: Sexism and Feminism", *Vanguard*, septembre 1984, pour une plus longue analyse de ce sujet.

12.   Nancy Spero explique très clairement ce double potentiel qu'a la victime, et l'importance qu'il revêt pour le militantisme féministe.

Traduit de l'anglais par André Paul

Joanna Nash

La Galerie Powerhouse de Montréal

Déjà paru dans *Fireweed*, no 3-4, été 1979.

Évolution d'un centre d'art des femmes

La galerie Powerhouse fut créée en mai 1973 comme une alternative à l'*establishment* des galeries patriarcales. Un petit groupe de femmes s'étaient alors réuni, avaient échangé leurs idées et avaient finalement décidé qu'elles avaient besoin d'un lieu qui leur soit propre pour exposer leurs œuvres. La galerie vit le jour dans un quatre pièces et demie. Une atmosphère matriarcale s'y établit dès le début. Le climat socio-politique des années soixante, la ré-émergence du féminisme et des coopératives, la possibilité de trouver des alternatives politiques à l'*establishment*, tout convergeait pour justifier la création de la galerie. Les fondatrices étaient fondamentalement conservatrices, mais sympathiques à l'idée d'un discours radical. Cependant, une certaine connaissance leur manquait: si on peut créer une véritable alternative à l'*establishment*, on doit aussi fonctionner avec des règles et des prémisses différentes. À ses débuts, Powerhouse n'est pas allée assez loin en tant qu'alternative; ses membres voulaient prendre des risques tout en restant prudentes. En six ans, cette initiative communautaire est devenue une galerie alternative établie.

La plupart des galeries privées n'auraient alors pas pris le risque d'exposer des œuvres d'artistes inconnues. Une telle situation encourage plusieurs artistes à jouer *le jeu des arts*: règles clairement définies et transmises par les écoles des beaux-arts et les universités. Le succès rapide, c'est-à-dire la notoriété, la visibilité et la valeur marchande, se trouve confondu avec la crédibilité, comme l'est d'ailleurs le soutien gouvernemental. On gagne des points à s'immiscer dans le bon milieu, à sauter dans le train des tendances à la mode et à se mêler aux gens influents du milieu des arts. Les artistes qui visent à jouer ce jeu s'éloignent de plus en plus de l'essentiel: le fondement de leur art et la motivation leur permettant de poursuivre et de se développer comme artiste. Le système patriarcal des galeries encouragent ce jeu et les artistes dépendent vite de ce système, perdant de vue leur rôle alternatif. Au lieu de développer leur autosuffisance, ils deviennent obéissants. Et en échange de leur soumission, ils obtiennent des expositions, un statut et de l'argent. Si la structure des galeries élitistes tombait en ruine, nombre de ces artistes seraient en détresse.

La plupart des *mères* fondatrices de Powerhouse étaient victimes du jeu des arts. Elles étaient réticentes à jouer ce jeu et elles n'y croyaient pas vraiment. Les hommes sont mieux préparés que les femmes à la compétitivité du milieu professionnel de l'art. Les femmes artistes ont un handicap: leurs confrères-hommes ont un entraînement de plusieurs siècles. Diverses options se présentaient donc aux mères fondatrices: progresser dans l'isolement, ne pas considérer leur art au sérieux, poursuivre leurs études, prendre part au *jeu académique* ou créer un nouveau forum. Ce petit groupe de femmes choisit d'ouvrir sa propre galerie.

Pour se donner une crédibilité artistique, les membres fondatrices empruntè-
rent certains standards et certaines pratiques de l'ordre artistique masculin dominant. Ainsi, ces standards imposaient le souci d'une image, d'un statut et du succès.
Ayant peu confiance en elles-mêmes, elles cherchèrent une reconnaissance extérieure en projetant l'image d'un féminisme paisible. Cette contradiction refroidit
leur révolte, modifia les objectifs alternatifs de la galerie et créa des malentendus
tant chez les membres que dans le public.

La première galerie était située avenue Greene, à Westmount, lieu où
résidaient la majorité des membres. Westmount (milieu aisé, conservateur et anglo-
saxon) servait de contexte socio-économique à une galerie Powerhouse débutante,
digne et polie. Cette conduite conservatrice offrait un fort contraste avec le discours
féministe américain : ayant l'allure d'une tempête dans un verre d'eau. Employées
sur un programme d'initiative locale (PIL), cinq personnes dirigeaient alors la
galerie et définissaient ses principes. Les œuvres étaient sélectionnées (par un jury)
à toutes les trois semaines et les membres étaient à la fois juges et jugées. Une
discussion précédait chaque vote et, couramment, une membre parlant plus fort
que les autres pouvait influencer le jury. On changea souvent de méthodes pour
sélectionner les œuvres. Certaines membres remirent en question les critères
standards des jury et se refusèrent à appliquer ce système à Powerhouse.

La galerie offrait également des cours de dessin, des ateliers et présentait des
lectures de poésie. Les campagnes de financement donnaient de maigres résultats.

Après quatre mois de fonctionnement, les mères fondatrices cherchèrent à
élargir le *membership*. Le fonctionnement de la galerie exigeait un personnel plus
nombreux. Les femmes qui arrivèrent à ce moment allaient constituer la deuxième
génération : les *filles aînées*. Elles sont venues à Powerhouse par curiosité, parce
qu'elles avaient entendu dire qu'on cherchait des femmes intéressées. Elles avaient
une idée vague de ce qu'on attendait d'elles et n'avaient aucune expérience dans
le milieu ; Powerhouse devint leur premier milieu des arts. Elles obéirent aux ordres
et accomplirent la routine, accordant aux mères le bénéfice du doute. S'engageant
de plus en plus, ces filles contestèrent bientôt l'autorité et les opinions des mères
en matière d'art, de pouvoir et de féminisme. Elles s'attardèrent de moins en moins
à prouver leur valeur.

Les filles ignoraient l'étiquette du milieu de l'art. Elles étaient ambitieuses
et faisaient montre de naïveté. Alors que les mères semblaient satisfaites de la
galerie située sur l'avenue Greene, les filles aînées étaient frustrées par ce qu'elles
considéraient comme ses limites. Bien que les mères jugeaient importante l'image
professionnelle de la galerie, l'emplacement sur l'avenue Greene était manifestement inadéquat. Le manque d'espace empêchait tout développement. Les filles
entreprirent donc de quitter Westmount pour la rue Saint-Dominique, un milieu
radicalement différent, au cœur de la *Main* avec un pot-pourri de commerces
d'immigrants et de magasins juifs et québécois et une atmosphère de poissonnerie.
Les mères appuyèrent cette énergie débordante, pour autant que les filles n'aillent
pas trop loin.

Après le déménagement rue Saint-Dominique, Powerhouse traversa une
période de maturité. Les membres commencèrent à considérer la galerie comme
un lieu sérieux. Toutes les membres contribuèrent à l'aménagement de la nouvelle
salle d'exposition et elles en étaient fières. Une fois de plus, il devint nécessaire
d'élargir le *membership* afin d'assurer la gestion et le fonctionnement des activités

de la galerie. De nouvelles membres s'y joignirent; plusieurs d'entre elles habitant dans le voisinage de la galerie. Leur mode de vie plus flexible leur permettait de consacrer quotidiennement plus de temps à la galerie et l'équilibre du pouvoir administratif tomba ainsi entre leurs mains. Une nouvelle directrice fut démocratiquement élue par l'ensemble des membres.

Sous cette nouvelle direction, un certain nombre d'anciennes politiques furent passablement modifiées. Les décisions importantes seraient désormais votées par l'assemblée générale formée des membres actives. Un conseil d'administration serait élu et Powerhouse s'incorporerait officiellement. Les directrices pourraient prendre les décisions courantes, mais devraient en répondre devant les membres. Les assemblées prenaient davantage la forme de réunions de famille que de délibérations d'affaires. On se soumettait rarement à un code strict. Dépendamment de l'appui de la majorité, les règles que l'on adoptait à une assemblée pouvaient être rejetées à la suivante. Les crises et les conflits étaient fréquents et le climat fort émotif. Le mode de fonctionnement était improvisé. L'éthique circonstancielle contredisait souvent les principes fixés *a priori*.

L'équilibre du pouvoir s'est déplacé souvent, mais il n'a jamais définitivement penché dans un sens précis. Toutes les politiques étaient adoptées de la façon suivante : lors de la sélection des œuvres, le vote précédait la discussion. Ainsi le modèle de la sélection devenait plus démocratique, mais il n'indiquait pas comment on devait traiter les œuvres des membres. On construisit une plus petite galerie pour permettre une présentation plus intime d'œuvres de petits formats. Les membres pouvaient y exposer à loisir, sans passer par le jury. Les expositions d'artistes de l'extérieur étaient marrainées par une membre, qui guidait et conseillait les artistes. L'autonomie et l'intégrité des exposant-e-s étaient respectées, et on n'intervenait pas en matière de goût ou de présentation. Pendant six ans, les exposition présentées à Powerhouse reflétèrent les priorités et les goûts les plus diversifiés des membres, ainsi que leur support aux artistes de l'extérieur. Lors d'une assemblée générale, il fût même décidé que Powerhouse ne devait pas se limiter à une seule tendance artistique. Les hommes pouvaient soumettre leurs œuvres et on leur accordait chaque année trois expositions sur dix.

La saison 1974-1975 inaugura la plus grande période d'activité et d'expansion (qui dura jusqu'en 1977). Les ateliers communautaires de Powerhouse furent inaugurés dans un espace adjacent. Tout artiste, homme ou femme, pouvait louer un espace modeste à peu de frais. Au cours de cette période, l'énergie déployée dans ces ateliers et les ressources propres de Powerhouse furent réciproquement bénéfiques à l'un et l'autre organisme. L'envergure et le contenu des expositions et des événements varièrent énormément. *Artfemme 75*, entreprise énorme, fut la seule tentative de collaboration qu'ait faite Powerhouse auprès de l'*establishment* artistique. (Cette extravagance a été bien exposée par Gail Lauzanna dans le numéro de septembre 1975 de *Branching Out*.) Plaisir et activités de levées de fonds abondèrent : vente de garage, danses, concours des «dix artistes les mieux habillées», soirées de poésie et performances. La galerie était moins craintive, plus confiante et plus démocratique, ouverte comme jamais.

Powerhouse a attiré une grande variété de membres. Artistes et non-artistes s'y joignirent pour toutes sortes de raisons. Pour plusieurs, c'était un lieu d'appartenance, un contexte amical dans lequel on pouvait être soi-même. Maintes femmes travaillaient à Powerhouse et supportaient la galerie financièrement; certaines ne demandant que très peu en retour, d'autres ayant des attentes plus précises. Les personnalités et les modes de vie les plus opposés s'y côtoyaient. La plus grande assemblée eut lieu en 1976: 30 femmes, toutes membres actives, y assistèrent. C'était une époque d'engagement intense. La plus importante exposition de groupe, *Toy Show (L'Exposition de jouets)*, réunit 25 membres. Powerhouse atteignait son sommet énergétique. Le bureau bourdonnait d'activités, les portes des ateliers restaient ouvertes et les œuvres étaient produites sur place. Fréquemment, on discutait d'art et les assemblées, très animées, débordaient dans des bars du voisinage. Les différences idéologiques étaient négligeables.

À cette époque, un groupe de membres sollicitèrent le mandat d'ouvrir un café autonome, adjacent à la galerie et réservé aux femmes: *newspace*. Les membres étaient toutes d'accord, acceptant même d'intégrer *newspace* à Powerhouse. Ces membres devaient être responsables devant l'assemblée générale, mais elles en assumaient seules l'organisation et la gestion. Elles étaient des *sœurs* membres faisant la promotion de leur propre idéologie féministe et lesbienne. L'espace allait être plus radicalement consacré aux femmes que Powerhouse ne l'était (où des hommes exposaient et dont le public était mixte). Plusieurs membres de la galerie assistèrent aux tout premiers événements présentés. Les mères furent les premières à trouver *newspace* inacceptable dans la mesure où s'y exerçait une discrimination contre les hommes ce qui mettait mal à l'aise les femmes désirant amener leurs maris aux événements. Durant son mandat de six mois, *newspace* s'aliéna même les filles aînées. Celles-ci trouvaient la qualité des événements pauvre et l'administration peu réaliste. De plus, les disputes entre féministes montréalaises firent diminuer les visiteur-e-s. Même si en théorie, *newspace* était une initiative louable; en pratique, son existence était compromise. Un certain nombre de féministes sincères et productrices étaient perdues pour la galerie. Elles avaient choisi d'interpréter Powerhouse comme une réalité féministe – en raison de son existence même – mais elles trouvaient difficile de constater que Powerhouse était en fait un amalgame de personnalités trop diverses pour permettre une définition spécifique. Les membres de Powerhouse divergeaient économiquement, politiquement et artistiquement.

S'inspirant de l'idée de *newspace*, deux membres proposèrent la création d'une salle de performances. Ce lieu devait, lui aussi, avoir une administration autonome, être responsable devant l'ensemble des membres et respecter les intérêts généraux de la galerie. Elles souhaitaient atteindre un public plus vaste que celui de *newspace* et générer des fonds grâce aux événements-bénéfices, aux droits d'entrée et à la location de la partie libre de l'espace. À ce moment, une nouvelle directrice fut alors élue. Un forte motivation animait toutes celles qui étaient liées à la galerie, aux ateliers ou à la salle de performances. L'atmosphère était aussi mouvementée qu'excitante.

L'énergie débordante qui avait motivé le déménagement de la galerie sur la rue Saint-Dominique animait maintenant toute la salle de performances. On y organisa des danses de *rock and roll*, des productions théâtrales et des concours de jeunes talents; on loua l'espace à des professeurs (de tai chi, de danse-contact). La galerie présenta des performances et des lectures de poésie. Le théâtre et la danse introduisirent diverses énergies créatrices nouvelles. Le complexe Powerhouse regorgeait d'activités. La nouvelle direction réaménagea le secteur administratif, la galerie parvint à mieux se financer et son fonctionnement se sophistiqua. La salle de performances préserva son caractère enfantin et drôle; les ateliers fonctionnaient toujours comme sur des roulettes. On aurait dit que Powerhouse oscillait entre la saine créativité et la folie, l'imagination et la réalité.

À ce moment, la Ville de Montréal était impeccablement efficace lorsqu'il s'agissait de chercher des poux. Elle commença par scruter, puis elle montra les dents et finalement, mordit. Le zonage ne permettait pas à Powerhouse de présenter du théâtre ou de réclamer des frais d'admission. On dût fermer la salle de performances, au moment même où elle devenait rentable, avait une cohorte d'imitateurs et bénéficiait d'une bonne couverture médiatique.

Cette fermeture dilua l'énergie. Les membres se consacrèrent à leurs propres démarches et la participation chuta. Comme une coopérative repose sur le travail bénévole, cette dérive altéra l'essence de la galerie. Les expositions étaient marrainées par les membres : la baisse d'activité affecta tout le monde. Incapable de maintenir leur énergie, les ateliers cessèrent leurs activités peu après la fermeture de la salle de performance. Seule, aux prises avec une charge trop lourde et peu motivée par la production, la directrice démissionna. La galerie subissait une transition délicate. Elle ne put canaliser la même impulsion et la même énergie qui permirent la création et qui alimentèrent la salle de performances. On n'y trouvait plus cette combinaison de personnalités coopératives et de circonstances qui avaient donné lieu à cette intimité. C'était la fin d'une époque. Powerhouse semblait se renfrogner, déserter l'idée d'un amalgame qui déborde de la galerie et des arts visuels. Étant donné l'essoufflement général, deux nouvelles directrices furent élues dans l'espoir de rétablir une stabilité, si importante à ce moment. Encore une fois, Powerhouse connut une transformation, un changement de peau, et entra dans une autre phase. Celle que dirigeraient les *sœurs cadettes*.

Depuis plusieurs années, ces sœurs cadettes participaient sporadiquement aux activités de la galerie. Elles n'avaient cependant pas vécu concrètement l'intimité des années de croissance et des toutes premières expériences de Powerhouse. Elles prirent la direction dans le creux de la vague, héritant d'une programmation d'exposition plutôt conservatrice. Compétentes et énergiques, elles tenaient à la fois des mères et des filles aînées... et de la même discordance. Respectueuses, démocratiques, souvent timides, elles instaurèrent une neutralité politique et artistique. Elles misèrent sur une administration paisible et sur l'image publique de Powerhouse, tout en défendant encore une vague position féministe. Le mode de sélection fut avantageusement modifié, le centre de documentation se développa, le bulletin d'information atteignit une taille impressionnante. Powerhouse devint plus active au sein d'ANNPAC (ou RACA : Regroupement d'artistes des centres alternatifs), dont elle était membre depuis 1975. On décida que les hommes ne pouvaient exposer à la galerie qu'en collaboration avec une femme-artiste. On sollicita et obtint les fonds nécessaires à des expositions de plus grande envergure. Plus prudentes que leurs prédécesseures, les sœurs cadettes inspiraient une confiance financière. La structure et la gestion de Powerhouse étaient devenu plus sophistiquées que jamais. Les sœurs cadettes firent de Powerhouse une galerie acceptable.

Il est très difficile d'examiner objectivement Powerhouse après s'y être engagée de façon subjective durant six ans. Les idées émises ici le sont donc d'un point de vue personnel. Les forces et les faiblesses de Powerhouse, ses ambiguïtés et son originalité, la distinguent des autres coopératives. Toujours, elle fut perçue de l'extérieur comme un collectif. Pour bien la comprendre, en fait, on doit regarder autant son centre que ses parties individuelles. Ce qu'elle a produit est sa réalité; ses membres sont sa personnalité. La plupart du temps, Powerhouse a accompli la tâche difficile de rencontrer les intérêts et les attentes de la majorité de ses membres. Elle a mis ses ressources et ses bénévoles à la disposition des artistes invité-e-s et du public. Powerhouse a fait un bon bout de chemin depuis le petit appartement de l'avenue Greene. Ses réalisations représentent une somme d'efforts considérable de la part de ses membres actives et des personnes qui l'appuient.

En considérant l'avenir proche, deux questions me viennent à l'esprit. Comment Powerhouse conservera-t-elle sa vitalité et sa valeur, en tant que galerie alternative, si on accroît l'aide gouvernementale à la programmation? Son dynamisme administratif compromettra-t-il son intégrité artistique?

Traduit de l'anglais par André Paul

Céline Baril

Artiste. Vit et travaille à Montréal.
Le travail de Céline Baril est une sorte
de recontextualisation d'images et d'objets
trouvés à l'intérieur de grandes installations. La question: «comment, aujour-
d'hui, un touriste explore-t-il les cultures
étrangères?» est à l'origine du plus récent
projet de Céline Baril, *Barcelone*, dans
lequel sont intégrés un film 16 mm de
40 minutes et 3 films en boucle. Elle a
exposé fréquemment au Canada.

Artist. Lives and works in Montréal.
Céline Baril's work involves the recon-
texualization of found objects and images
in large installations. In her current
project, *Barcelone*, which began with the
question "How does a tourist explore other
cultures in contemporary society?", Baril
has integrated a 40-minute 16mm film
and three film loops. She has exhibited
extensively in Canada.

Catherine Bédard

Historienne de l'art, critique et conservatrice. Vit et travaille à Montréal.
Catherine Bédard écrit principalement sur
la photographie et sur les rapports entre
textes et images. Elle collabore aux revues
Parachute et *Trois* et termine présentement
une maîtrise à l'université de Montréal.

Art historian, critic and curator. Lives and
works in Montréal. Catherine Bédard
writes primarily on contemporary photography and photo-text work. She contributes
to *Parachute* and *Trois* and is currently
completing her Master's thesis at the
Université de Montréal.

Martha Fleming et Lyne Lapointe

Artistes. Vivent et travaillent à Montréal.
Connues pour leurs interventions tem-
poraires dans des édifices désaffectés,
Martha Fleming et Lyne Lapointe pré-
sentent les facettes marginalisées et occul-
tées de la société. Elles ont récemment
exposé au New Museum of Contemporary
Art à New York et leur plus récent projet,
The Wilds and The Deeps, fut créé pour le
Battery Maritime Building à New York.

Artists. Live and work in Montréal. Known
for their temporary inhabitations of aban-
doned buildings, Lyne Lapointe's and
Martha Fleming's works expose the
marginalized and disenfranchised aspects
of society. They recently exhibited at the
New Museum of Contemporary Art in
New York and their most recent project,
The Wilds and the Deep, was created for the
Battery Maritime Building in New York.

Mary Kelly

Artiste, théoricienne et professeure au Whitney Museum Independant Study Program. Vit et travaille à New York. L'œuvre de Mary Kelly, *Post-Partum Document*, qui fut publiée sous la forme d'un livre par Routledge Kegan and Paul, porte sur l'espace de temps entre la naissance et le complexe d'Œdipe chez son enfant. Son plus récent projet, *Interim*, explore les crises du corps de la femme ayant atteint un certain âge. Elle a exposé fréquemment aux États-Unis et en Europe, elle collabore régulièrement à *Screen*, *m/f* et *Studio International*. *Interim Part I: Corpus* fut présentée à la Galerie Powerhouse en 1988.

Artist, theoretician and visiting artist at the Whitney Museum Independent Study Program. Lives and works in New York City. Mary Kelly's *Post-Partum Document*, which was published in book form by Routledge and Kegan Paul, dealt with the space between birth and the Oedipus complex of her child. Her most recent project, *Interim*, explored the crisis of the female body at a certain age. She has exhibited extensively in the United States and Europe and is a regular contributor to *Screen*, *m/f* and *Studio International*. *Interim Part I: Corpus* was shown at Galerie Powerhouse in 1988.

Lani Maestro

Artiste. Vit et travaille à Halifax et Montréal. Le travail de Lani Maestro vise à donner la parole à ceux et celles qui sont marginalisé-e-s et qui, par leurs efforts, cherchent à devenir plus visibles. *Le cœur est plus puissant que la main* fut présentée à la *Biennale Canadienne* au Musée des beaux-arts du Canada en 1989 et Lani Maestro a également participé à l'exposition *Nationalisms: Women and the State* à A Space en 1988. Avec Stephen Horne, elle est co-éditrice de *Harbour*.

Artist. Lives and works in Halifax and Montréal. Lani Maestro's work is about giving voice to those who are marginalized in their effort to become visible. Her work *The Heart is Stronger Than the Hand* was exhibited at the *Canadian Biennale* at the National Gallery of Canada in 1989 and she was included in *Nationalisms: Women and the State* at A Space, in 1988. She is co-editor with Stephen Horne of *Harbour*.

Liz Magor

Artiste et professeure au Ontario College of Art. Vit et travaille à Toronto. Les installations de Liz Magor juxtaposent des objets sculpturaux, des photographies et des éléments trouvés. Elles explorent des questions reliées aux formations culturelles et aux processus sociaux et techniques de la production de masse qui menacent l'individualité. Elle a exposé au Canada, à la *Documenta 7*, à Kassel en Allemagne de l'ouest, et à la Biennale de Venise en 1984.

Artist, teaches at the Ontario College of Art. Lives and works in Toronto. Liz Magor's large scale installations, which incórporte sculptural objects, photography and found elements, explore questions of cultural formation and the social and technical processes of mass-production that threaten individuation. She has exhibited throughout Canada, at *Documenta 7* in Kassel, West Germany, and at the Venice Biennale in 1984.

Joanna Nash

Peintre et écrivaine. Vit et travaille
à Montréal. Joanna Nash a publié un
livre sur le portrait et elle dirige une
école d'été nommée Ateliers beaux-arts.
Elle fut membre active de la Galerie
Powerhouse de 1973 à 1983.

Painter and writer. Lives and works in
Montréal. Joanna Nash has published
a book on portrait drawing and runs a
summer school called Ateliers beaux-arts.
She was an active member of Galerie
Powerhouse from 1973 to 1983.

Christine Ross

Critique et professeure à l'université
Concordia. Vit et travaille à Montréal.
Christine Ross a écrit sur la question du
féminisme, sur la vidéo et la technologie.
Elle collabore à *Vanguard*, *Parachute* et
termine présentement son Doctorat sur
la représentation du sujet dans la vidéo.

Critic, theoretician and associate professor
at Concordia University. Lives and works
in Montréal. Christine Ross has written
on questions of feminism, on video and
on technology. She has contributed to
Vanguard and *Parachute* and is currently
completing her Doctoral thesis on the
representation of the subject in video.

Nancy Spero

Artiste. Vit et travaille à New York. Nancy
Spero est une militante qui voit son art
comme un «acte de rébellion». Son travail
sur papier et ses collages traitent de la
violence, de la mort et de la déconstruction
de la sexualité féminine par les mythes
masculins. Elle présente toujours la femme
en tant que protagoniste. Elle a exposé
internationalement et elle est l'une des
fondatrices du mouvement des femmes en
art en Amérique du Nord et de la galerie
A.I.R. à New York. Son exposition *Site* fut
présentée à la Galerie Powerhouse en 1984.

Artist. Lives and works in New York.
Nancy Spero is an activist who sees her
art as an "act of rebellion." Her works on
paper, scrolls and collages deal with violence, death and the deconstruction of
male myths of female sexuality. She consistently presents woman as protagonist.
She has exhibited internationally, is a
founder of the women's art movement in
North America and is founding member of
A.I.R. Gallery in New York. Her exhibition
Site was presented at Galerie Powerhouse
in 1984.

Thérèse St-Gelais

Critique et professeure. Vit et travaille à Montréal. Collaboratrice à *Parachute* et *Trois*, Thérèse St-Gelais est particulièrement intéressée par les travaux féministes et l'autoportrait. Son texte «Remarques sur l'art féminin et l'art féministe» fut publié dans *Art et Féminisme* en 1982. Elle a donné une conférence intitulée *Les femmes artistes au Québec depuis 1970*, à la Galerie Powerhouse en 1982.

Critic and professor. Lives and works in Montréal. A frequent contributor to *Parachute* and *Trois*, Thérèse St-Gelais is particularly interested in feminist works and in self-portraiture. Her text "Remarques sur l'art féminin et l'art féministe" was published in *Art et féminisme* in 1982. She gave a conference entitled *Les femmes artistes au Québec depuis 1970* at Galerie Powerhouse in 1982.

Céline Surprenant

Artiste. Vit et travaille à Leeds (Angleterre) et à Montréal. Les peintures et sculptures multi-média de Céline Surprenant explorent des questions reliées à l'identité et à la construction du sujet. Elle crée des portraits en utilisant la fragmentation, des poses stéréotypées et des jeux d'échelles. Elle expose régulièrement au Canada. Son installation *La pudeur* fut présenté à la Galerie Powerhouse en 1989.

Artist. Lives and works in Leeds, England, and Montréal. Céline Surprenant's multimedia paintings and sculptures explore questions of identity and the construction of the subject. She creates "portraits" using fragmentation, stereotypical posing and a play of scale. She exhibits regularly in Canada. Her installation *La pudeur* was exhibited at Galerie Powerhouse in 1989.

Nell Tenhaaf

Artiste, critique et professeure à l'université d'Ottawa. Vit et travaille à Montréal. Les installations et les pièces aux murs de Nell Tenhaaf utilisent des images d'ordinateur et posent ainsi des questions d'ordre scientifique et technologique selon une perspective féministe. Elle expose régulièrement au Canada et collabore à *C Magazine*, *Vanguard* et *Parachute*. Elle fut coordonnatrice de la Galerie Powerhouse de 1979 à 1983.

Artist, critic, part-time professor at the University of Ottawa. Lives and works in Montréal. Nell Tenhaaf's installations and wall-mounted works use computer imaging to address questions of science and technology from a feminist perspective. She exhibits regularly in Canada and contributes to *C Magazine*, *Vanguard* and *Parachute*. She was coordinator of Galerie Powerhouse from 1979 to 1983.

Crédits/Credits

Directrices: *Marie Fraser, Lesley Johnstone*

Assistante: *Nathalie Parent*

Graphisme/Design: *Grauerholz Design, Inc.*

Chronologie: *Nathalie Parent*

Traduction/Translation: *Francine Dagenais, Robert McGee, André Paul*

Correction d'épreuves/Proofreading: *Leslie Andrassy, Jacques Doyon*

Photographie/Photography: *Raymonde April, Kay Aubanel, Clarence Barnes, David Bate, Robert Boudreau, Corrine Corry, Burt Covit, Linda Covit, John Dean, Chantal DuPont, Denis Farley, Ormsby Ford, Sandra Hewton, Hubert Hohn, L. Kelly, Joanna Kotkowska, Renée Lavaillante, Simon Levin, Liz Magor, Suzanne Paquet, Ann Pearson, David Reynolds, Daniel Roussel pour le centre de documentation Yvan Boulerice, Mark Ruwedel, Danielle Sauvé, Justin Wonnacott, Laurel Woodcock, et tous ceux et celles qui resteront malheureusement anonymes/and all those who unfortunately will remain anonymous.*

Courtoisie du Victoria and Albert Museum pour la photographie "The Mountain Head Dress of 1776" faisant partie du projet de Céline Surprenant.

Typographie/Typesetting: *Zibra*

Impression/Printing: *Dickson Litho*

Comité d'organisation du 16e anniversaire de la Galerie Powerhouse/Organisation committee of the 16th anniversary of Galerie Powerhouse: *Corrine Corry, Marie Fraser, Noreen Gobeille, Christina Horeau, Raymonde Jodoin, Lisa Krupka, Renée Lavaillante, Janet Logan, Nathalie Parent*

ISBN: 2-9800632-6-6

© Les auteures et les artistes/the authors and artists
La Galerie Powerhouse (La Centrale)
Centre d'information Artexte
1990

Tous droits réservés.

La reproduction d'un extrait quelconque de ce livre, par quelque procédé que ce soit, tant électronique que mécanique, en particulier par photographie, microfilm, bande magnétique, disque ou autre, sans le consentement de l'éditeur constitue une contrefaçon passible des peines prévues par la loi sur le droit d'auteur, chapitre C-30, S.R.C., 1970.

All rights reserved.

The use of any part of this publication reproduced, transmitted in any form or by any means, electronic, mechanical, photocopying, recording, or otherwise, or stored in a retrieval system, without prior consent of the publisher is an infringement of the copyright law, Chapter C-30, R.S.C., 1970.

Imprimé au Canada, 3ième trimestre 1990
Printed in Canada, 3rd trimester 1990

Dépôt légal/Legal Deposit
Bibliothèque nationale du Québec
Bibliothèque nationale du Canada/
National Library of Canada

La Galerie Powerhouse (La Centrale) et Artexte remercient:
le Conseil des Arts du Canada, le ministère des Communications Canada, Emploi et Immigration Canada, le ministère des Affaires culturelles du Québec et le Conseil des arts de la Communauté urbaine de Montréal
La galerie Powerhouse (La Centrale) and Artexte acknowledge the assistance of:
The Canada Council, The Department of Communications of Canada, Employment and Immigration Canada, The ministère des Affaires culturelles du Québec and The Conseil des arts de la Communauté urbaine de Montréal

et les donatrices/and the donors: *Mariette Clermont, Mona Forrest, Lise Lamarche, Phyllis Lambert, Martha Langford, Diana Nemiroff, Charlotte Rosshandler, Danielle Sauvage, Gervaise Verreault, la Fédération des caisses populaires Desjardins de Montréal et de l'Ouest-du-Québec.*

Distribution:
ARTEXTE
3575 boul. St-Laurent, suite 303
Montréal, Québec
Canada, H2X 2T7
tél.: (514) 845-2759
fax: (514) 845-4345